Andreas Schäfer

Wenn die Seele Worte sucht

Reden über die Pilgerpsalmen

SCM Hänssler

SCM

Stiftung Christliche Medien

LAHÖ
publico.

LaHö publico bei *SCM Hänssler* veröffentlicht Predigten, Vorträge und Bibelseminare des überkonfessionellen Bibelkonferenzzentrums *Langensteinbacher Höhe (LaHö)* in Karlsbad-Langensteinbach bei Karlsruhe.

Bestell-Nr. 394.924
ISBN 978-3-7751-4924-2

Internet: www.scm-haenssler.de
E-Mail: info@scm-haenssler.de
Umschlaggestaltung: Kerstin & Karl Gerd Striepecke/www.vision-c.de
Titelbild: © Copyright K. & K. G. Striepecke/Vision-C
Satz: typoscript GmbH, Kirchentellinsfurt
Druck und Bindung: CPI – Ebner & Spiegel, Ulm
Printed in Germany

Inhalt

Vorwort

Die Psalmen sind das Gebetbuch des Volkes Israel, sie sind aber auch das Gebetbuch von Jesus. Jesus hat diese Psalmen gebetet, er hat sie auswendig gesprochen, er war in diesen Texten zuhause, die wir hier miteinander lesen. Zudem war er davon überzeugt, dass man ihn in den Psalmen wiederfinden kann. Aus den Psalmen heraus spricht der Christus zu seiner Gemeinde.

In diesem Buch lesen wir gemeinsam die sogenannten Wallfahrtspsalmen, die Psalmen 120 bis 134, die in ganz besonderer Weise zusammengefasst sind. In den meisten Bibeln ist die Überschrift »Wallfahrtspsalmen« zu lesen, obwohl man nicht ganz genau weiß, was das ist. Entsprechend ist auch die Zahl der Auslegungsversuche mit der Zahl der Ausleger fast identisch. Es gibt die unterschiedlichsten Möglichkeiten der Bedeutung dieser kleinen Überschrift »Lied der Aufstiege«, wie es eigentlich in der hebräischen Sprache heißt. In den alten Lutherbibeln findet man als Überschrift: »Ein Lied im höheren Chor«. Bei Luther stand die Idee dahinter, dass der Prophet Hesekiel von insgesamt 15 Stufen spricht, die zum Tempel hinaufführen (Hes 40). Daher kam auch der Gedankengang der »Stufenlieder«, der »Lieder im höheren Chor«, dem Tempelchor. Hier war eine mögliche Vorstellung, dass auf jeder der 15 Stufen einer der Wallfahrtspsalmen gesungen wurde. Selbstverständlich gab es große, festliche Gottesdienste im Tempel. Zur Einweihung des Tempels traten viele Chöre auf dem Tempelgelände unterschiedlich arrangiert auf. Wir wissen weder, ob es Chöre gab, die sich bewusst auf den 15 Stufen verteilt aufstellten, noch, ob sie genau die 15 Wallfahrtspsalmen sangen.

Einige Ausleger sagen, es handle sich hierbei um die nachbabylonischen Heimkehrlieder. Für diese Aussage muss man allerdings den zeitlichen Kontext aufsprengen und alle Lieder in die nachbabylonische Zeit verschieben, um die Psalmen dem eigenen historisch-kritischen Denken anzupassen. Andere denken allegorisch, indem sie sagen, diese Psalmen seien »Lieder der Aufstiege«, wobei es um den Glaubensaufstieg gehe und wir uns damit kontinuierlich zu unsrem Gott hochdenken würden. »Lied der Aufstiege« kann aber auch poetisch verstanden werden. Bei näherer sprachlicher Betrachtung der Wallfahrtslieder fällt nämlich auf, dass der klassische hebräische Parallelismus nicht vorkommt. Aufgrund der »Verkettungen von Worten« sagt man, dass es sich hier sprachlich um eine Aufstiegs-Kette handelt.

Die meisten Überlegungen stimmen in der Vermutung überein, dass es sich um Pilgerlieder handelt, die bei den großen Wanderungen, z.B. zu den Wallfahrtsfesten des Volkes Israel, oder auch auf anderen Wegen, die Gott seine Gemeinde im Alten und im Neuen Bund geführt hat, gesungen und gebetet wurden. Man findet in den Auslegungen die unterschiedlichsten Formulierungen wie »Der Reisepsalter«, »Wallfahrtsbüchlein für Zionspilger« oder »Das Brevier«, also ein kurz zusammengefasstes Heftchen, mit dem man als Notration gut über die Runden kommen kann. Die Lateiner sagen: Das ist mein *Vademekum* (»Geh mit mir!«), also das, was mit mir unterwegs ist und was ich immer dabeihabe. Psalm 120 bis Psalm 134, die hat man dabei. Vielleicht hat man diese 15 Lieder nicht nur als Buch, sondern als Text im Kopf bei sich, um fröhlich seinen Weg gehen zu können.

Die Textauslegungen zu diesen Wallfahrtspsalmen sind auf der Grundlage von Predigten entstanden, die auf der Langensteinbacher Höhe gehalten wurden. Natürlich entdeckt man überall die Spuren der mündlichen Rede. Hoffentlich stört es Sie nicht zu sehr beim Lesen. Ein herzliches Dankeschön gilt Eva-Maria Kurz und dem Lektorat des Hänssler Verlages, die in vielstündiger Arbeit dieses Buch ermöglicht haben.

Jetzt hoffe und wünsche ich natürlich, dass dem einen oder anderen das Lesen einzelner Texte dieses Buches zum Segen wird.

Der Segen des Herrn sei über euch (Ps 129, 8).

Andreas Schäfer
Langensteinbacher Höhe, Karlsbad

Psalm 120

Ich rufe zu dem Herrn in meiner Not und er erhört mich. Herr, errette mich von den Lügenmäulern, von den falschen Zungen. Was soll er dir antun, du falsche Zunge, und was dir noch geben? Scharfe Pfeile eines Starken und feurige Kohlen! Weh mir, dass ich weilen muss unter Meschech; ich muss wohnen bei den Zelten Kedars! Es wird meiner Seele lang, zu wohnen bei denen, die den Frieden hassen. Ich halte Frieden; aber wenn ich rede, so fangen sie Streit an.

Psalm 120,1-7

Die Begeisterung bei den Auslegern für den 120. Psalm hält sich in Grenzen. Aufmerksamkeit erhält dieser Psalm vor allem, weil er zu den Wallfahrtspsalmen gehört. Trotzdem legen ihn nicht besonders viele aus. Vielleicht ist das so, weil dieser Psalm nicht so ins Auge springt. Gerade hier sollte man aber stehen bleiben, nochmals hinschauen, nachlesen und um Antwort bitten, warum dieser Psalm so unbeliebt ist. Vielleicht, weil wir keine großen Freunde von Klagepsalmen, von Notpsalmen sind, da haben wir schon genug. Bei einem Ausleger heißt es sogar: »Wie kommt, so möchte ich fragen, dieser Psalm in die Sammlung der Wallfahrtslieder (Ps 120–134), die er eröffnet?«[1] Er scheint auch deshalb nicht so spektakulär zu sein, weil uns das, was da steht, viel zu direkt ist. Da wird nichts schön umschrieben, da gibt es »falsche Zungen«, »Lügenmäuler«, »scharfe Pfeile«, »feurige Kohlen« und man muss bei Meschech und Kedar wohnen. Diese Sprache ist nicht schön lieblich, sondern eckig und kantig. Der Psalm ist vielleicht nicht so beliebt, weil uns sein Schluss nicht gefällt. Da heißt es: »Ich halte Frieden; aber wenn ich rede, so fangen sie Streit an« (V. 7). Damit hört der Psalm auf!

Franz Delitzsch, ein bekannter Ausleger der Psalmen, sagt: »Mit der schrillen Dissonanz schließt der Psalm.«[2] Dieser Schluss ist gerade der Schlüssel zu diesem Psalm. Wenn man den letzten Vers ganz wörtlich übersetzt, kann man auf die richtige Spur gelangen. In unserer Übersetzung heißt es: »Ich halte Frieden«. Von der hebräischen Sprache her müsste man genauer übersetzten: »Ich *bin* Frieden«. Nicht nur: »Ich *halte* Frieden«, ich versuche friedlich zu sein, sondern: »Ich *bin Frieden*«. Wenn ich rede, dann gibt es Krieg. »Ich bin Frieden«, das hat Jesus gesagt. Von ihm heißt es: »Denn er ist unser Friede, der aus beiden ›eines‹

Jesus sagt: »Ich bin Frieden«

gemacht hat und den Zaun abgebrochen hat, der dazwischen war, nämlich die Feindschaft. Durch das Opfer seines Leibes …« (Eph 2,14).

Bereits hier wird deutlich, bevor wir überhaupt über den Psalm 120 nachdenken, welche Bedeutung er für unser Leben hat, auch für die heutige Zeit. Dieser Psalm ist ein Jesuspsalm. Er hat seine Mitte in Jesus und Jesus selbst hat diesen Psalm gebetet. Wenn wir diesen Psalm jetzt noch einmal bedenken, dann verstehen wir: Das ist ein Wort von Jesus: »Herr, errette mich von den Lügenmäulern, von den falschen Zungen« (V. 2). Bei diesen Worten sehen wir Jesus vor uns. Es gibt eine ganze Reihe von Aspekten im Leben von Jesus, wo dieses Erretten von den Lügenmäulern und von den falschen Zungen eine Rolle gespielt hat.

Wenn wir uns die Familie von Jesus anschauen, sehen wir, dass sie nichts verstanden und entsprechend über ihn geredet hat. Seine Verwandten haben sogar gesagt: »Der ist von Sinnen, der ist verrückt.« Da haben wir die Lügenmäuler, dieses ganz bewusste Dagegenreden, diese falschen Zungen. Ich erinnere auch an die Theologenzunft, die große Probleme mit Jesus hatte. Als Jesus mit ihnen über Johannes den Täufer und dessen Bedeutung für die Gemeinde nachdachte, sagte er: »Johannes ist gekommen, aß nicht und trank nicht; so sagen sie: Er ist besessen. Der Menschensohn ist gekommen, isst und trinkt; so sagen sie: Siehe, was ist dieser Mensch für ein Fresser und Weinsäufer, ein Freund der Zöllner und Sünder!« (Mt 11,18f). Das bedeutet doch Lüge, egal über wen. Das ging noch weiter: »Die Schriftgelehrten aber, die von Jerusalem herabgekommen waren, sprachen: Er hat den Beelzebul, und: Er treibt die bösen Geister aus durch ihren Obersten« (Mk 3,22). Denken wir an den Ablauf des Prozesses, an die letzten Stunden, bevor sie Jesus ans Kreuz gehängt haben, dann sehen wir, hier stimmt der Psalm 120 genau. »Und er ging ein wenig weiter, fiel nieder auf sein Angesicht und betete und sprach: Mein Vater, ist's möglich, so gehe dieser Kelch an mir vorüber …« (Mt 26,39). »Herr, errette mich von den Lügenmäulern, von den falschen Zungen.«

Jesus begegneten Lügenmäuler und falsche Zungen

Jesus lässt uns begreifen, was es mit diesen Lügenmäulern und diesen falschen Zungen auf sich hat, indem er uns klar und deutlich sagt: »Warum versteht ihr denn meine Sprache nicht? Weil ihr mein Wort nicht hören könnt! Ihr habt den Teufel zum Vater, und nach eures Vaters

Gelüste wollt ihr tun. Der ist ein Mörder von Anfang an und steht nicht in der Wahrheit; denn die Wahrheit ist nicht in ihm. Wenn er Lügen redet, so spricht er aus dem Eigenen; denn er ist ein Lügner und der Vater der Lüge« (Joh 8,43f). Hinter dem Geist der Lüge steckt der Geist des Satans, des Ursprungs aller Lüge. Auch Jesus betete: »Weh mir, dass ich weilen muss unter Meschech, ich muss wohnen bei den Zelten Kedars! Es wird meiner Seele zu lang, zu wohnen bei denen, die den Frieden hassen.« Weit weg von seinem Vaterhaus musste er hier in dieser Welt Wohnung nehmen, nicht nur mal eben vorbeikommen. Die Zeit wurde ihm lang und deshalb spürt man dem 120. Psalm die Sehnsucht von Jesus ab, doch endlich wieder zum Vater zu dürfen. Diese Sehnsucht finden wir auch im hohepriesterlichen Gebet: »…Vater, verherrliche du mich bei dir mit der Herrlichkeit, die ich bei dir hatte, ehe die Welt war« (Joh 17,5). Jesus wollte raus aus diesem Wohnen bei denen, die den Frieden hassen und die ihm so feindlich gesinnt waren. Das ist geschehen, der Vater hat den Sohn zu sich genommen. Jesus erwartet das kommende Gericht über den, der dahintersteckt, nämlich den Vater der Lüge, nicht nur über das einzelne Lügenmaul und die einzelne falsche Zunge.

Der Geist des Satans ist der Ursprung aller Lüge

Wir haben gesehen: Dieser Psalm ist ein Jesuspsalm. Damit bekommen wir einen ganz anderen Zugang zu diesem Wort unseres Gottes. Fragen wir uns, was es für uns bedeutet, wenn wir, die an Jesus Christus glauben, das Wort lesen? Dieses Wort, bei dem Meister und Schüler in großer Parallelität miteinander ihren Weg gehen. Das, was dem Meister passiert ist, passiert auch den Jüngern. Wir erfahren in diesem Psalm etwas über unsere Lage als Jesusleute, über unseren Weg und über das Ziel, auf das wir als Menschen zugehen, die an Jesus Christus glauben. *Unsere Lage*, *unser Weg* und *unser Ziel* werden uns in dem 120. Psalm in der plastischen Sprache des Alten Testamentes beschrieben.

Unsere Lage

Wie lebe ich jetzt als Mensch, der an Jesus Christus glaubt, und wie gehe ich damit um? Der Apostel Paulus beschreibt unsere Lage so: »Gottes

Kinder«, das ist die eine Seite, aber auch lebend »... mitten unter einem verdorbenen und verkehrten Geschlecht« (Phil 2,15). Das griechische Wort *skolios* heißt eigentlich: krumm, verdreht, also: »unter einem krummen und verdrehten Geschlecht, unter dem ihr scheint als Lichter in der Welt.«

Christen als Lichter in einem krummen und verdrehten Geschlecht

Die Bibel geht davon aus, dass gelogen wird, »was das Zeug hält«. Psalm 120 sagt uns: Es fliegen die Pfeile der Lüge, es brennt dieses höllische Feuer, das eine ganze Welt anzündet. Im Brief des Jakobus heißt es, dass dies durch Worte geschieht: »Auch die Zunge ist ein Feuer, eine Welt voll Ungerechtigkeit. So ist die Zunge unter unsern Gliedern: sie befleckt den ganzen Leib und zündet die ganze Welt an und ist selbst von der Hölle entzündet« (Jak 3,6). Jakobus benutzt hier ein Kampf- und Kriegsvokabular, denn wenn es um Worte geht, wird wie in einer Schlacht gekämpft. Tag für Tag wird gelogen, im gesellschaftlichen Umfeld, im Bereich der Politik, im Bereich der Medien und ganz privat. Ich rechne damit, im Schnitt mindestens einmal pro Woche in einem seelsorgerlichen Gespräch bewusst belogen zu werden, und manchmal merke ich es sogar. Es wird gelogen und mit Worten Krieg geführt: »Hast du schon gehört?«, »Weißt du, was der gesagt hat?«. Die Würde des Menschen, des Bruders und der Schwester wird in den Dreck gezogen und es bleibt immer etwas hängen. Gegen den ausgestreuten Samen der bösen Wörter können wir nichts unternehmen. Bevor wir jetzt in eine ungute Spur des Selbstmitleides geraten, sollten wir ein geistliches Stoppschild aufstellen. Dazu ein kleines Beispiel.

Auch unter Christen wird gelogen und mit Worten Krieg geführt

Unsere Tochter musste aus schulischen Gründen einmal für einen Tag am Unterricht in einer anderen Klasse als der ihren teilnehmen. In dieser Klasse, in der sie nun Gast war, gab es richtig Ärger zwischen den Schülern und den Lehrern. Unsere Tochter kam nach Hause, erzählte am Mittagstisch von diesem Streit und sagte: »Das Coole war: Es betraf mich nicht.« Viele lesen den Psalm 120 und sagen: »Was da gelogen wird! Aber das Coole ist: Das betrifft mich nicht!« Jesus dreht in der Bergpredigt den Spieß um und sagt, dass wir zuallererst uns anzuschauen haben, bevor wir danach fragen, wo wir mit Lügen anderer zu kämpfen haben. Der Jesusgemeinde, die in der Spur der Gebote Gottes läuft, ist gesagt: »Du wirst nicht lügen« (2. Mose 20,16). Erschütternd ist, dass der Apostel Paulus in einem seiner schönsten Briefe sagen muss: »Darum legt die Lüge ab und redet die Wahrheit …« (Eph 4,25). Man denkt: Das ist doch selbstverständlich. Nein, es ist nicht selbstverständlich, dass in der Gemeinde von Jesus nicht gelogen wird. Die Lüge abzulegen, ist ein aktiver Vorgang, den ich ganz bewusst angehen muss. Ich muss der Wahrheit nachjagen, ansonsten lande und bleibe ich bei der Lüge.

Die Lüge abzulegen ist ein bewusster, aktiver Vorgang

Warum lügen wir eigentlich? Nur ein paar Aspekte möchte ich hier nennen. Es gibt echte Dümmlinge unter uns, die noch nicht begriffen haben, dass sie sich zum Werkzeug des Satans machen, wenn sie lügen. Außerdem gibt es eine ganze Reihe »Heiligungspausierer«, die irgendwann einmal aufgehört haben, ihr Leben unter der Zucht des Heiligen Geistes verändern zu lassen. Diese ermahnt der Apostel Petrus: »Habt ihr eure Seelen gereinigt im Gehorsam der Wahrheit zu ungefärbter Bruderliebe, so habt euch untereinander beständig lieb aus reinem Herzen« (1. Petr 1,22). »Heiligungspausierer« rutschen in die Lüge, leben in der Lüge und fühlen sich sogar darin wohl.

Dann gibt es noch »Spiegelmissachter«. Das sind solche, von denen der Apostel Jakobus sagt: »Denn wenn jemand ein Hörer des Worts ist und nicht ein Täter, der gleicht einem Mann, der sein leibliches Angesicht im Spiegel beschaut; denn nachdem er sich beschaut hat, geht er davon und vergisst von Stund an, wie er aussah« (Jak 1,23f). Alles bleibt genau so, wie es ist. Diejenigen verstehen nicht, dass in ihrem alten Menschen von Grund auf eine Neigung zur Unwahrhaftigkeit und zur Lüge angelegt ist und dass wir als Jesusleute energischen Widerstand gegen den Geist der Lüge in unserem persönlichen Leben zu leisten haben. Wahrhaftig wird man nicht von selbst, dafür muss man kämpfen.

Wir haben einen neuen Stand, weil wir den Herrn kennengelernt haben, der der Friede ist, und eine Beziehung zu ihm haben. Er hat uns nicht nur die Augen für unser eigenes Leben geöffnet. Je länger wir durch die Beziehung zu Jesus in diesem Stand des Friedens stehen, umso unglücklicher und unzufriedener sind wir in der Welt. Dieser

Zustand ist für Jesusleute ganz normal. Vielleicht wundern Sie sich auch darüber, dass Sie nicht mit jedem Jahr, das Sie hier leben, noch glücklicher, gelassener und friedvoller werden, sondern mehr und mehr belastet sind von dem, was in unserer Welt abläuft. Das gilt für unser eigenes Leben und für das, was wir von außerhalb erfahren.

Genau das sagt der 120. Psalm: Ich bin da nicht mehr zu Hause, ich fühle mich wie einer, der in Meschech und in Kedar wohnen muss. Beide Ortsangaben sind immer mit negativen Bibelstellen verknüpft. Wenn wir das Geografie-Lexikon herausholen, sehen wir: Meschech liegt in Richtung Kaukasus und Kedar ist irgendwo in der Arabischen Wüste. Es sind also Orte, die diametral entgegengesetzt zu Jerusalem liegen. Der Beter des Psalm 120 fühlt sich, als ob er in Meschech und Kedar wäre, obwohl er eigentlich mitten in Jerusalem steht. Mitten im Normalen merkt er: Ich bin da gar nicht mehr zu Hause.

Jesusleute müssen energischen Widerstand gegen den Geist der Lüge im eigenen Leben leisten

Wir alle kennen das Gefühl, irgendwo zu sein und zu merken: Das ist überhaupt nicht meine Welt. Bei einer Evangelisation war ich einmal mit Pastor Friedhold Vogel in Bregenz. Nach dem Einsatz sind wir in der Stadt herumgegangen und Friedhold Vogel kam es plötzlich in den Sinn, mit unserem ganzen Missionsteam in eine Diskothek hineinzugehen. Mein bisher einziger Besuch einer Diskothek. Ich weiß bis heute nicht, wie Friedhold Vogel den Verantwortlichen dieser Diskothek motiviert hat, für einen kurzen Moment die Musik abzustellen. Dann stand er mit uns in einer großen, grölenden Masse, die natürlich sauer war, weil die Musik plötzlich aufhörte. In dieser Situation habe ich mich so fremd gefühlt wie noch nie in meinem Leben. Aber Friedhold Vogel hat in aller Gelassenheit zum nächsten Missionsabend eingeladen. Die Musik setzte wieder ein und wir verließen die Diskothek. Das Ergebnis dieses Spezialeinsatzes kenne ich nicht, aber das Fremdgefühl, da nicht hinzugehören, das ist Meschech und Kedar pur, das ist nicht meine Welt.

Jesusleute sind nicht mehr in dieser Welt zu Hause

Genau das kommt hier in Psalm 120 zum Ausdruck. Je länger ich in dieser Welt als einer, der im Frieden des Christus steht, lebe, desto mehr merke ich: Ich gehöre eigentlich überhaupt nicht mehr hierhin. Im Neuen Testament steht: »Liebe Brüder, ich ermahne euch als Fremdlinge und Pilger« (1. Petr 2,11). Euer Bürgerrecht ist nicht hier, das ist drüben. Wenn der Beter im Alten Bund sagt: »Ich fühle mich wie in Meschech und Kedar«, bekommt der Satz von Petrus eine plastische Klarheit. Meschech und Kedar können direkt in unserem Wohnzimmer, in der Nachbarschaft, am Arbeitsplatz oder sogar in der Kirchengemeinde sein. Plötzlich merke ich, dass ich geistlich gesehen da nicht hingehöre. Dieser Psalm lässt uns auf der alttestamentlichen Folie die Lage der neutestamentlichen Gemeinde glasklar verstehen.

Jesus wusste, an unserem Zustand in dieser Welt ändert sich zunächst einmal grundlegend nichts. Im hohepriesterlichen Gebet sagt er: »Ich bin nicht mehr in der Welt; sie aber sind in der Welt, und ich komme zu dir. Heiliger Vater, erhalte sie in deinem Namen, den du mir gegeben hast, dass sie eins seien wie wir« (Joh 17,11). Er sagt nicht: »Wie schön ist es in der Welt«, sondern er sagt weiter: »Ich habe ihnen dein Wort gegeben und die Welt hat sie gehasst…« (Joh 17,14a). Ich bin Friede, ich rede mein Wort und dann ist Krieg. »… denn sie sind nicht von der Welt, wie auch ich [Jesus] nicht von der Welt bin. Ich bitte dich jetzt nicht, dass du sie aus der Welt nimmst, sondern dass du sie bewahrst vor dem Bösen. Sie sind nicht von der Welt, wie auch ich nicht von der Welt bin. Heilige sie in der Wahrheit [im Gegensatz zur Lüge]; dein Wort ist die Wahrheit« (Joh 17,14bff). Das ist eine Auslegung vom 120. Psalm und man versteht den Beter des Psalms: »Weh mir, dass ich weilen muss unter Meschech;… Es wird meiner Seele lang, zu wohnen bei denen, die den Frieden hassen« (Ps 120,5f).

An unserem Zustand in der Welt ändert sich zunächst nichts

Um unsere Lage ganz deutlich zu sehen, müssen wir noch weitere Aspekte mit hineinnehmen. Das Neue Testament lehrt uns: Dieser Zustand der Lüge ist auch ein prinzipiell endzeitlicher Zustand. Paulus sagt: »Ist nun aber unser Evangelium verdeckt, so ist's denen verdeckt, die verloren werden, den Ungläubigen, denen der Gott dieser Welt den Sinn verblendet hat, dass sie nicht sehen das helle Licht des Evangeliums von der Herrlichkeit Christi…«(2. Kor 4,3f). Über dem Evangelium hängt eine Decke, denn der Geist der Lüge ist präsent.

An anderer Stelle sagt Paulus: »Der Böse aber wird in der Macht des Satans auftreten mit großer Kraft und lügenhaften Zeichen …, weil sie die Liebe zur Wahrheit nicht angenommen haben … Darum sendet ihnen Gott die Macht der Verführung, sodass sie der Lüge glauben, damit gerichtet werden alle, die der Wahrheit nicht glauben, sondern Lust hatten an der Ungerechtigkeit« (2. Thess 2,9ff). Im Römerbrief schreibt der Apostel: »… die Gottes Wahrheit in die Lüge verkehrt … haben« (Röm 1,25). Er betont das noch einmal, damit niemand denkt, die Lüge sei nur draußen, und hier drinnen – in der Gemeinde – sei alles schön ordentlich.

Der Zustand der Lüge ist prinzipiell endzeitlich

Genau diesen Gedankengang haben wir in der Apostelgeschichte bei der Abschiedsrede vor den Ältesten: »Auch aus eurer Mitte werden Männer aufstehen, die Verkehrtes [Verdrehtes – Skoliotisches] lehren, …« (Apg 20,30). Luther betete: »Oh Gott, erlöse meine Seele von den Lügenmäulern, von falschen Zungen, die unter der Gestalt der Wahrheit Irrtum lehren, welcher Prediger auch heute über die Maßen viel in der Christenheit sind.«[3] Das war schon vor 500 Jahren so. Wir müssen verstehen, warum Jesus in den Seligpreisungen gesagt hat: »Selig seid ihr, wenn euch die Menschen hassen und euch ausstoßen und euch schmähen und verwerfen euren Namen als böse um des Menschensohnes willen« (Lk 6,22). Das ist die nüchterne, geistlich klare Bestandsaufnahme. Lang, zu lang ist mir das Ganze, Herr. Wir haben die Lage verstanden und was machen wir jetzt?

Unser Weg

Luther hat das wunderbar gesagt: »Ihr müsst um Gottes willen noch immer wohnen und wallen bei solchen Feinden des Friedens und seid fremde Gäste unter den Hütten Kedars und werdet übel gehalten. Was wollt ihr nun tun?« Dann sagt er, was man nicht kann: »Rächen könnt ihr euch nicht. Und wenn ihr's könntet, so taugt es nichts. Übel wünschen geht auch nicht, weil doch der Christus sagt: Segnet die, die euch fluchen; bittet für die, die euch beleidigen und verfolgen!«[4]

Psalm 120 sagt: Zuallererst werde ich mit dem ganzen »Schlamassel« zu meinem Herrn gehen. »Ich rufe zu dem Herrn in meiner Not« (V. 1). Wenn ich den Zustand begriffen habe, dieses Wissen sich wie Mehltau über mein Leben legt, oder wenn ich in ganz akuten Problemen stecke, die mit diesen Lügenmäulern zu tun haben, ist mein Herr die allererste Adresse in meiner Not. Das muss mein Herr hören und auf seinen Schreibtisch bekommen, was meine Seele empfindet, wie ausgelaugt, zerquetscht und belastet sie sich fühlt. Herr, du bekommst meine Not genannt. Zum Zweiten darf ich ihm auch meinen Wunsch klipp und klar nennen. Reden Sie nicht drumherum, sagen Sie ihm Ihren Wunsch klar und eindeutig, wie das Alte Testament die Glaubenden lehrt: »Hol mich da heraus! Rette mich!« Nicht in der Weise: »Gib Kraft zum Tragen«, oder so ähnlich. Nein! »Rette mich, hol mich raus, ich kann nicht mehr und ich will auch nicht mehr!« Das ist eine klare Ansage des Wunsches, weil die Sehnsucht der Jesusleute wächst und im Letzten in dem Wunsch aus Offenbarung 22,20 gipfelt: »Amen, ja, komm, Herr Jesus!« Da geht es hin und dahin führt der Wunsch aus Psalm 120: Rette mich! Der Sohn Gottes kommt wieder und holt seine Gemeinde in seine Gegenwart, das ist die entscheidende letzte Rettung. Bis dahin werde ich aber mit meiner Not zu meinem Gott kommen und vor allem auch ein eigenartiges Zwiegespräch mit den falschen Zeugen führen.

Habe ich meine Lage verstanden, rufe ich zum Herrn in meiner Not

Der Beter im Psalm redet mit dem Lügenmaul und mit der falschen Zunge. »Was soll er [Gott] dir antun, du falsche Zunge, und was dir noch geben? [Am besten] Scharfe Pfeile eines Starken und feurige Kohlen!« (V. 3f). Da, wo die Seele aufwallt, auch in der Not mit anderen, nehmen wir dieses Anliegen mit in die Gegenwart unseres Gottes. Wir kennen die geistliche Hygiene der Männer des Alten Bundes. Sie standen praktisch in der Gegenwart Gottes und schimpften, was das Zeug hielt. In dem Moment, wo sie alle Not, alle Last und alles Böse, das auf ihnen ruhte, in die Gegenwart Gottes hineingesagt hatten, lag es bei ihm, von dem es heißt: »Rächt euch nicht selbst, meine Lieben, sondern gebt Raum dem Zorn Gottes; denn es steht geschrieben (5. Mose 32,35): ›Die Rache ist mein; ich will vergelten, spricht der Herr.‹« (Röm 12,19). Gott ist für scharfe Pfeile und für die lang brennende Holzkohle des Ginsterstrauches zuständig.[5]

In Vers 7 heißt es: »Ich halte Frieden«. Hier ist, wie gesagt, wichtig, dass da eigentlich steht: »Ich *bin* Friede«, also: *Friede ist mein Wesen*. Es ist eben nicht gemeint: Ich habe mal einen friedlichen Tag, einen Tag, an dem ich auch zu denen, die mir eigentlich gleichgültig sind, besonders großzügig bin.

Nach einem beängstigenden Gewitter durfte unsere kleine Tochter einmal mit im Elternbett schlafen. Zu dritt war es dort ziemlich eng. Hatte man es geschafft, ihren kleinen Händen auszuweichen, fühlte man kurze Zeit später an einer anderen Stelle einen Fuß. Egal was man tat, man konnte diesem kleinen Menschlein nicht ausweichen, es war überall. So ist Friede bei den Jesusleuten, man kann ihm nicht ausweichen. Da wollen wir hin, dass wir ehrlichen Herzens in der Gegenwart Gottes nicht nur sagen können: »Ich bemühe mich um Frieden«, sondern: »Herr, ich *bin* Friede.«

Wenn man bei uns ankommt, sollte man auch immer beim Frieden ankommen

Dieser Friede sieht ganz unterschiedlich aus. Einmal schreibt der Apostel Paulus z.B. mitten in einem Kapitel über Ehescheidung: »Zum Frieden hat euch Gott berufen« (1. Kor 7,15b). In einem anderen Text lesen wir: »Trachtet zuerst nach dem Reich Gottes und nach seiner Gerechtigkeit, so wird euch das alles zufallen« (Mt 6,33). So bewährt sich der Friede. Oder Paulus sagt: »Es ist schon schlimm genug, dass ihr miteinander rechtet. Warum lasst ihr euch nicht lieber Unrecht tun? Warum lasst ihr euch nicht lieber übervorteilen?« (1. Kor 6,7). Ich bin Friede. Andererseits lesen wir in der Apostelgeschichte, mit welcher Klarheit der Apostel Paulus juristische Rechte in Philippi in Anspruch genommen hat (Apg 16,37ff).

Immer gilt derselbe Satz aus dem 120. Psalm: Ich bin Friede. Ich möchte in meiner aktuellen Lebenslage in dem Christus stehen und in seiner Gegenwart handeln, denken, leben und empfinden. Was wollt ihr denn tun? Mit dieser Not zu Gott kommen, ihm den Wunsch auf den Schreibtisch legen, der in der Bitte endet: »Herr, komm doch bald.« Und bei alledem wissen, dass die Gegner im Gericht unseres Gottes stehen und dass der Friede das Entscheidende ist, was mein Leben bestimmen darf.

Unser Ziel

Zum Schluss unseres Nachdenkens über Psalm 120 geht es um das Ziel. Der Beter sagt: »Rette mich«. Die Frage ist, wie macht Gott das denn, wie rettet er? In Psalm 120 heißt es: »… und er erhört mich« (V. 1). Wie schafft Gott dieses Erretten aus den Bereichen von Meschech und Kedar, von den falschen Zungen und Lügenmäulern, von dem »zu lange für meine Seele«?

Er hat ganz verschiedene Möglichkeiten, das in unserem Leben zu erreichen. Manches Mal macht er erst einmal gar nichts, sondern lässt uns einen solchen Zustand aushalten, nicht nur ein paar Tage, sondern manchmal Monate oder sogar Jahre. Gott möchte, dass wir in dem Zustand, den er genau kennt, geprägt und umgestaltet werden in sein Bild, damit sein Charakter und sein Wesen in unserem Leben Gestalt bekommt.

Manchmal macht er unsere Lage auch erträglich. Viele von uns haben erlebt, dass er uns einen erträglichen Zwischenzustand, eine Art Pause ermöglicht. Er gibt uns Orte, Zeiten und Personen, die ein Aufatmen für unsere Seele sind. Die Gemeinde von Jesus darf ein solcher Ort sein, an dem man ein wenig aus Meschech und Kedar herauskommt.

Es kann aber auch sein, dass die mit einer Lügenzunge überführt werden. Petrus kann sagen: »… und habt ein gutes Gewissen, damit die, die euch verleumden, zuschanden werden, wenn sie euren guten Wandel in Christus schmähen« (1. Petr 3,16).

Es gibt auch die Hoffnung und Erfahrung, dass wir seelsorgerlichen Rat untereinander annehmen. Wir dürfen aus manchem Meschech und Kedar heraus und Gott sagt: »Das musst du jetzt nicht mehr weiter tragen.«

Gott errettet uns aus Meschech und Kedar

Sprachlich kann man den 120. Psalm auch auf unterschiedliche Weise verstehen. Die hebräische Sprache bietet die Möglichkeit, den Psalm als Bitte der Gegenwart, als einen Klagepsalm oder als Erfahrung der Vergangenheit, also als einen Dankpsalm, zu lesen. Liest man ihn als Dankpsalm, dann heißt es: »Ich rief zu dem Herrn in meiner Not, und er erhörte mich. Er hat mich errettet von den Lügenmäulern, von den falschen Zungen.« In diesem Rückblick ist er ein Dankpsalm.

Manchmal straft und überführt Gott schon in der Jetztzeit diese Lügenmäuler und falschen Zungen. Das Alte Testament erzählt von Micha ben Jimla, der bei der Hohen Ratskommission der Einzige war, der noch in der Wahrheit stand. Auf der anderen Seite standen 400 Propheten mit ihrem Chefpropheten Zedekia, der in einer großen Theaterszene deutlich machte, was Gott tun werde. Micha sagte: »Ich sah den Herrn sitzen auf seinem Thron und das ganze himmlische Heer neben ihm stehen … Da trat ein Geist vor und stellte sich vor den Herrn und sprach: Ich will ihn betören.… Ich will ausgehen und will ein Lügengeist sein im Munde aller seiner Propheten« (1. Kön 22,19ff). Daraufhin wurde Zedekia rabiat und gab Micha eine Ohrfeige. Dann zogen sie in den Krieg und es kam, wie Micha gesagt hatte. Nachher hörte man nichts mehr von dem Lügenmaul, Zedekia und die 400 anderen Propheten waren einfach weg. Aber Micha ben Jimla, der Mann der Wahrheit, stand noch da. Auch so kann Gott handeln.

Die Lügenmäuler werden zuschanden, wenn sie euren guten Wandel in Christus schmähen

Wenn vom Ziel unseres Lebens die Rede ist, dann müssen wir die Gedanken aus Offenbarung 21 aufnehmen, in denen es um den neuen Himmel und die neue Erde geht. Sowohl in Offenbarung 21 als auch noch auf der letzten Seite der Bibel, in Offenbarung 22, sagt Gott ausdrücklich, dass der Lügner in diesem neuen Jerusalem nichts zu suchen hat. Es ist doch hochinteressant, dass die Lügner in diesen zwei Kapiteln dreimal genannt werden. Und dieses neue Jerusalem ist unser Ziel, da gehen wir hin.

Im neuen Jerusalem hat der Lügner nichts zu suchen

Deshalb gibt es den 120. Psalm, damit wir, die Fremdlinge und Pilger (1. Petr 2, 11), unsere Lage und unseren Weg verstehen, um daraus unser Ziel zu sehen. Das Ziel, das hat Petrus so formuliert: »Wenn ihr das Ziel eures Glaubens erlangt, nämlich der Seelen Seligkeit« (1. Petr 1,9).

Psalm 121

Ich hebe meine Augen auf zu den Bergen. Woher kommt mir Hilfe? Meine Hilfe kommt vom Herrn, der Himmel und Erde gemacht hat. Er wird deinen Fuß nicht gleiten lassen, und der dich behütet, schläft nicht. Siehe, der Hüter Israels schläft und schlummert nicht. Der Herr behütet dich; der Herr ist dein Schatten über deiner rechten Hand, dass dich des Tages die Sonne nicht steche noch der Mond des Nachts. Der Herr behüte dich vor allem Übel, er behüte deine Seele. Der Herr behüte deinen Ausgang und Eingang von nun an bis in Ewigkeit!

Psalm 121,1-8

Das Glaubensbekenntnis

Lesen wir den ersten Vers von Psalm 121 einmal in einer alten Übersetzung der Lutherbibel: »Ich hebe meine Augen auf zu den Bergen, *von welchen mir Hilfe kommt.*« Wir bemerken, dass man bei der Übersetzung dachte, die Berge seien Zeichen der Majestät, der Größe und der Offenbarung Gottes. Die Gottesoffenbarungen auf den Bergen dienten zum besonderen Hören auf Gott und die Berge waren Schutzraum.

In unserem aktuellen Leben haben wir Berge zu überwinden

Eigentlich steht da in Vers 1 aber eine Frage. »Ich hebe meine Augen auf zu den Bergen. *Woher kommt mir* [angesichts der Berge] *Hilfe?*« Der Leser, der Israel gut kennt, kann sich vielleicht einen Pilger im Jordantal vorstellen, der nach Jerusalem hinauswandern will und angesichts der im judäischen Bergland bedrohlich aufgetürmten Berge Angst bekommt. Ich hebe meine Augen auf zu den Bergen, und angesichts dieser Berge stellt sich die Frage, woher bekomme ich jetzt Hilfe? Dann sind diese Berge eben nicht der Schutzraum oder Offenbarungsort. Hierfür haben wir im Neuen Testament einen Beleg in der Geschichte von dem Geschäftsmann, der, von Jerusalem aus, in das Jordantal hinunterging und mitten in den Bergen überfallen wurde. Er war hilflos, bis der barmherzige Samariter kam und sich seiner erbarmt hat.

In unserer heutigen Zeit haben wir die Berge des Lebens in ihrer ganzen Bandbreite vor uns. Fangen wir mit den kleinen Hügeln an, die im Alltag vor uns liegen, wie z.B. verschiedene Termine, die schwierig werden können, die einem Sorgen bereiten. Außerdem gibt es uralte Berge, die immer schon in unserem Leben da waren, bleibende Berge, schmerzlich bekannt in unserer Lebenskulisse, die wir nicht mehr loswerden. Immer wieder kommen neue Berge hinzu. Die schlimmsten sind wahrscheinlich die noch nicht sichtbaren aber doch schon erwarteten und gefürchteten Berge. Wir ahnen, was auf uns zukommt, und stehen da wie der Beter vom 121. Psalm und sagen: »Ich hebe meine Augen auf zu den Bergen, und wenn ich das alles so sehe, kann ich nur fragen: Woher bekomme ich jetzt meine Hilfe?«

Wir sind hilfsbedürftig

Ein Berg liegt hinter diesen normalen Bergen Ihres und meines Lebens, der uns wirklich Sorgen machen sollte. Das ist der Gottesberg, vor dem wir uns einmal offenbaren müssen, wenn unser Leben zu Ende ist und wir vor dem Ewigen stehen. Damit müssen wir zurechtkommen. Sehe ich mir mein Leben mit meiner Seele in all ihren Facetten bewusst an, dann steht auch das wie ein riesiger Berg vor mir und ich kann nur fragen: »Woher bekomme ich jetzt meine Hilfe?«

Können wir angesichts dieses Berges, mit dem wir einmal vor Gott offenbar werden, sagen: »Meine Hilfe kommt vom Herrn« (V. 2)? Weil ich mich mit meinem Leben auf den verlasse, den der Vater, der Schöpfer des Himmels und der Erde, stellvertretend für meinen Berg gesandt hat, damit meine Schuld, meine Vergangenheit, mein Leben von ihm gedeckt ist. Ist das unser Bekenntnis?

Wie wird es sein, wenn wir vor dem Thron des Ewigen stehen?

Im Bibelunterricht mit jungen Leuten kamen wir auf Engel zu sprechen und haben im Hebräerbrief nachgeschlagen: »Sind sie nicht allesamt dienstbare Geister, ausgesandt zum Dienst um derer willen, die das Heil ererben sollen?« (Hebr 1,14). Ich fragte dann die Jugendlichen, wer da eigentlich mit »die das Heil ererben sollen« gemeint sei. Die Frage fanden sie offensichtlich viel zu leicht, denn einer meinte ganz cool in seinem nordbadischen Slang: »Ha, mier sind g'meint.« »Mier«, das sind doch die, die an Jesus glauben.

Könnten Sie auch so cool sagen: »Ich habe mein Leben auf diesen Jesus gesetzt und damit habe ich den entscheidenden Berg meines Lebens bewältigt!«? Jeder muss für sein persönliches Leben die Frage klären: Wie wird das sein, wenn ich einmal vor dem Thron des Ewigen meine Augen aufmachen werde? Woher kommt mir dann meine Hilfe? »Meine Hilfe kommt vom Herrn, der Himmel und Erde gemacht hat« (V. 2). In Jesus Christus habe ich meinen Eliëser, »Gott ist Hilfe«, gefunden.[6] Das ist das Glaubensbekenntnis, das wir, je länger wir mit Jesus leben, umso fröhlicher bekennen. Zum einen, wenn es um unseren Gottesberg geht, aber auch dann, wenn es um unsere Lebensweise und Lebenshilfe geht. Je banaler es geistig und geistlich in unserem Land zugeht, desto wichtiger ist es, ein solches Wort pointiert hineinzusagen: »Meine Hilfe kommt vom Herrn, der Himmel und Erde gemacht hat.«

In das Vakuum ohne Jesus setzen sich andere Mächte

Da, wo das Leben nicht mit Jesus gefüllt ist, da rutschen in das Vakuum der Persönlichkeit andere Mächte, andere Gedanken, andere Überzeugungen hinein. Umso wesentlicher ist das täglich gelebte Bekenntnis. Der Psalm bleibt da aber nicht stecken.

Der Glaubenszuspruch

In diesem Psalm passiert etwas ganz Eigenartiges. Er beginnt, als ob jemand seine Wanderroute zusammensuchte: »Ich hebe meine Augen auf zu den Bergen. Woher kommt mir Hilfe?« Er spricht sein Bekenntnis: »Meine Hilfe kommt vom Herrn, der Himmel und Erde gemacht hat.« Dann wechselt die Person und es folgt plötzlich ein ganz anderer Ton: »Er wird deinen Fuß nicht gleiten lassen, und der dich behütet, schläft nicht. Siehe, der Hüter Israels schläft und schlummert nicht« (V. 3f). Hier tritt also eine dritte Person auf. Bisher hatten wir nur den Beter und seinen Gott. Tritt jetzt ein anderer hinzu, der dem Beter etwas zuspricht? Handelt es sich um ein ermutigendes Selbstgespräch, wie wir es ja auch aus anderen Psalmen kennen? Z.B. Psalm 103,2: »Lobe den Herrn, meine Seele«, in dem der Beter mit der eigenen Seele spricht. Möglicherweise haben wir es hier mit einer Art Reisesegen zu tun, mit dem der eine dem anderen für die Reise den Segen zuspricht. Das finden wir im Alten Testament bereits bei Abraham, der seinem Knecht den Reisesegen mitgibt (1. Mose 24,7).

Der »dritte Mann« – Kanal für den Glaubenszuspruch

Hier in Psalm 121,3f haben wir den wichtigen, unbekannten »dritten Mann«, der den Zuspruch des Glaubens gibt. Die Textstelle kann sehr unterschiedlich gefüllt werden. Wir alle kennen aus unserem Glaubensleben, dass wir uns die entscheidenden Dinge wie Verheißungen, Zusprüche und Herausforderungen nicht selber sagen können; die kommen durch einen Kanal Gottes in unser Leben. Dieser »dritte Mann« ist der Kanal, den Gott benutzt, um bei Ihnen und bei mir mit dem Glaubenszuspruch anzukommen. Er spricht uns das zu, was wir brauchen, sei es in der Predigt, im Gottesdienst, in Bibelstunden, in der persönlichen Stille, durch ein Buch oder ein Gespräch. Es fällt auf, dass das Bekenntnis in Vers 2, so groß und wichtig es auch aussah, plötzlich hinter den folgenden Versen des Zuspruchs verschwimmt. Wir sind auf den Glaubenszuspruch angewiesen. Damit haben wir einen wesentlichen Grund, warum wir uns unter das Wort Gottes stellen. Denn wir brauchen immer wieder neu, dass Gott uns durch den unbekannten »dritten Mann« Glauben zuspricht und uns durch sein Wort das gibt, was wir für den nächsten Abschnitt unserer Pilgerwanderung benötigen. Gott legt uns im 121. Psalm ein geballtes Paket von Glaubenszusprüchen auf den Tisch.

Gott setzt Gegengewichte gegen die Bedrohung der Berge

Unser Sohn brach einmal zu einer Radtour auf und bei der Verabschiedung steigerten wir uns immer weiter in Ratschläge hinein, was er alles zu tun und worauf er zu achten habe. Das machten wir so lange, bis der Junge einfach nur wegging. Gott macht das gerade umgekehrt. Er gibt uns in diesem Psalm ein riesiges Paket seines Zuspruchs. Das ist, als ob Sie ein Auto kauften, bei dem Sie nicht nur eine spärliche Grundausstattung haben, sondern im Komplettpreis alles mit enthalten ist. Das ist, wie wenn man begreift, dass man nicht nur eine eingeschränkte Versicherungsleistung bezahlt hat, sondern das volle Paket. Mit Psalm 121 setzt Gott Gegengewichte gegen die Bedrohung der

Berge, geistliche Stabilisatoren, mit denen wir unseren Alltag bewältigen können.

Lassen wir die Worte dieses Psalms auf unsere Seele wirken. Der Psalm redet uns mit dem einfachen »du« an, es geht immer um Sie und mich. Besonders in Vers 3-8 finden wir ein deutliches »du«, mit dem Gott uns ganz persönlich anspricht. Zunächst einmal sagt er uns, was nie und nimmer sein soll. Am Anfang, in Vers 3, heißt es in der hebräischen Sprache ganz betont: »*Nie und nimmer* wird dein Fuß dem Wanken preisgegeben werden. *Nie und nimmer* wird der Hüter Israels einschlafen, nie und nimmer.« Die zweifache Betonung bildet eine schützende Mauer um uns herum.

Der Hüter Israels wird nie und nimmer einschlafen

Dann sagt er: »Siehe, wach auf« und es folgt wieder eine doppelte Verneinung: »Er wird wirklich *nicht einschlafen noch wird er einschlummern«*, darauf kannst du dich hundertprozentig verlassen. Er ist der Hüter, den Israel aus dem großen aronitischen Segen kennt: »Der Herr segne dich und behüte dich« (4. Mose 6,24). Hier haben wir eine Grundaufgabe Gottes, auf die wir uns verlassen können.

Sechs Mal spricht uns dieser Text das in unser Herz, unseren Geist und unser Leben hinein: »Der Herr behüte dich ...«, damit diese Zusage unser Leben als *cantus firmus* (Hauptmelodie) bestimmen kann. Wir sind auf dieses Mittelstück des Psalms gegründet. Die Zusage ist damit noch nicht zu Ende, da er, der Schöpfer des Himmels und der Erde, uns zusagt, dass er im Himmel und auf Erden zuständig ist. Er, der Kreator, hat alles im Blick. Er kümmert sich um unseren Fuß und auch um unsere rechte Hand (V. 3.5). In der Bibel kommen meistens »Rechtshänder«-Texte vor, denn die rechte Hand ist diejenige, mit der man segnet, arbeitet und kämpft. Wenn da steht: »über deinem Fuß und deiner rechten Hand«, dann heißt das in der hebräischen Denkweise, dass Gott über allem präsent ist. Das eine wird er nicht wanken lassen, das andere wird er mit Schatten segnen und behüten. Die Flügel der Cherubim werfen den Schatten und alles, was sich unter dem Schatten der Cherubim-Flügel befindet, ist geschützt. Nicht nur Füße und Hände, sondern auch Tag und Nacht, Sonne, Mond, Anfang und Ende.

Der Schöpfer ist im Himmel und auf Erden zuständig

Gott möchte uns mit diesem Psalm sagen: »Ich gebe dir ein lückenloses Rundum-Paket, ich bin der Stabilisator deines Lebens, das Gegengewicht, das niemand herunterziehen kann.«

Vielleicht erinnern wir uns an eigene Lebenserfahrungen im Sinne von Psalm 121, an Situationen, in denen der Hüter Israels in unserem Leben präsent war, in kleinen und großen Entscheidungen. Wie viel Gutes hat er uns getan, in wie viel Not hat er uns bewahrt. Jeder von uns kann für sich deutlich machen, was ihm in Jesus Christus geschenkt worden ist.

Gott sagt uns mit Psalm 121 ein lückenloses Rundum-Paket zu

Fritz Grünzweig, ein bekannter Ausleger, hat ein doppelbändiges Werk zum Alten und Neuen Testament geschrieben. Darin legt er die einzelnen Texte vollkommen neutral aus. Nur beim 121. Psalm unterbricht er seinen Stil und schreibt völlig unerwartet: »So möchte ich zu diesem Psalmvers etwas Persönliches erzählen.«[7] Dieser Vers ist für ihn ein Signalwort. Er schildert, wie er im Zweiten Weltkrieg schwer verwundet wurde. Man brachte ihn von der Frontlinie weg in ein Lazarett. An diesem Tag hatte er keine Chance, die Losungen zu lesen. Wider Erwarten überlebte er seine Verletzungen. Später nahm er die Losung für diesen Tag zur Hand und las: »Der Herr behütet dich; der Herr ist dein Schatten über deiner rechten Hand, dass dich des Tages die Sonne nicht steche noch der Mond des Nachts« (V. 5f). Von dieser Begebenheit berichtet er mitten im Bibelkommentar. Gott sei Dank, diesem Hüter Israels mit seinem gigantischen Paket der Gegengewichte, der Stabilisatoren unseres kleinen Lebens.

Fragen wir an dieser Stelle einmal: Warum macht Gott das? Was bewegt ihn, sich in dieser Weise um uns zu kümmern? Dazu ein Beispiel, wie wir Menschen denken und handeln. Fritz sieht, wie Franz mit Schlittschuhen über den See läuft und im Eis einbricht. Fritz schafft es noch, Franz aus dem Eiswasser zu retten. Fritz hat den Franz gerettet, das ist natürlich das Wunder im Dorf. Der Religionslehrer nimmt dieses Ereignis als ein gutes Beispiel für Nächstenliebe in seinem Unterricht auf. Dabei merkt er, dass Fritz desto intensiver auf den Boden schaut, je mehr er als Beispiel für Nächstenliebe dargestellt wird. Der Lehrer fragt: »Sag mal, Fritz, war es denn nicht so? Warum hast du den Franz gerettet?« Fritz antwortet: »Ja, der hat doch meine Schlittschuhe angehabt.«

Wir müssen zu unserer Rettung nichts beitragen

Diese Rettung war also nicht ganz selbstlos. Wie ist das denn bei unserem Herrn, hat er etwas davon, dass er uns rettet? Nein, er hat nichts davon und er will auch nichts von uns. Warum macht er es dennoch? »Ich habe dich je und je geliebt, darum habe ich dich zu mir gezogen aus lauter Güte« (Jer 31,3). Wenn wir das begreifen können, kommt mit dem Glaubensbekenntnis dieser wunderbare Glaubenszuspruch in unser Leben hinein.

Die Glaubensherausforderung

An diesem Punkt spüren wir deutlich, dass der 121. Psalm noch mehr enthält. Da bleibt noch etwas offen. Warum betont Gott dieses »Stabilisatorenpaket« so stark? Möglicherweise haben wir Erfahrungen gemacht, bei denen wir uns nicht so behütet gefühlt haben. Aus diesen Wahrnehmungen heraus sagen wir: »Herr, viele meiner Erfahrungen kann ich mit deinem Psalmwort nicht vereinbaren.« Ich habe mir einmal das Inhaltsverzeichnis eines Buches mit dem Thema »Mit Freuden ernten – Erfahrungen in Lebenskrisen« von Beate und Winrich Scheffbuch (Holzgerlingen, 1999) kopiert. Da werden ungefähr 40 kurze Lebensberichte skizziert und schon im Inhaltsverzeichnis steht: »Ihre Angehörigen verloren; Acht Jahre Lager; 23 Jahre Haft; Schwere Lasten; Im Rollstuhl gewesen; Gelähmt; Erblindet; Gefoltert; Völlig verarmt; Ausgestoßen; Schwer lungenkrank; Stark verspottet; Mit 18 Jahren das Bein verloren; Am Grab der Kinder; Gichtkrank; In schwerem Leid; Aus dem Kirchendienst geflogen; Krank; Nervenkrank; Stotternd; 12 Jahre Haft; Heimatlos; Verfolgt; Vertrieben; Allen Besitz verloren …« Das liest sich wie die Aufhebung des 121. Psalms, wie die Kapitulation des Hüters Israels.

Lebenssituationen erscheinen wie Aufhebungen der Zusage Gottes

Hat Gott da nicht aufgepasst, nicht gehütet? Ist er doch eingeschlafen oder, was noch schlimmer wäre: Hat er nicht gewollt? War er vielleicht gar nicht in der Lage? Bei diesen Fragen spüren wir, dass der

Psalm mehr enthält, dass es noch weitergehen muss. Schauen wir auf Johannes den Täufer, wie er bei einer Feier im Palast einen sinnlosen Glaubenstod sterben musste, oder auf Stephanus, wie auf diesen Zeugen für Jesus Christus bei Jerusalem die Steine niederprasseln. Sehen wir Jakobus, den Gemeindeleiter, den sie ins Gefängnis zerren und dem sie den Kopf abschlagen (vgl. Apg 12,2), oder die Geschichte vieler anderer Jesusleute durch die vielen Jahrhunderte hindurch. Angesichts dieser Zeugnisse stehen wir schweigend vor dem Kapitel im Hebräerbrief, wo es um die Glaubenszeugen Mose, Abraham und die Großen des Alten Bundes geht, darum, wie viele Wunder an ihnen geschehen sind. Und dann heißt es in diesem Text: »Andere aber sind gemartert worden und haben die Freilassung nicht angenommen, damit sie die Auferstehung, die besser ist, erlangten. Andere haben Spott und Geißelung erlitten, dazu Fesseln und Gefängnis. Sie sind gesteinigt, zersägt, durchs Schwert getötet worden; ... sie haben Mangel, Bedrängnis, Misshandlung erduldet« (Hebr 11,35ff).

Psalm 121 ist kein Glaubensautomat

Herr, ist das die Aufhebung von Psalm 121? Schläft Gott, hütet er nicht? Man könnte es meinen. Man befürchtet es. Genau an dieser Stelle haben wir die Herausforderung des 121. Psalms. Das, was hier steht, ist kein billiger Glaubensautomat. Dahinter steckt die Frage: Soll Gott es so machen, wie ich will, wie ich es mir vorgestellt habe? Oder wächst in uns, die wir an Jesus Christus glauben und seinen Heiligen Geist in uns haben, die zarte Erkenntnis, dass wir am besten vor unserem Gott bekennen und beten: »Wenn es nicht so wird, wie ich es will, dann wird es so besser, wie du es willst«? Indem ich ein Glaubensrisiko spüre, wage ich in meinem Alltag den Schritt zum Hüter Israels und bekomme den Schlüssel zu einem neuen Vertrauenshorizont, den Gott mir aufschließen möchte.

Psalm 121 enthält einen sechsfachen Lockruf, auf den Hüter Israels zu vertrauen

In den 121. Psalm ist in sechsfacher Weise ein Lockruf eingebaut, darauf zu vertrauen, dass der Hüter Israels es in jedem Fall gut macht. Wenn es nicht so wird, wie ich es will, dann wird es besser werden. Wir kennen alle diese tief sitzende Angst, das notvolle Misstrauen, die verkrampften Hände, die nicht loslassen wollen, das zögerliche Gehorchen, diese lähmende Sorge, die blockierenden Gedanken, all diese langwierigen Prozesse, bis Gott uns dahin bekommen hat, dass wir ihm das – wenn auch nur ganz leise – sagen: »Wenn du es nicht so machst, wie ich es denke, dann wirst du es besser machen.«

Bonhoeffer hat recht, wenn er sagt, die Psalmen enthalten »auch das Wort, das er von uns hören will«.[8] Dieses Wort lautet: »Ich glaube dir, dass du, der Hüter Israels, nicht schläfst und nicht schlummerst.« Mit diesem Bekenntnis bekommt dieser Text noch einmal eine andere Dimension. Gott fordert uns heraus, den Glaubenshorizont zu erweitern, manches Mal recht dramatisch, manchmal auch in chronisch langen Phasen, meistens prozessartig, aber doch bei vielen – wenn wir es nüchtern betrachten – recht überschaubar. Wir treten dann mit dem *Vademekum* der Glaubensübung in das Testgelände unserer künftigen Zeiten und sehen die Situationen, in denen er sagt: »Ich bin der ›Hüter Israels‹ für dich.« Wir investieren Vertrauen in diesen Hüter Israels, indem wir ihm glauben. Ich glaube ihm, dass er nie und nimmer schläft.

Ich muss nicht in einem beständigen Konjunktiv leben, weil ihm irgendwo ein Augenblick entglitten sein könnte. Was wäre gewesen, wenn …? Manche Menschen leben immer im Konjunktiv, weil sie nie bewusst die Vergangenheit ruhen lassen können. Sie können nicht mit ihrem Gott leben in dem Wissen: Der Hüter Israels schläft und schlummert nie und nimmer! Ich glaube ihm, dass er mich in meinem Leben führt, denn er hat gesagt: »Er wird deinen Fuß nicht dem Wanken preisgeben« (V. 3). Dann wird er es auch, trotz aller Sorgenpakete, mit meinem Leben gut machen. Dann gilt das Wort des Apostels Paulus: »Aber Gott ist treu, der euch nicht versuchen lässt über eure Kraft, sondern macht, dass die Versuchung so ein Ende nimmt, dass ihr's ertragen könnt« (1. Kor 10,13). Wir sind gehalten von Gott und nicht überfordert.

Die Flügel seiner Cherubim geben mir Schatten

Ich darf wissen, die Flügel der Cherubim sind über meiner rechten Hand. Ich darf in Zukunft mit seiner Gegenwart rechnen, beim Segnen, beim Arbeiten und beim Kämpfen. In der Sonnenhitze der Nachfolge von Jesus und in den Nachtschlägen des Teufels darf ich wissen, der Herr ist da. »Ihr Lieben, lasst euch durch die Hitze nicht befremden, die euch widerfährt zu eurer Versuchung, als widerführe euch etwas Seltsames« (1. Petr 4,12). Er ist der Hüter vor dem Bösen, er leitet mich an, die Lebensordnungen zu akzeptieren, und behütet mich, wenn er massiv in mein Leben hineinruft: »Tu das nicht! Gehe nicht diesen Weg der Sünde!« Er will mein Leben bis zum Eingang in die Ewigkeit behüten. Jesus hat gesagt: »Wer sein Leben lieb hat, der wird's verlieren; und wer sein Leben auf dieser Welt hasst, der wird's erhalten zum ewigen Leben« (Joh 12,25). Können wir das begreifen und diesen Weg gehen?

Wenn wir so unsere Zukunft angehen, dann kommen seine Ehre und sein Segen zum Tragen und es entsteht bleibendes Glück. Wir werden nicht enttäuscht werden.

Eine Schulklasse führte einmal ein Musical über den Propheten Daniel auf. Bei dem Lied »Er hat mich niemals enttäuscht« war das »niemals« so hoch, dass der Junge, der den Daniel spielte, es gerade so schaffte. Vorher holte er immer noch einmal ganz tief Luft, sodass dieses »niemals« besonders laut herauskam. Das war wie ein Zeugnis: »Er hat mich *niemals* enttäuscht.« Ich kann nicht alles verstehen, aber enttäuscht bin ich niemals. Warum? Weil das gilt, was der Liederdichter einmal gedichtet hat: »Stark ist meines Jesu Hand und er wird mich ewig fassen, hat zu viel an mich gewandt, um mich wieder loszulassen.«[9]

Im Sandkasten vor unserem Mitarbeiterhaus war einmal eine ganz erstaunliche Anlage zu bewundern, die Kinder mit viel Engagement aufgebaut hatten. Um das Ganze zu sichern, hatten sie in ihr Bauwerk ein Schild mit der Aufschrift gelegt: »Bitte nicht betreten, wir Kinder haben hier schwer gearbeitet.« So steht es auch über Ihrem Leben: »Hier wird nichts betreten«, denn an Ihrem Leben hat Jesus schwer gearbeitet. Das lässt er sich nicht mehr nehmen, darauf können Sie sich verlassen.

Nehmen wir also diesen Psalm ins Leben mit. Sprechen wir unser Glaubensbekenntnis und hören den stabilisierenden Glaubenszuspruch. Wagen wir die Glaubensherausforderung in dem Testgelände unseres Lebens, mit der Zusage: »Der Herr behüte deinen Ausgang und Eingang von nun an bis in Ewigkeit« (V. 8).

Psalm 122

Ich freute mich über die, die mir sagten: Lasset uns ziehen zum Hause des Herrn! Nun stehen unsere Füße in deinen Toren, Jerusalem. Jerusalem ist gebaut als eine Stadt, in der man zusammenkommen soll, wohin die Stämme hinaufziehen, die Stämme des Herrn, wie es geboten ist dem Volke Israel, zu preisen den Namen des Herrn. Denn dort stehen die Throne zum Gericht, die Throne des Hauses David. Wünschet Jerusalem Glück! Es möge wohlgehen denen, die dich lieben! Es möge Friede sein in deinen Mauern und Glück in deinen Palästen! Um meiner Brüder und Freunde willen will ich dir Frieden wünschen. Um des Hauses des Herrn willen, unseres Gottes, will ich dein Bestes suchen.

Psalm 122,1-9

Besondere Orte lösen besondere Erinnerungen aus und uns fallen bestimmte Begriffe dazu ein. Berlin – Regierung, Reichstag, Mauer; Bayreuth – Festspiele; Frankfurt/Main – Flughafen. Mir kamen beim Nachdenken vor allem Städte in den Sinn, mit denen man Negatives verbindet: Hiroshima, Tschernobyl, Stalingrad; aber auch Orte wie Athen, mit den Olympischen Spielen 2004, oder Rom oder Jerusalem. Das Wort »Jerusalem« löst bei vielen eine ganze Kaskade von Erinnerungen aus.

Jerusalem ist der Ort der Verheißungen Gottes

Mit Psalm 122 haben wir einen klassischen Jerusalem-Psalm vor uns. Wir wollen hier nicht alle möglichen Assoziationen nennen, die mit dieser Stadt verbunden sind, sondern wir beschränken uns beim Nachdenken über diesen Psalm auf die biblische Assoziationskette.

Dieses Wort »Jerusalem« löste bei dem Wallfahrer, der diesen Psalm betete, etwas Besonders aus. Er ging hinauf, wie das Gesetz des Mose es befahl, stand in dieser Stadt und berichtete das Erlebte: »Nun stehen unsere Füße in deinen Toren, Jerusalem« (V. 2). Das ist mehr als das Wort eines Touristen, es ist das Wort eines Wallfahrers für die, die aufgrund ihres Glaubens an den Gott Abrahams, Isaaks und Jakobs eine intensive Beziehung zur Stadt Jerusalem mit ihrer Pracht haben.

Hier ist von den Segnungen »des Hauses des Herrn«, des *Beth Jahwe*, die Rede. Später bezeichnet »Haus des Herrn« den Tempel, aber Psalm 122 hat seinen Ausgangspunkt in der Zeit Davids, in der es weder die Stiftshütte noch einen Tempel gab. Im Buch der Chronik lesen wir, dass die Stiftshütte noch bei Gibeon war und erst unter Salomo das Äußere der Stiftshütte nach Jerusalem transportiert wurde. Die Bundeslade hatte David allerdings schon nach Jerusalem geholt und einen besonderen Raum zur Unterbringung der Lade gebaut (1. Chr 16,1ff), der schon zur Zeit Davids *Beth Jahwe*, »Haus des Herrn«, genannt wurde (2. Sam 12,20). Für spätere Wallfahrer war der Tempel *Beth Jahwe* und als Assoziation eng mit Jerusalem verbunden.

Jerusalems Katastrophen werfen die Frage nach der Erfüllung göttlicher Verheißungen auf

Gott hat sich den Zion erwählt und Jerusalem ist der Ort der Verheißungen, die auf Israel, dem Volk Abrahams, Isaaks und Jakobs ruhen. Sie ist die Stadt des Messias und stark mit seiner Herrschaft verknüpft. Die Gerichte und Katastrophen über bzw. in Jerusalem sind so einschneidend, weil damit die Verheißungen, die über Jerusalem ausgesprochen sind, berührt werden. Katastrophen in Orten und Städten unseres Landes haben nicht diese Tiefe erreicht, da mit ihnen nicht die Verheißungen verbunden sind, wie sie für Jerusalem immer noch gelten.

Da auf Jerusalem die Verheißungen Gottes liegen, rufen Katastrophen wie im Jahr 586 v. Chr., der Untergang des salomonischen Tempels und die Wegführung in die babylonische Gefangenschaft, ein Klagelied hervor. Es stellt sich die Frage, wie es z.B. mit dem Messias weitergeht, der kommen soll. Auch die Katastrophe des Untergangs im Jahr 70 n. Chr. war gleichzeitig mit der Frage verbunden: Wie wird Gott seine Verheißungen über diese Stadt jetzt noch erfüllen?

Das prophetische Wort ist ein Licht am finsteren Ort

Denkt man heute an Jerusalem, die nationale und religiöse Mitte des Volkes Israel, kommt die aktuelle Tagespolitik ins Gespräch. Jerusalem wird immer dieser Mittelpunkt bleiben, egal, wie viele weltpolitische Gremien sich auch daran reiben. Die Wiederherstellung der Altstadt im letzten Jahrhundert war ein Faszinosum. Das prophetische Wort ist eine Leuchte an einem finsteren Ort, auch bei den Assoziationen, die für die Zukunft mit Israel zusammenhängen. Nur auf ein Stichwort hin läuft ein innerer Film ab, bei dem wir eine Reihe von Szenen aus der Bibel verknüpfen. Wir denken an die Drangsal Jakobs, an das Bild vom Antichristen, an den Gräuel der Verwüstung im Tempel, an die militärische Bedrängnis, von der der Prophet Sacharja berichtet. Wir denken aber auch an das Erscheinen des Gottessohnes auf dem Ölberg, an den Beginn der tausendjährigen Herrschaft des Friedensreiches von Jesus Christus auf dieser Erde und an die Wallfahrten, bei denen nach Jesaja 2 ganze Völker in einer missionarischen Bewegung auf diesen Berg ziehen werden, auf dieser Erde bisher einmalig. Diese Assoziationen sind alle mit dem Psalm 122, einem Sehnsuchtspsalm, verbunden.

Wir Jesusleute lesen und verstehen diesen Psalm nun ganz bewusst von Jesus her. Wir, die wir an Jesus Christus glauben, lesen den Jerusalempsalm und denken dabei zunächst an Jesus. Jesus, der Sohn Gottes, wurde wie alle anderen jüdischen Kinder nach dem Gesetz des Mose im Tempel dargebracht (Lk 2,22ff). Der zwölfjährige Jesus saß entsprechend der Ordnung im Tempel. Er hat dort Wunder getan und Reden gehalten. Jesus starb im Umfeld von Jerusalem, ist dort auferstanden und in den Himmel gefahren. Von dort wird er wiederkommen. Während einer Israelreise kamen wir in Jerusalem an und ein Teilnehmer der Reisegruppe sagte: »Jetzt bin ich erstmals da, wo über mein Schicksal entschieden wurde.« Das kam von jemandem, der an Jesus Christus glaubt und für den Jerusalem intensiv mit Jesus verbunden ist.

In Jerusalem entscheidet sich unser Schicksal

Der Leser von Psalm 122, der an Jesus glaubt, weiß: Das irdische Jerusalem rückt für die Gemeinde als religiöse Mitte immer weiter in den Hintergrund. Jesus führt mit der Frau aus der samaritanischen Religionsgruppe ein Gespräch. »Die Frau spricht zu ihm: Herr, ich sehe, dass du ein Prophet bis. Unsere Väter haben auf diesem Berge angebetet, und ihr sagt, in Jerusalem sei die Stätte, wo man anbeten soll« (Joh 4,19f). Jesus antwortete: »Glaube mir, Frau, es kommt die Zeit, dass ihr weder auf diesem Berge noch in Jerusalem den Vater anbeten werdet.... Gott ist Geist, und die ihn anbeten, die müssen ihn im Geist und in der Wahrheit anbeten« (V. 21.24). Das Gebet ist damit nicht mehr an besondere Orte geknüpft, sondern an die geistliche Beziehung zu Gott, dem Vater.

Das irdische Jerusalem ist Modell für das himmlische Jerusalem

Der Apostel Paulus nennt die Gemeinde von Jesus den Tempel, in dem der Heilige Geist Wohnung genommen hat (1. Kor 3,16). Hier bemerkt man etwas von der Ablösung der Gemeinde vom irdischen Jerusalem. Wir denken, dass wir bereits hier das Entscheidende haben. Der Hebräerbrief lehrt uns aber, dass wir hier nur das Abbild des Eigentlichen vor Augen haben, das Wesentliche können wir jetzt noch nicht sehen. Die Bibel sagt, dass die irdische Stiftshütte ein Abbild des Himmlischen ist. Beim Sterben des Sohnes Gottes im Umfeld von Jerusalem, dem hohepriesterlichen Opfer, geschieht das Eigentliche im Himmel, denn das irdische Jerusalem ist Modell für das himmlische Jerusalem.

In diesem Verständnis lesen Jesusleute Psalm 122 und merken, dieser Psalm fängt neutestamentlich noch einmal anders an zu leben. Paulus sagt: »Aber das Jerusalem, das droben ist, das ist die Freie; das ist unsere Mutter« (Gal 4,26). Wir erinnern uns: »Unser Bürgerrecht aber ist im Himmel; woher wir auch erwarten den Heiland, den Herrn Jesus Christus« (Phil 3,20). In den Kapiteln 21 und 22 der Offenbarung taucht vieles aus dem 122. Psalm auf, z.B. die Mauern und die Stadt, die Tore und die Herrlichkeit, das Ziel und der Thron, der Messias und das *Beth Jahwe* sowie die Völkerwallfahrten. Der Glaube beschreibt das himmlische Jerusalem schon als vorhandene Realität und nicht nur als Zukunftsbild.

Für den Glaubenden ist das himmlische Jerusalem vorhandene Realität

Der Hebräerbrief spricht von dem anderen Jerusalem. »Denn wir haben hier keine bleibende Stadt, sondern die zukünftige suchen wir« (Hebr 13,14). Über den Vater des Glaubens schreibt er: »Denn er [Abraham] wartete auf die Stadt, die einen festen Grund hat, deren Baumeister und Schöpfer Gott ist« (Hebr 11,10). »Nun aber sehnen sie sich nach einem besseren Vaterland, nämlich dem himmlischen. Darum schämt sich Gott ihrer nicht, ihr Gott zu heißen; denn er hat ihnen eine Stadt gebaut« (Hebr 11,16). Von der Gemeinde Jesu wird gesagt: »Sondern ihr seid gekommen zu dem Berg Zion und zu der Stadt des lebendigen Gottes, dem himmlischen Jerusalem …« (Hebr 12,22a).

In dieser Zusammenschau verstehen wir die in der Gemeinde entstandenen »alten« Jerusalemlieder. »Jerusalem, du hoch gebaute Stadt, wollt Gott, ich wär in dir.«[10] »O, Jerusalem, du Schöne, da man Gott beständig ehrt und das himmlische Getöne Heilig, Heilig, Heilig hört. Dann, dann komm ich doch einmal hin zu deiner Bürger Zahl.«[11] Noch im letzten Jahrhundert dichtete Jochen Klepper: »Mein Gott, ich will von hinnen gehen, der Erdentag wird mir zu lang, die Tore deiner Stadt zu sehen, zu hören himmlischen Gesang.«[12] In diesen Texten spürt man etwas von dem Denken über Jerusalem. Jesusleute haben den 122. Psalm neutestamentlich aufleuchten lassen und gedichtet: »Mein Leben ist ein Pilgrimstand, ich reise nach dem Vaterland, nach dem Jerusalem, das droben Gott selbst als eine feste Stadt auf Bundesblut gegründet hat.«[13]

Hier kommen der Psalm 122 und unser Denken als Jesusleute zusammen, sodass wir noch einmal neu anfangen zu lesen. Als jesusgläubiger Mensch weiß ich: Jerusalem ist da, Jerusalem wird sein, Jerusalem ist Gemeinschaft mit Jesus und ich habe Anteil an diesem Jerusalem. Jesusleute lesen den Psalm aber auch als Menschen, die sich müde gearbeitet haben, die angefochten und belastet sind. Wenn wir den Psalm so lesen, dann bekommen wir den *Jerusalem-Standpunkt*, die *Jerusalem-Perspektive* und die *Jerusalem-Orientierung*.

Der Jerusalem-Standpunkt

Auffallend ist, dass der Beter des Psalms eigentlich im Rückblick spricht. »Unsere Füße *standen* in deinen Toren, Jerusalem« (V. 2, ELÜ), das ist keine Zukunftsaussage, er ist dort gewesen und berichtet von seiner Erfahrung, als er in Jerusalem stand.[14] Als Jesusleute brauchen wir den Standpunkt im Jerusalem des Glaubens, dieser unmittelbaren Nähe und Wirksamkeit unseres Gottes. Von diesem Standpunkt aus sagen wir: »Unsere Füße standen in deinen Toren, Jerusalem«, und können auf dieser geistlichen Basis unseren Weg gehen.

Jesusleute brauchen den Standpunkt im Jerusalem des Glaubens

Man spürt dem Beter ab, dass da etwas stattgefunden hat, denn er spricht jetzt mit Freude. Möglicherweise hat sich in Ihrer Jesusbeziehung die Verankerung gelockert. Vielleicht gab es schlimme Erfahrungen, sodass alles, was mit Jesus, mit dem Glauben und der Orientierung an der Ewigkeit zu tun hat, an Bedeutung verloren hat. War der Jerusalem-Impuls zu schwach? Es gibt Orte mit ganz starken Störfrequenzen und man ärgert sich, weil das Eigentliche, was man hören will, durch den Einfluss der Störfrequenzen nicht mehr zu hören ist. Wir müssen zum geistlichen Jerusalem gehen und wieder bei Jesus, der Mitte des Glaubens, ankommen. Von diesem Standpunkt aus können wir dann weitergehen.

Wie hat denn der Beter des Psalms seinen Standpunkt wieder zurückbekommen? Zum einen, indem er Seelsorge pur erlebt hat. Im Psalm ist das wunderschön formuliert: »Ich freute mich über die, die mir sagten: Lasset uns ziehen …« (V. 1). Da gab es Menschen, die den schwach gewordenen Glaubenden eingehakt und nach Jerusalem mitgenommen haben, zum *Beth Jahwe*, damit er diese Mitte wieder neu bekommt. Nimmt man Jerusalem wieder in den Blick, spürt man etwas von diesem Geistlichen und wird in die Mitte hineingestellt, wo Gott mit seinem Wort und seinem Wesen bei uns ankommen kann. Deshalb sagt Spurgeon: »Bis heute segnet der Herr jedes einzelne Glied seines Volkes durch seine Gemeinde, sein Evangelium und seine Gaben. In der Gemeinschaft der Heiligen empfangen wir reichen Segen.«[15] Wer aus den Störfrequenzen herauskommt, der kommt in die Mitte der geistlichen Gemeinschaft und tritt wieder in das geistliche Jerusalem hinein.

Die Mitte der geistlichen Gemeinschaft – das geistliche Jerusalem

Der Apostel Paulus sagt: »… und er hat uns mit auferweckt und mit eingesetzt im Himmel in Christus Jesus« (Eph 2,6). Von dieser Verankerung her bekommen wir die entscheidende Wegweisung. »Seid ihr nun mit Christus auferstanden, so sucht, was droben ist, wo Christus ist, sitzend zur Rechten Gottes« (Kol 3,1). Da ist unser Glaubensstandpunkt. Stellen wir uns in die Gottesgemeinschaft hinein und atmen seine Nähe in der persönlichen Stille oder im Gottesdienst, dann sind wir in besonderer Weise von dieser Nähe des geistlichen Jerusalems in unsrem Leben bestimmt.

Ein Dorfpfarrer sah morgens in seiner Kirche einen älteren Mann ganz still in der ersten Bank sitzen. Als er nach einer Weile wieder in die Kirche kam, saß der Mann immer noch da. Daraufhin sprach er den Mann an und fragte ihn, was ihn denn so bewege. Der Mann zeigte auf das Kreuz und sagte: »Eigentlich gar nichts. Ich schaue ihn einfach an und er schaut mich an.« Wer so lebt, kann weitergehen.

Eine unserer Töchter kam nach dem Schwimmunterricht nach Hause und berichtete, dass sie den Sprung vom Einmeterbrett geschafft hatte, den vom Dreimeterbrett jedoch nicht. Auf unsere Nachfrage, ob sie denn Angst gehabt habe, sagte sie: »Nein, ich hatte nur keine Zeit, Mut zu sammeln.« Wir brauchen Jerusalem, um Mut zu sammeln, damit wir »den Dreier« schaffen. Wer nicht mehr in Jerusalem zu Hause ist, der muss sich nicht wundern, wenn er »den Dreier« nicht mehr schafft. Wir müssen zurück in dieses geistliche Jerusalem, in dieses *Beth Jahwe,* und wieder den Jerusalem-Standpunkt einnehmen. Daran hängt unser Leben.

Wir brauchen Jerusalem, um Mut zu fassen

Die Jerusalem-Perspektive

Vom Jerusalem-Standpunkt aus bekomme ich die Jerusalem-Perspektive. Bei einem Besuch in Jerusalem führte uns der Reiseleiter an eine Stelle, von der man einen guten Überblick hatte, und so konnten wir viele wichtige Punkte von Jerusalem sehen. Wir brauchen einen solchen Überblick.

Von der alten Römerstraße in Jerusalem, dem Cardo, gibt es eine Karte, auf der Jerusalem etwa um das Jahr 500 gezeigt wird. Da wurde der jüdische Tempelplatz perspektivisch sehr einseitig verzerrt und ganz klein dargestellt, die christliche Grabeskirche aber überdimensional groß. Alles wurde aus einem bewusst christlichen Blickwinkel gesehen.

Viele Ausleger von Psalm 122 haben sich über die Perspektive gewundert, aus der der Psalmist Jerusalem sieht. Er legt den Schwerpunkt nicht, wie bei den anderen Psalmen, auf das Heiligtum, auf die Altäre, auf die Gottesdienste und auf die schönen Opfer. In diesem Psalm sind die entscheidenden Elemente: die Stadt

Im geistlichen Jerusalem sehen wir die Stadt der Treue, das Volk der Wahl, den Lobpreis des Namens und die Throne der Herrschaft

Jerusalem, das Volk, der Lobpreis und die Throne. Der Psalmist sieht: die Stadt der Treue, das Volk der Wahl, den Lobpreis des Namens und die Throne der Herrschaft Gottes. Wenn wir im geistlichen Jerusalem stehen, dann sehen auch wir genau diese Dinge: Im geistlichen Jerusalem sehen wir die *Stadt der Treue*, das *Volk der Wahl*, den *Lobpreis des Namens* und die *Throne der Herrschaft* und bekommen so die entscheidende geistliche Perspektive.

Die *Stadt der Treue*: Die Übersetzung bei Martin Luther, »Jerusalem ist gebaut als eine Stadt, in *der man zusammenkommen soll …*« (V. 3), sollte man vielleicht besser ersetzen durch »eine in sich fest geschlossene Stadt«. Die Botschaft lautet: Wir kommen im geistlichen Jerusalem an und sehen: Das Heil in Jesus Christus ist in sich fest und treu und unverbrüchlich. Wir kommen mit unserer Müdigkeit und der Frage, ob das, was wir tun, überhaupt etwas bringt oder ob nicht alles in unserem kleinen Leben vergeblich ist.

Das in Christus geschaffene Heil ist fest

Otto Riethmüller dichtete: »Schließ auf, Herr, über Kampf und Sorgen, das Friedenstor der Ewigkeit. In deiner Burg sind wir geborgen, zum Kampf gestählt, zum Dienst bereit.«[16] Das singen Menschen, die in Jerusalem standen und plötzlich über allem Notvollen wieder begriffen haben: Das Heil in Christus steht felsenfest.

Seine Bewohner sind da, das neutestamentliche *Volk der Wahl* ist Realität, es ist ein für alle Mal im Sterben des Sohnes Gottes auf Golgatha geschaffen. Seine Gnade gilt für mich, sie gilt aber nicht nur mir, denn auch noch andere gehen mit mir. Nicht nur Ruben, sondern auch Simeon, Levi und Juda, in der vollen Zahl ziehen sie hinauf und sind das Volk seiner Wahl (Vers 4).

Gott muss in uns wieder Gott sein dürfen

Wenn wir wieder die sehen können, die »… zu der Versammlung und Gemeinde der Erstgeborenen, die im Himmel aufgeschrieben sind, …« (Hebr 12,22bf) gehören, dann bekommen wir diese eklige, klebrige Schicht aus Stolz, *Hybris*[17], aus Eigensucht, Bitterkeit, aus Depression und Machtgier los, die so im Durchschnitt auf uns Jesusleuten hängt und uns immer wieder Not macht.

Wir müssen uns in dieses Jerusalem hineinstellen und den Blick dafür bekommen, dass das Heil, die Stadt der Treue fest steht. Wir sind das Volk der Wahl und sehen den *Lobpreis des Namens*, der uns in die Ehre des *Schem Jahwe*, des Namens des Herrn, hineinführt.[18] Jesus hat uns im »Vaterunser« ganz einfach ins Stammbuch geschrieben: »Geheiligt werde dein Name.« Es geht darum, dass Gott in uns wieder Gott sein darf. Wenn wir in Jerusalem stehen, dann verändert das Gotteslob unsere harten Herzen und öffnet uns für die Realität unseres Gottes. Wer die Perspektive Jerusalems hat, die Stadt der Treue und das Volk der Wahl und den Lobpreis des Namens, der erlebt auch *die Throne der Herrschaft.*

Im Alten Testament ist der Begriff »Throne des Gerichts« hauptsächlich positiv besetzt, weil er von der Herrschaft und Gerechtigkeit Gottes spricht. Gemeint ist die Gerechtigkeit, die uns in Jesus Christus geschenkt wird. Hinter diesen Thronen steht der überragende Wille Gottes.

Die Gerechtigkeit ist uns in Jesus Christus geschenkt

Gehen wir in das geistliche Jerusalem hinein, bekommen wir eine neue Orientierung für unseren Alltag. Wer in der persönlichen Stille oder in der Gemeinschaft der Gemeinde geistlich in Jerusalem steht, der erfährt: Unser geistlicher Kompass wird neu justiert und wir können von Sünden lassen, um so in dieser Welt zu leben, wie es ihm Ehre macht. »Jesus, dein allmächtig Wort fahr in uns zu wirken fort, bis wir ganz genesen.«[19] So werden wir gesund.

Die Jerusalem-Orientierung

Am Schluss von Psalm 122 ändert sich die Stimmung. Der Beter sagt: »Wünschet Jerusalem Glück! Es möge wohlgehen denen, die dich lieben! Es möge Friede sein in deinen Mauern und Glück in deinen Palästen! Um meiner Brüder und Freunde willen will ich dir Frieden wünschen. Um des Hauses des Herrn willen, unseres Gottes, will ich dein Bestes suchen« (V. 6-9).

Die Segenswünsche auf Jerusalem sind wie konzentrische Kreise

Wieder dreht sich alles um Jerusalem und wir haben unsere geistliche Mitte wiedergefunden. Auf dieser Stadt liegen die geballten Segenswünsche wie konzentrische Kreise, die sich immer weiter ausbreiten. Der Beter des Psalms will die maximale Jesuswirkung. In der christologischen Deutung des Psalms will der Beter, dass sich das Glück, das dieser Stadt gewünscht wurde, ausbreitet: »Wer bist du, du großer Berg, der du doch vor Serubbabel zur Ebene werden musst? Er wird hervorholen den Schlussstein, sodass man rufen wird: Glück zu! Glück zu!« (Sach 4,7). Diese maximale Jesuswirkung hat ihr Ziel erreicht, wenn er mit seinem gesamten Kosmos zum Ziel gekommen ist. Die Aufforderung lautet, dem Heilsträger Jesus dieses Glück zu wünschen, bis zu seinem Schlussstein. Wir, die an Jesus glauben, profitieren davon und haben als seine Geliebten seinen Frieden.

Wir wünschen uns den Wirkungskreis für alle Brüder und Schwestern

Wir wünschen uns diese weiteren Wirkungskreise für die Brüder und die Freunde, denn wir wissen, in den Mauern und Palästen dieser Stadt ist das Heil ausreichend über alle Maßen vorhanden. Am Ende zählt nur Gottes Ehre: »Wenn aber alles ihm untertan sein wird, dann wird auch der Sohn selbst untertan sein dem, der ihm alles unterworfen hat, damit Gott sei alles in allem« (1. Kor 15,28).

Darum geht es in diesem Psalm, in dem ein Mensch, Gott sei Dank, seine Mitte wiedergefunden hat. Auch wir müssen unbedingt in dieses geistliche Jerusalem, weil wir durch den Jerusalem-Standpunkt die Jerusalem-Perspektive bekommen, die uns prägt, uns verändert und uns heilt. Es gibt nichts, das uns so sehr heilt, wie in der Gegenwart des Sohnes Gottes zu stehen. Eine Jerusalem-Orientierung zu bekommen, das zeigt uns unsere Mitte.

Meine Füße bleiben im Wirkungskreis der Tore seiner Gerechtigkeit

Der 122. Psalm erhält noch mal eine andere Bedeutung, wenn wir sagen: »Nun stehen unsere Füße in deinen Toren, Jerusalem« oder, aus dem Hebräischen noch etwas griffiger übersetzt: »Stehen geblieben sind meine Füße.« Endlich sind wir da und erleben diesen Glücksmoment, »wir sind schon Gottes Kinder, es ist aber noch nicht offenbar geworden, was wir sein werden. Wir wissen aber: wenn es offenbar wird, werden wir ihm gleich sein; denn wir werden ihn sehen, wie er ist« (1. Joh 3,2). Bis dahin heißt es für die glaubenden Jesusleute: »Ich bin zufrieden, dass ich die Stadt gesehn, und ohn' Ermüden will ich ihr näher gehn und ihre hellen, goldnen Gassen lebenslang nicht aus den Augen lassen.«[20]

Psalm 123

Ich hebe meine Augen auf zu dir, der du im Himmel wohnest. Siehe, wie die Augen der Knechte auf die Hände ihrer Herren sehen, wie die Augen der Magd auf die Hände ihrer Frau, so sehen unsre Augen auf den Herrn, unsern Gott, bis er uns gnädig werde. Sei uns gnädig, Herr, sei uns gnädig; denn allzu sehr litten wir Verachtung. Allzu sehr litt unsere Seele den Spott der Stolzen und die Verachtung der Hoffärtigen.

Psalm 123,1-4

Wo sind diese Worte wohl zum ersten Mal gesagt worden? Wenn uns ein Psalm von seinem Rahmen her nur wenig Klarheit gibt, bietet das auf der anderen Seite auch viel Raum für Spekulationen. Blättert man in der Literatur zum 123. Psalm, dann entdeckt man viele unterschiedliche Deutungen. Während die einen sagen, dass es sich bei dem Psalm um das Klagelied eines Einzelnen handelt, der in Not mit dem betonten »ich« anfängt, sagen andere, dass es nicht bei dem »ich« bleibt, weil später von dem »wir« die Rede ist: »so sehen *unsere* Augen auf den Herrn« (V. 2) und »Allzu sehr litt *unsere* Seele den Spott der Stolzen« (V. 4). Wir haben hier also eher ein Lied des Volksganzen, ein Klagelied der ganzen Gemeinde.

Wieder andere meinen, das sei kein Klagelied, denn bereits der erste Vers zeige, dass es sich hier um einen Vertrauenspsalm handele. Weiterhin weisen Ausleger darauf hin, dass bereits in der Überschrift steht, dass dies ein Wallfahrtslied ist. Wir merken also: Je weniger Informationen vorhanden sind, umso schwieriger wird es, die Aussagen einzugrenzen, und manches Mal wird in Gebieten gefischt, wo es nur wenige Fische gibt.

Psalm 123 beschreibt den grundsätzlichen Weg des Volkes Israel

Bei unserem Nachdenken über Psalm 123 wollen wir uns auf das konzentrieren, was uns in dem Text begegnet. Der Psalm ist ein Wallfahrtslied, das den Weg Israels beschreibt. Und zwar nicht nur den Weg zu dem großen Wallfahrtsfest in Jerusalem, sondern den grundsätzlichen Weg des Volkes Israel. Auf diesem Weg haben sie eine Menge erlebt: »... allzu sehr litten wir Verachtung. Allzu sehr litt unsere Seele den Spott der Stolzen und die Verachtung der Hoffärtigen« (V. 3f). Genauer: Übersatt war unsere Seele am Spott der Stolzen.[21]

Man muss kein Kenner der Geschichte Israels sein, um eine Reihe von Beispielen zu entdecken, bei denen dieser Psalm die Geschichte des Volkes Israel ganz real widerspiegelt, von der Zeit des Alten Testamentes bis in unsere Tage hinein. Wir denken an den Spott, als die babylonische Welle über dieses kleine Volk hinwegging; Jerusalem fiel, der Tempel wurde geplündert und verbrannt und der Rest des Volkes Israel wurde in die Babylonische Gefangenschaft transportiert. Was für ein Spott über Israel und den Gott Israels! Unter Kyros kamen dann einige zurück, um sich unter Esra und Nehemia wieder in dem Schutt Jerusalems anzusiedeln. Sie fingen an, die Brandopferstelle wieder einzurichten, um Gottesdienst zu feiern. Bei der Grundsteinlegung haben die Senioren der Gemeinde angefangen über die Armseligkeit des Projektes zu weinen.

Weiterhin denken wir an die Katastrophe 70 n. Chr., bei der das auserwählte Volk Israel von Titus vertrieben und zerstreut wurde. Bis heute spüren wir außerdem die schmerzhaften Wunden von dem grauenvollen Spott, der insbesondere durch unser Volk während der NS-Diktatur im letzten Jahrhundert über das Volk Israel ausgeschüttet wurde. Aufgrund unseres Stolzes und unserer Hoffärtigkeit haben wir auf die Juden wie auf niedere Menschen heruntergeschaut, die es nicht wert seien, dass man sie leben lässt.

Im 123. Psalm ist die Geschichte Israels wirklich zu spüren. Es geht aber auch um den Gerechten innerhalb des Volkes Gottes. Nur weil man zum Volk Gottes gehörte, hatte man nicht automatisch eine lebendige Beziehung zum Gott Abrahams, Isaaks und Jakobs.

Bei einer Israelreise standen wir auf dem Karmel-Berg und schauten das große Elia-Standbild an, ein Bild der Autorität und Stärke von einem Mann, der aufräumte. Die Köpfe der Baalspriester rollten vor seinen Füßen und die Aschera-Gottheiten waren wie weggepustet.

Das ist aber nicht das normale Bild vom prophetischen Dienst im Alten Testament. Am Beispiel des Propheten Jeremia sehen wir, wie es denen erging, die wirklich fromm und gerecht waren, auf den Gott Abrahams, Isaaks und Jakobs hofften und auf den Messias wartend ihren Weg gingen. Für diese Wahrheit ist Psalm 123 exemplarisch. Am Beginn seiner Dienstzeit überlebte dieser mächtige Prophet einen Mordanschlag der Leute von Anatot (Jer 11,18ff). Dann misshandelte Paschhur ihn und schloss ihn in den Block (Jer 20,1f). Später hielt Jeremia eine Predigt über das babylonische Joch und legte zur Verdeutlichung ein Joch auf seinen Nacken (Jer 27,1ff), das dann von dem Gegenpropheten Hananja zerbrochen wurde (Jer 28,10). Jeremia ging scheinbar blamiert seinen Weg, denn er hatte dem, was da gesagt wurde, nichts entgegenzusetzen.

Die Szene ist voller Spott, in der Jeremia dem König eine von Baruch extra angefertigte Schriftrolle mit dem Wort Gottes geben ließ. Man sieht den König neben dem prasselnden Feuer sitzen, und es heißt, dass er ein Stück der Schriftrolle nach dem anderen abschnitt und ins Feuer warf (Jer 36,22ff). Das ist purer Spott. Am Ende saß dieser Jeremia in der Zisterne und sackte ganz langsam in den Schlamm. Und wenn Ebed-Melech ihn nicht herausgezogen hätte, wäre er da unten gestorben (Jer 38,12f). Voller Spott und Verachtung gegenüber denen, die an den Gott Abrahams, Isaaks und Jakobs glauben. Das ist der 123. Psalm pur, der einer der Psalmen von Jesus war.

Der Psalm atmet bereits am Anfang messianischen Geist

Bereits im ersten Vers entdeckt man messianischen Geist: »Ich hebe meine Augen auf zu dir, der du im Himmel wohnest« heißt es, eine Formulierung, die wir oft in den Evangelien finden. Wenn wir über Jesus bei der Speisung der Fünftausend lesen: »... und sah auf zum Himmel ...« (Lk 9,16par), dann beschreibt das den Wunsch nach der Perspektive jenseits der Erde und nicht, dass da oben in den Wolken sein Vater wohnt. Zum Himmel aufzusehen weist auf eine andere Ebene und damit auf den eigentlichen Zielpunkt meines Lebens. Beim hohepriesterlichen Gebet heißt es so wunderbar: »Jesus ... hob seine Augen auf zum Himmel und sprach: Vater ...« (Joh 17,1). Das findet sich auch in Psalm 123 und gibt die Perspektive an, auf zu dem, der da in den Himmeln thront.

Jesus war mit seinem ganzen Wesen auf seinen Vater fokussiert

Mit dem Bild von den Knechten, die auf die Hand des Herrn schauen, und der Magd, die sich an den Händen ihrer Gebieterin orientiert (V. 2a), steht der irdische Jesus vor einem. Kein anderer hat das, was hier im Psalm steht, so gelebt wie er. Er war mit seinem ganzen Leben, seinem ganzen Wesen und seiner Persönlichkeit auf die Hand seines Herrn fokussiert. Mit allem, was er war, wollte er das tun, was der Vater ihn zu tun hieß. »Der Sohn kann nichts von sich aus tun, sondern nur, was er den Vater tun sieht; denn was dieser tut, das tut gleicherweise auch der Sohn« (Joh 5,19). Wir sehen die Augen des Sohnes auf die Hand des Vaters gerichtet. Nach dem Gespräch mit der Frau am Brunnen von Sychar in Samaria heißt es: »Meine Speise ist die, dass ich tue den Willen dessen, der mich gesandt hat, und vollende sein Werk« (Joh 4,34). Meine Augen sind gerichtet auf den Herrn, mit allem, was mein Leben und mein Wesen ausmacht. Von Jesus heißt es in Psalm 40: »... aber die Ohren hast du mir aufgetan« (V. 7), ein Bild für die vollkommene Abhängigkeit von Gott.

Auch in den Worten: »Allzu sehr litt unsere Seele den Spott der Stolzen und die Verachtung der Hoffärtigen« (Ps 123,4) erkennen wir den Jesuspsalm. Die letzten Stunden des Sohnes Gottes zeigen die Verachtung in Reinform. Mit dem Verrat des Judas fing es an, mit der Verleugnung durch Petrus ging es weiter, über den Scheinprozess hinaus bis hin zum Umgang der Soldaten mit ihm, die ihn behandelten wie das letzte Stück Dreck. Er ging mit dem Kreuz zur Hinrichtung und unterwegs spottete die Menge über ihn. Und als er am Kreuz hing, kam die gesamte religiöse Elite und spottete wieder über ihn. Selbst einer, der mit ihm gekreuzigt wurde, spottete über ihn. In Jesaja lesen wir den bekannten Satz: »Er war der Allerverachtetste und Unwerteste, voller Schmerzen und Krankheit. Er war so verachtet, dass man das Angesicht vor ihm verbarg ...« (Jes 53,3), *»bis [dass]* er ... gnädig werde« (Ps 123,2). Vers 2 öffnet in unserem Psalm den Horizont: Gott, der Vater, ist dem Sohn in der Weise gnädig, dass er dieses »bis dass« erfüllt. Am dritten Tag heißt es »bis [dass]«, und die Zeit der Schmach, des Spotts und der Verachtung ist vorbei. Der Sohn tritt ganz anders aus dem Grab heraus. Karfreitag waren es die römischen Soldaten, die auf ihn herunterschauen konnten. Am Ostermorgen wollten sie so schnell wie möglich von diesem Grab wegkommen. Mit Spott und Verachtung war Schluss, er ist der Gerechtfertigte, Erhöhte, der zur Rechten des Vaters sitzt. »Bis Gott ihm gnädig werde«, das ist ein Psalm für Jesus.

Mit der Auferstehung erfüllt sich das »Bis er gnädig ist«

An dieser Stelle könnte man vielleicht denken, man gehöre weder zum auserwählten Volk Israel noch sei man ein Typ wie Jeremia. Auch bewege man sich nicht in irgendeiner Weise in der Jesusspur. Doch wir, die wir an Jesus glauben, lesen den Text noch einmal und dürfen wissen: Das ist ein Psalm für uns. In der Vergangenheit wurde der Psalm unter der Überschrift: »Das hoffende Auge« bekannt, ein feststehender Ausdruck für diesen Psalm, denn die hoffenden Augen kommen darin besonders vor. Achten wir also beim Lesen des Textes einmal besonders auf die Augen, auf *die glaubenden Augen*, auf *die belasteten Augen* und *auf die wartenden Augen*.

Die glaubenden Augen

Der betonte Anfang des Textes »zu dir, der du im Himmel wohnest«, ist ein starkes Glaubensbekenntnis. Wer in diesem Buch die Auslegungen der Psalmen bis hierher gelesen hat, kann sich vielleicht erinnern, dass wir schon einmal über die Augen nachgedacht haben. In Psalm 121 heißt es: »Ich hebe meine Augen auf zu den Bergen«, den bedrängenden, Angst machenden Bergen. Damit war der Blick auf die Not konzentriert. Der Beter des 123. Psalms hat eine andere Perspektive und betont: »Ich hebe meine Augen auf zu dir, der du im Himmel wohnest.«

Was wollen der Beter und wir mit einer solchen Glaubensposition zum Ausdruck bringen? Zunächst haben wir es hier mit der Ehrerbietung Gott gegenüber zu tun. Gott ist im Himmel, im Gegensatz zu uns, die wir auf der Erde sind. Mit Himmel und Erde ist der maximale Abstand zwischen dem lebendigen Gott und mir ausgedrückt, denn es handelt sich um völlig verschiedene Bereiche, die diametral entgegengesetzt sind. Jesus nimmt das auf, indem er uns das Gebet lehrt: »Unser Vater *im Himmel*« (Mt 6,9). Das bringt den maximalen Abstand und die absolute Autorität zum Ausdruck. Wenn Menschen erfassen, dass die Türen aufgehen und sie mit ihrem Denken nicht in der kleinen vorgefundenen Welt hängen bleiben, weil es da den ganz anderen im Himmel gibt, dann ist das ein befreiender Augenblick in ihrem Leben.

Himmel und Erde drücken den maximalen Abstand zwischen dem lebendigen Gott und mir aus

Aus dieser Glaubensposition beten Menschen und drücken damit den Abstand zu Gott aus. Die Grundkategorie des Glaubens ist das

Wissen, wer Gott ist und wer ich bin. Wenn ich bete »der du im Himmel wohnest«, ist das Ausdruck für die Überlegenheit Gottes. Ihm steht alles in einer Art und Weise zur Verfügung, wie es uns Menschen nicht gegeben ist. Er ist der Schöpfer, wir sind Geschöpfe, er hat umfassende Gerechtigkeit, er hat den Plan, er hat seine Kraft, seinen Willen, »unser Gott ist im Himmel; er kann schaffen, was er will« (Ps 115,3). Wer etwas von dieser Überlegenheit ahnt, beurteilt das eigene Leben und seine Bedeutung anders. Darum ist es für den Glaubenden im gesamten Alten Testament absolut unvorstellbar, sich mit diesem Gott anlegen zu wollen. »Warum toben die Heiden und murren die Völker so vergeblich? Die Könige der Erde lehnen sich auf, und die Herren halten Rat miteinander wider den Herrn und seinen Gesalbten:… Aber der im Himmel wohnt, lachet ihrer, und der Herr spottet ihrer« (Ps 2,1ff).

Der Psalm bekennt sowohl unseren prinzipiellen Abstand als auch große Nähe zu Gott

Das Glaubensbekenntnis aus dem 123. Psalm rückt alle Koordinaten und Dimensionen unseres Lebens wieder zurecht. Das Spannende am christlichen Glauben ist, dass das Glaubensbekenntnis des Psalms eben nicht nur Überlegenheit und den prinzipiellen Abstand ausdrückt, sondern auch ein Bild großer Nähe beinhaltet. Es ist möglich, dass ich ganz persönlich »du« zu Gott sagen kann, ein Zeichen großen Vertrauens und persönlichen Kennens. Gott hat sich uns bekannt gemacht, Jesus Christus hat uns seinen Vater vorgestellt. Von dem Moment an sind unsere Augen, der Spiegel unserer Seele, auf ihn ausgerichtet. Selbst das Beten und Reden ist dahin orientiert. Was für ein schönes Glaubensbekenntnis.

Man muss üben, die Augen auf den Herrn auszurichten

Heute heißen die Klassenarbeiten in der Schule »Lernzielkontrolle«. Am Psalm 123 kann man eine persönliche »Lernzielkontrolle« durchführen. Gilt das, was da steht, in meinem Glaubensbekenntnis? Die meisten von uns würden sagen: »Aber natürlich!« Leider lässt sich unser Blick sehr leicht irritieren. Manches Mal sehe ich nicht bis zu Gott hindurch, erkenne weder ihn noch das, was seinen Plan und seine Gedanken ausmacht. Bereits eine durchschnittliche Information am Tag kann ausreichen und wir legen den ersten Vers von Psalm 123 zum

Altpapier. Ein schlichtes Telefonat, und unsere Augen sind auf alles andere als auf ihn fokussiert. Ein dummer Satz aus der Gemeinde, eine Erfahrung in unserem Leben reichen schon aus, um unsere sensiblen Augen durcheinanderzubringen. Dann kommt die Lernzielkontrolle und der 123. Psalm wird für uns nicht nur zum schönen Glaubenssatz, sondern zu dem in der Praxis zu erprobenden Satz unseres Alltags. Dieses »Ich hebe meine Augen auf zu dir, der du im Himmel wohnest« muss man üben, anders geht es nicht.

Bei einer Tour de France fuhren einmal Laienradfahrer an einem Tag dieselbe Strecke wie die Profis, das war interessant. Sie schafften es, auch wenn sie ein paar Stunden länger gebraucht haben. Am Ziel sahen sie zwar sehr ramponiert aus, also nicht so windschnittig im Edeldress, denn sie waren fertig bis auf die Knochen, aber sie haben es geschafft. Sie und ich, wir sind ja auch keine Profis, sondern diese Laienradler, aber auch wir schaffen das. In der vor uns liegenden Zeit wollen wir das Aufheben der Augen zu Gott, der im Himmel wohnt, ganz praktisch üben, z.B. im Umgang mit Menschen oder bei deren Beurteilung. Es geht um die Heiligung der Zunge, um meine Zeit, mein Portemonnaie, um den Trost für meinen Weg, um die Klarheit seines Willens und um den Mut zum Gehorsam. Wir sind gespannt zu erleben, wo die Lernzielkontrolle in unserem Leben greift. Der Hebräerbrief ist ein Spiegel des 123. Psalms, denn es heißt immer wieder: »durch den Glauben« (Kapitel 11) und wir lesen dort: »... lasst uns ... aufsehen zu Jesus, dem Anfänger und Vollender des Glaubens« (Hebr 12,1f). Dieser Text ist so wichtig für uns, damit wir mit unseren glaubenden Augen in die Lernzielkontrolle unserer künftigen Zeit gehen.

Die belasteten Augen

Belastete Augen sind die, die Spott, Ablehnung und Verachtung erfahren haben. Nüchtern betrachtet müssen wir sehen, dass wir in unserer westeuropäischen Sphäre in einer Art paradiesischer Restsituation leben, im Gegensatz zur Lage vieler Christen rund um den Globus. In einigen Ländern ist es sogar schick, wenn man sich als wiedergeborener Christ bezeichnen kann, das ist ein Pluspunkt für das Image. Diese Christen sind weit weg von Psalm 123.

Dieser Text ist nicht für Situationen gedacht, in denen durchschnittliche menschliche Nöte oder Beziehungskonflikte vorkommen. Hier geht es um die geistig-geistliche Dimension. Der Psalm spricht davon, dass jemand um der Gottesgemeinschaft willen Spott und Verachtung erleben muss. Wie werden die, die da spotten und verachten, genannt? »Allzu sehr litt unsere Seele den Spott der *Stolzen* und die Verachtung der *Hoffärtigen*« (V. 4). Schauen wir in einem hebräischen Wörterbuch die Worte nach, die im Psalm stehen, können wir deutlich erkennen, dass diese »Stolzen«, von denen hier die Rede ist, »Menschen [sind], die ungestört in ihrem Glücke leben«. In dem Wort »die Hoffärtigen« steckt der Ausdruck »Rauch«, der sich so hoch erhebt, dass man ihn nicht mehr sehen kann. Dahinter steht die Vorstellung des Menschen, der von einem sicheren Stand seiner eigenen Persönlichkeit auf die »niedrigeren« Menschen in dieser Welt herunterschaut, besonders auch auf die, die mit Gott leben.

Psalm 123 spricht vom Spott um der Gottesgemeinschaft willen

Gibt es das, Spott und Verachtung aufgrund der Jesusbeziehung? Im Neuen Testament finden wir viele Beispiele dafür. Als der Apostel Paulus nach Athen kam und dort seinen akademischen Vortrag zum Thema »Die Götter der Griechen und der Gott Jesus Christus« hielt, da haben die Zuhörer am Ende nicht geklatscht. In der anschließenden Diskussion fielen recht unakademische Vokabeln. Wörtlich sagten sie zu ihm, er sei ein Körnerpicker, das ist eine Saatkrähe, also ein geistiger Tiefflieger, der von nichts eine Ahnung hat (Apg 17,18). Unser Top-Apostel kam überhaupt nicht an. Außer Spott hat er auf der Akropolis nichts erreicht. Paulus reflektierte das, indem er sagte: »Hat nicht Gott die Weisheit der Welt zur Torheit gemacht?« (1. Kor 1,20). »Denn die Weisheit dieser Welt ist Torheit bei Gott« (1. Kor 3,19).

Die reale Gemeinde Jesu ist der Welt Quelle für Spott und Verachtung

Es ist aber auch schwierig; wir Christen präsentieren ein hartes Wort. Wir reden von Gott als dem Einen, der seinen Sohn auf die Erde schickt. Dieser wird Mensch, stirbt stellvertretend für die gesamten kosmischen Sünden nackt an einem Römerkreuz, steht von den Toten wieder auf und sitzt zur Rechten Gottes. Das ist schon eine große

Herausforderung und der Anfang für den Spott wegen des Glaubens an Jesus.
Wir alle haben das schon auf unterschiedliche Art und Weise erlebt. Geht es z.B. um Heilsgeschichte, wird untergründig die schlichte Frage gestellt – wenn sie denn noch gestellt wird: »Wo bleibt Jesus denn? Ihr habt seltsame Zeiteinheiten, die ersten 2 000 Jahre sind schon vorbei und ihr sagt immer noch im Glaubensbekenntnis: ›von dort wird er kommen‹. Das dauert aber sehr lange.« Solche Fragen gehen bis in die Gemeinde hinein. Dann sehen die, die in ihrem Glück leben, auf unseren armseligen Club der Gemeinde von Jesus herunter. Nicht auf die ideelle Gemeinde, den Leib des Christus, sondern auf die reale Gemeinde, mit ihren kleinen Sälen, mit ihren Streitereien, mit ihrem großen Mund und ihren kleinen Taten. Das soll alles sein? Der Spott wegen des Glaubens an Jesus fängt bei diesen Dingen an und geht weiter. So erleben wir, wie die Weltanschauungen immer unterschiedlicher werden, bis in die ethischen Bereiche der Familie und Ehe hinein. Oder denken wir nur an die zunehmenden Diskussionen über die Vereinbarkeit von Glaube und Naturwissenschaft.

Christen sind in der Welt so fremd wie Weihnachtslieder im Sommer

Wir kennen aber alle auch die andere Stimme, die nicht von außen auf uns herunterschaut, sondern die als diabolische Spottstimme in uns ist. Wir brauchen niemanden von außen, der das bei uns macht. Auch wenn wir völlig friedlich unseren Weg gehen, in uns arbeitet etwas, das uns z.B. sagt: »Das ist also das Ergebnis deines frommen Getues. Schau mal, was der andere geschafft hat, der seinen Weg ohne Gott gegangen ist. Vielleicht nicht ganz ohne Gott, aber nicht so fanatisch wie du.« In vielen Lebensbereichen hören wir ab und zu diese Stimme und diese eigenartige Fremdheit, in der die Jesusleute in dieser Welt leben, gehört dazu.

An einem der ersten brauchbar warmen Sommertage in einem der vergangenen Jahre war ich sehr überrascht, als in unserer Nachbarschaft die Lieder »Schneeflöckchen, Weißröckchen« und »Morgen kommt der Weihnachtsmann« auf dem Klavier gespielt wurden. Da hatte sich einer in den Noten vergriffen. Das war so diametral entgegen meiner Grundbefindlichkeit, das war sehr fremd. So fremd wie »Schneeflöckchen, Weißröckchen« im Juli sind Christen in dieser Welt, wenn sie sich als Christen zu erkennen geben.

Wenn der 123. Psalm uns noch nie Probleme bereitet hat, dann ist das nicht unbedingt ein Zeichen großer Gnade, sondern eher ein schlichtes Fragezeichen, ob wir uns als jesusgläubige Menschen zeigen. Zeigen wir dieses Profil, erfahren wir auch die Wahrheit dieses Psalms. Jesusleute sind fremd und ein Ärgernis in der Welt, wie es der Apostel Petrus sagt: »... lasst euch durch die Hitze nicht befremden« (1. Petr 4,12). Jesus spricht davon, dass seine Jünger »das Salz der Erde« sind (Mt 5,13). Im Römerbrief sagt Paulus, dass wir als Christen mit dem System nicht kompatibel sind (Röm 12,2), wir passen da an vielen Stellen nicht rein und das zeigt sich manches Mal in diesem Spott sehr deutlich.

Wir können die Situation nicht so einfach verändern, denn Geringschätzung kann man nicht verbieten oder gar gerichtlich untersagen. Weil man nichts dagegen tun kann, sickert diese Befindlichkeit in unser Leben ein und bewirkt bei uns eine eigenartige Reaktion. Der eine kämpft um seine Ehre als einer, der an Jesus glaubt. Andere resignieren und verkriechen sich in ihre innergemeindliche Oase. Die Nächsten haben Angst, entwickeln Furcht vor Menschen, sie werden müde und vorsichtig in ihrem Glauben. Jeder kennt seine eigene Reaktion. In Psalm 123 sehen wir eine andere Reaktion, wenn es um die belasteten Augen geht. Das ist auch wegen der endzeitlichen Perspektive so wichtig, die da enthalten ist. Im 2. Petrus-Brief wird uns gesagt, dass in den letzten Tagen Spötter kommen werden (2. Petr 3,3). Das wird sich verstärken und darauf muss man sich mit den wartenden Augen einstellen.

Die wartenden Augen

Ich habe nicht nur glaubende Augen und belastete Augen, sondern ich brauche auch wartende Augen. Psalm 123 hat an dieser Stelle das wunderschöne Beispiel von den Knechten und der Magd, dem Herrn und der Frau. Wir sehen, dass die Blicke dieser Knechte und der Magd auf die Hände des Herrn bzw. der Frau gerichtet sind. Mit einer kleinen Handbewegung kann sehr viel ausgedrückt werden. Knechte und Magd schauen voller Spannung auf diese Hände, die ganz ruhig zu sein scheinen. Sie warten, bis die kleine Handbewegung kommt, die Handbewegung der Frau und die des Herrn.

Was bedeuten diese wartenden Augen, fixiert auf die Hände? Sie zeigen zum einen die Position dessen, der sagt: Gott thront im Himmel und ich bin auf ihn fokussiert, das ist meine Perspektive. Wer wie die Knechte und diese Magd schaut, der sieht zum anderen aber auch den Spannungsprozess, den er aushalten muss. In dem Psalm bewegen sich die Hände nicht einmal – das kann dauern.

In meiner hebräischen Bibel habe ich eine ganze Reihe Notizen entdeckt, die eindeutig darauf hinweisen, dass ich den 123. Psalm während meines Studiums bearbeitet habe. Bei der Durchsicht alter Studienunterlagen fand ich einen Satz als Kennzeichen dieses Psalms: »Bei Volksklage gibt es keine Antwort Gottes.« Das sind die Psalmen, die wir nicht lieben, denn sie machen es uns nicht leicht, sie hören auf mit: »Verachtung der Hoffärtigen« (V. 4), eine Spannung, die wir kaum aushalten. Es muss so sein wer auf die Hände des Herrn schaut, steht unter Spannung. Herr, da musst du noch etwas tun, da ist noch eine Rechnung offen. Wer so dasteht, der *wartet* nicht nur *ab*, sondern der *er-wartet*, das ist etwas anderes. Abwarten heißt: mal sehen, was kommt. Erwarten heißt: ich weiß, es kommt etwas, es ist nur die Frage, wann. Dieser kleine Nebensatz »bis er uns gnädig werde« in diesem Text ist so entscheidend wichtig, weil er eine zeitliche Begrenzung bezeichnet.

Wie Knechte und die Magd auf ihren Herrn so bin ich auf den Himmel, auf Gott ausgerichtet

Was passiert denn, wenn Gott dieses »bis« in unserem Leben real macht? Dann macht er eine kleine Handbewegung, die uns Verschiedenes sagt. Die kann zum einen sagen: »Komm zu mir, du bist mein Knecht, meine Magd. Ich kümmere mich um deine Versorgung.« »Du tust deine Hand auf und sättigst alles, was da lebt« (Ps 145,16). »Komm zu mir, wenn du in deinem Glauben angefochten und müde geworden bist.« Die Hand sagt: »Ich kümmere mich um die Verletzungen, die durch den Spott entstanden sind, das ist meine Sache.« Die Handbewegung zeigt auch, Gott handelt.

Jesusleute erwarten in der Zukunft etwas, das sicher kommt

Wir kennen in unserem Leben alle Gottes »bis«. Er sagt mitten in den Spott und in die diabolische Stimme meiner Persönlichkeit hinein: »Komm her zu mir.« Wenn ich dann bei ihm bin, sieht die Situation schon ganz anders aus. Denn dort erweitert sich unser Horizont für seine Welten, seine Pläne, seine Gedanken. Dann können wir die Fixierung auf seine Hände wieder aushalten und auf seine nächste Handbewegung warten, den Wink in seine Nähe.

Wir wollen den Psalm 123 in dem Wissen lesen: Wir haben diese *glaubenden Augen*, die den Himmel im Visier haben. Wir haben diese *belasteten Augen*, die Ja zum Nachfolgeweg sagen. Und wir haben die *er-wartenden Augen*, die auf die Hände Gottes fixiert sind, auf das kleine, jetzt schon innerlich erlebbare »bis«, und auf das entscheidende »bis« seiner Offenbarung. In einem Lied heißt es: »Deines Winks bin ich gewärtig, auch des Rufs aus dieser Welt, denn der ist zum Sterben fertig, der sich lebend zu dir hält.«[22]

Psalm 124

Wäre der Herr nicht bei uns – so sage Israel –, wäre der Herr nicht bei uns, wenn Menschen wider uns aufstehen, so verschlängen sie uns lebendig, wenn ihr Zorn über uns entbrennt; so ersäufte uns Wasser, Ströme gingen über unsre Seele, es gingen Wasser hoch über uns hinweg. Gelobt sei der Herr, dass er uns nicht gibt zum Raub in ihre Zähne! Unsre Seele ist entronnen wie ein Vogel dem Netze des Vogelfängers; das Netz ist zerrissen und wir sind frei. Unsere Hilfe steht im Namen des Herrn, der Himmel und Erde gemacht hat.

Psalm 124,1-8

Die Mitarbeiter der Langensteinbacher Höhe lesen bei Planungstreffen eingangs immer einen Bibelvers. Neulich wählte ein Mitarbeiter Psalm 37,5: »Befiehl dem Herrn deine Wege und hoffe auf ihn, er wird's wohlmachen« aus, mit dem Kommentar: »Der Vers ist ja gut bekannt, der kommt ganz oft ins Rennen.« In dieses Ranking hat es der Psalm 124 nie geschafft. Immerhin wird Vers 8, »Unsere Hilfe steht im Namen des Herrn, der Himmel und Erde gemacht hat«, am 31.12. eines jeden Jahres im Gottesdienst zitiert. Damit hat der Psalm einen kleinen Platz in der Perikopenordnung (das sind die Bibeltexte, die in Gottesdiensten vorgelesen werden) gefunden, hat aber abgesehen davon nie die obere Ebene christlichen Bewusstseins erlangt.

In der Reformationszeit war dieser Psalm sehr wichtig und kam auch in Liedern großer Reformatoren vor. Es gibt einen Choral von Justus Jonas und ein Lied von Martin Luther zu Psalm 124, allerdings singen wir Letzteres heute nicht mehr, weil der Text und die Melodie so schwierig sind. »Gott Lob und Dank, der nicht zugab, dass ihr Schlund uns möcht fangen! Wie ein Vogel des Stricks kommt ab, ist unsre Seel entgangen. Strick ist entzwei, und wir sind frei; des Herren Name steht uns bei, des Gotts Himmels und Erden.« [23] Die Sprache ist ein wenig derb, der Psalm 124 war damals aber noch präsent.

Wir wissen wenig über diesen Psalm und man kann darüber spekulieren, in welchem Zusammenhang er zum ersten Mal gesungen oder gebetet worden ist. Wir nehmen David als Autoren ernst, auch weil dieser Psalm in das Leben des David wunderbar hineinpasst. Der große Psalmsänger des Alten Bundes betet hier ganz persönlich zu seinem Gott und Israel betet mit ihm: »Wäre der Herr nicht bei uns – so sage Israel – …«(V. 1).

Dieser Psalm hat ganz bestimmte Eigentümlichkeiten und steht in der Mitte der Wallfahrtspsalmen, die den Menschen auf ihren Glaubenswegen ein Stück Orientierung geben. Fassen wir alle klugen Kommentare zusammen, können wir folgendermaßen formulieren: Der 124. Psalm ist ein Psalm mit einem ganz unverhofft schnellen Start, nämlich mit einer *richtungsweisenden Anfangsformel*, dann einer *Kette von Gotteserfahrungen* in der Mitte und schließlich einem *liturgischen Finale.* Diese Gliederung übernehmen wir für unsere Gedanken zu Psalm 124. Wir brauchen für unseren Lebensweg eine richtungsweisende Anfangsformel, eine Menge Erfahrungen und, hoffentlich, ein liturgisches Finale, einen Gottesdienst in seiner Gegenwart. Unter diesem Blickwinkel schauen wir uns nun diesen Psalm 124 an.

Die richtungsweisende Anfangsformel

Das klingt wie eine pädagogische Maßnahme in der Kindererziehung: »Wäre der Herr nicht bei uns – so sage Israel – …«(V. 1). Etwa so, als wenn man Kinder fragt: »Wie sagt man denn? Hast du auch schön bitte und danke gesagt?«, oder sie tadelt: »Das Wort will ich von dir aber nicht hören.« Doch dieser Psalm ist kein Religionstraining, damit wir die richtigen Sprüchlein aufsagen, um Gott zufriedenzustellen. Gerade durch die richtungsweisende Anfangsformel, die David formuliert: »Wäre der Herr nicht bei uns – so sage Israel –«, hat es dieser Psalm in sich.

> *Gott hat das Volk Israel ohne jede Vorbedingung erwählt*

Bleiben wir auf der Ebene Israels, dann haben wir hier zuallererst das Grundbekenntnis des auserwählten Volkes Israel: »Der Herr für uns, denn er hat uns erwählt. Er hat in Abraham, Isaak und Jakob einen Anfang gemacht.« Ohne jegliche Vorbedingungen hat er dieses Volk herausgenommen und durch eine ganz besondere Geschichte der Erwählung und Berufung geführt. Über Israel steht bis in die heutigen Tage hinein das Bekenntnis: »Der Herr für uns« – ein Zeichen der Erwählung – »so sage Israel«. Dieses Bekenntnis spricht auch das wahre Israel, der Teil des Volkes, von dem der Apostel Paulus im Römerbrief sagt, dass sie das Geschenk des

Glaubens begriffen haben, indem sie sich nach dem Messias ausgestreckt und das »der Herr für uns« auf einer anderen Ebene für sich persönlich in Anspruch genommen haben (Röm 11,2ff). Wenn da steht: »der Herr für uns – so sage Israel«, dann ist das auch die heilsgeschichtliche Zielmarkierung. Ganz Israel wird mit ganzem Herzen bekennen: »der Herr für uns«. So soll es sein, denn Gott hat sich das vorgenommen. So kann der 124. Psalm auf der Ebene des Volkes Israel verstanden werden.

Grundaussage: Menschen haben Gotteserkenntnis

Nehmen wir den Psalm in das Leben der Gemeinde von Jesus hinein. Der Apostel Paulus hat uns gelehrt: Das Alte Testament ist für uns geschrieben, damit wir, die wir heute an Jesus Christus glauben, es für uns auf der Ebene des Alten Bundes lesen. Was bedeutet diese richtungsweisende Anfangsformel denn für uns? In dieser Anfangsformel steckt mehr als nur ein nostalgischer Rückblick. Zuallererst heißt es, dass Menschen evtl. allgemeine Gotteskenntnis haben. Religionskenntnis und Variationen von Gottesbildern gibt es massenhaft. In unserer Zeit entdecken wir aber: Die Erkenntnis des Gottes Abrahams, Isaaks und Jakobs, des Vaters unseres Herrn Jesus Christus, ist nicht selbstverständlich.

Liest man die Geschichten, in denen Mose vor dem Pharao steht, findet man den pointierten Satz: »Wer ist der Herr, dass ich ihm gehorchen müsse …« (2. Mose 5,2). Nicht, dass der Pharao keine Götter gekannt hätte, aber welchem Gott sollte er gehorchen? Dieser Satz kommt stolz rüber. Der Pharao hat nicht verstanden, dass er keinen einzigen Satz unter der Sonne reden kann, kein einziger Schlag seines Herzens geschieht, er keinen einzigen Atemzug tun kann, wenn es ihm dieser eine Gott nicht erlauben würde, der ihm das Leben gegeben hat. Es ist eine bedauernswerte Armseligkeit, wenn ein Mensch mit einem solchen Denken durchs Leben gehen und sein Leben so beschließen muss.

»Wer ist der Gott, den ich fürchten müsste?« Was für eine Verblendung!

Hinter der Aussage Israels und der Gläubigen »der Herr für uns« steckt Erkenntnis Gottes. Wer nicht begriffen hat, dass es den einen Gott gibt, der landet auf der Ebene, die der Apostel Paulus im Römerbrief beschreibt: »Denn obwohl sie von Gott wussten, haben sie ihn nicht als Gott gepriesen noch ihm gedankt, sondern sind dem Nichtigen verfallen in ihren Gedanken, und ihr unverständiges Herz ist verfinstert. Da sie sich für Weise hielten, sind sie zu Narren geworden« (Röm 1,21f).

Mit dem Satz »der Herr für uns« geschieht noch nichts Besonderes, sondern nur eine ganz normale Positionierung des Menschen, der aus der Enge der kleinkarierten Egozentrik heraus die Türen aufstoßen kann. Bei diesem Geschenk der Gotteserkenntnis darf es aber nicht bleiben, denn die Betonung des *»für uns«* gehört dazu. Es ist ganz erstaunlich: Das Wissen, es gibt einen Gott, vor dem ich mich einmal verantworten muss, ist ein großes Glaubensgeschenk. Aber zu begreifen, der Herr *für uns*, das ist noch einmal eine ganz andere Ebene der Glaubenserkenntnis.

»Der Herr für uns« – mit diesem Satz kommen wir aus der Egozentrik heraus

Haben wir das im Blick, verstehen wir auch die Liebe der Reformatoren zu diesem Psalm. Sie erkannten in dem Psalm das »pro me«, das *»für mich«*. Alle, die ein bisschen Gotteserkenntnis bekommen haben, wissen, das ist absolut nicht selbstverständlich. Wäre Gott nicht »pro me«, dann wäre ich hoffnungslos verloren und hätte keine Chance. Es würde genau das eintreten, wovon hier der Psalmist spricht: Diese diabolischen Mächte würden über uns triumphieren und wir müssten ihnen dienen. Diese widergöttlichen Mächte werden beschrieben als: verschlingende Tiere, reißende Wasserbäche und Fallensteller. Mit Paulus können wir sagen: Kein Mensch wird aus eigenem Verdienst gerecht (vgl. Röm 3,20.24).

Mit Sportlern, die sich auf die Olympischen Spiele vorbereiten, könnten wir nicht mithalten. Nur weil man zweimal durch den Wald läuft, ist man noch nicht auf deren Ebene angekommen. Man weiß es, man hat es erkannt, in der Liga spiele ich nicht mit. Auch wenn wir vor dem Fernseher sitzen und zusehen, wie die Sportler laufen, sind wir noch nicht wirklich dabei. Es gibt also einen deutlichen Abstand zwischen denen, die schon dort sind, und uns. Aber selbst diejenigen, die schon dort sind, schaffen es nicht alle bis zum Sieg. Das Neue Testament sagt, dass diejenigen leichter zu Gott kommen, die wissen, dass sie es alleine nicht schaffen können. Diejenigen, die meinen, dass sie es alleine schaffen können, haben es manches Mal schwerer zur Glaubenserkenntnis zu kommen. Der Mensch mit Glaubenserkenntnis weiß, ich bin verloren, wenn es nicht *Gott für mich* gibt. Das ist das Evangelium. Der, vor dem ich eigentlich mit meinem ganzen Leben gescheitert bin, ist für mich.

Mit Begeisterung drückt der Psalmist diese Gewissheit aus: Das Netz des Vogelstellers ist zerrissen, wir sind frei (V. 7). Wir können leben, denn unsere Sünden sind vergeben durch das Blut des Sohnes Gottes. Auf dem Boden der uns geschenkten Gerechtigkeit haben wir die Gewissheit des Heils in Jesus Christus. Das ist die Positionierung für Israel und die Glaubenden, mit der wir unseren Weg gehen: der Herr für uns.

In der Anfangsformel ist nicht nur diese *Gotteserkenntnis* und auch nicht nur diese *Glaubenserkenntnis* beschrieben, sondern sie bestimmt auch die *Nachfolgeerkenntnis*. Jeder, der an Jesus Christus glaubt, weiß: Dieser Satz, der Herr für mich, muss täglich gelebt werden, das geschieht nicht von selbst. Deswegen brauchen wir diese richtungsweisende Anfangsformel wie ein gelenktes Gebet, als eine Angabe, in welche Richtung wir gehen sollen. Auch wir Jesusleute können uns vorstellen, wo wir ohne dieses Wort mit unseren Gedanken, Gefühlen und Bekenntnissen landen würden. Wenn das nicht mehr gilt, bekommen wir eine völlig andere Grundposition und landen im christlichen Heldentum, sind unheimlich stark und managen unser Leben selbst, verirrt im eigenen IQ, in der eigenen Stärke. Gilt dieses »Christus für mich« nicht mehr, leben wir vielleicht auch in der Spur der Kritik, der Nörgelei oder auch im Sumpf des Selbstmitleids. Deshalb ist dieser Satz »der Herr für mich« in allen Lebensbereichen und am Beginn aller Gedanken, Handlungen, Planungen ganz wichtig.

Die Anfangsformel »der Herr für uns« bestimmt auch die Nachfolgeerkenntnis

Der Herr ist für mich. Wir müssen lernen, diesen Satz immer wieder als Glaubensformel zu sagen, wie es uns im Alten Testament vorgegeben ist.

Mitarbeiter der Langensteinbacher Höhe haben manchmal das Gefühl, dass ihre Anliegen nicht sofort das notwendige Gewicht bei mir erhalten. Das ist besonders dann der Fall, wenn es auf meinem Schreibtisch chaotisch aussieht. Die Mitarbeiter suchen dann nach besonderen Methoden, sich verständlich zu machen. Einmal lag ein großes Plakat auf dem Boden meines Büros, das mich auf einen Termin aufmerksam machen sollte, den ich auf keinen Fall vergessen durfte. Vielleicht sollten Sie sich auch so ein Plakat schreiben und dahin legen, wo Sie darüber stolpern müssen, wenn Ihre Anfechtungen, Ihre Versuchungen und Ihre Sorgen kommen. Darauf schreiben Sie nur: »Nicht vergessen – der Herr für mich!« Der Psalm 124 muss uns sozusagen stolpern lassen.

Die richtungsweisende Anfangsformel führt zur Christuserfahrung

Diese *richtungsweisende Anfangsformel* gibt uns einen Anstoß, indem sie uns die *Gotteserkenntnis* zeigt, weil sie uns auf den Boden der *Glaubenserkenntnis* bringt, uns eine *Nachfolgeerkenntnis* gibt und zu *Christuserfahrungen* im Alltag führt. Gerade Paul Gerhardt war in diesem Themenbereich absolut spitze. »Ist Gott für mich, so trete gleich alles wider mich; sooft ich ruf und bete, weicht alles hinter sich. Hab ich das Haupt zum Freunde und bin geliebt bei Gott, was kann mir tun der Feinde und Widersacher Rott?«.[24] Paul Gerhardt hat das Plakat mit dem Psalm 124 deutlich vor sich hingelegt. Dieser Psalm korrespondiert auch wunderbar mit einem Text aus dem Römerbrief, in dem der Apostel Paulus genau das aufnimmt. »Ist Gott für uns, wer kann wider uns sein? Der auch seinen eigenen Sohn nicht verschont hat, sondern hat ihn für uns alle dahingegeben – wie sollte er uns mit ihm nicht alles schenken?« (Röm 8,31f).

Kette von Gotteserfahrungen

In der Mitte von Psalm 124 ist in den Versen 3 bis 5 von einer Kette von Gotteserfahrungen die Rede. In den Versen 4 bis 5 geht es um Wasser. Aus dem Wasser wird ein Wildbach und aus dem Wildbach wird ein Strom. Wird dieser Strom überlebt, kommen die reißenden Tiere, und Menschen stehen gegen uns auf. Am Ende droht noch der Vogelfänger.

In diesen Bildern werden nicht das normale Alltagsgeschäft der Nachfolge oder die vielen kleinen und großen Wunder beschrieben.

Es geht um die nüchterne Bestandsaufnahme unseres Glaubens. Diese lautet: Wir sind durch unseren Gott in viele Nöte, Schwierigkeiten und Bedrängnisse hineingeführt und gehen nicht wie die Überflieger durch unser Leben. Im 124. Psalm sehen wir einen Menschen, der von einer Not in die andere schlittert.

Die nüchterne Bestandsaufnahme unseres Glaubens lautet: Anfechtungen, Schwierigkeiten und Belastungen gehören dazu

Lassen wir das Alte Testament einmal kurz vor uns aufleuchten, dann können wir keinen Zeugen des Alten Bundes nennen, der nicht in seinem Leben durch Gott in große Schwierigkeiten, Belastungen und Nöte hineingeführt worden ist. Männer wie Mose, Abraham, Elia und Daniel sind uns wichtige Beispiele, damit wir nicht verzweifeln, wenn wir trotz oder wegen unseres Glaubens in eine schwierige Lage geraten.

Das fängt schon bei unseren Problemen an, die wir mit Menschen haben. In diesem Psalm kommt das hebräische Wort »Adam« vor, da sind Adam-Typen, Menschen, die gegen uns aufstehen.

An dieser Stelle kommen aber auch die Probleme um Gottes willen zur Sprache, z.B. das Element der Feindschaft in dieser Welt. Weil wir eigentlich nicht in diese Welt hineinpassen und hier fremd sind, gibt es diesen Druck und diese Auseinandersetzungen, die wir auf unterschiedliche Art und Weise spüren. Der Psalm beschreibt diese Mächte bildhaft als wilde Tiere, eine bis heute hochmoderne Vermittlungsform. Auch wir haben noch Angst vor wilden Tieren. Bei einer Familienfreizeit machten sich einmal zwei kleine Jungen Sorgen, dass Wildschweine aus dem Wald in den Park der Langensteinbacher Höhe eindringen könnten. Doch wir konnten sie beruhigen: Das Tor zum Wald wird abends immer zugemacht, sodass die Wildschweine draußen bleiben!

Wir alle erleben Probleme, Druck und Auseinandersetzungen um Gottes willen

Uns ist diese Bildsprache bekannt, wir sagen z.B.: »Das verschlingt mich«, wenn wir den Eindruck haben, wir schaffen das nicht. Aber der Herr ist für mich und wir alle könnten eine lange Reihe von Erfahrungen aufzählen, wo er uns neue Kraft gegeben, uns unsere Schuld immer neu vergeben, uns ein neues Stück des Weges aufgezeigt oder unsere Situationen verändert hat. Gerade in den Geschichten des Psalmisten David, der es vom Harfenspieler bis zum großen König brachte, kann man genau entdecken, wie der Herr für ihn war.

Das liturgische Finale

Die richtungsweisende Anfangsformel (V. 1f) und die Gotteserfahrung in der Mitte des Psalms (V. 3-5) führen uns zu einem gottesdienstlichen Finale. *Baruch Jahwe*, gepriesen sei der Herr, er ist der Schöpfer des Himmels und der Erde. Es gibt einen Namen, der hilft, auf den setzen wir, mit ihm haben wir einen starken Bündnispartner im Boot. Bei einem Blick zurück staunen wir über die Gnade, denn wir sehen die Gefährdung, unser eigenes Leben, Gottes Wegführung und seine Treue glasklar. Wenn wir einmal bei ihm angekommen sein werden und zurückschauen, dieser Augenblick wird einzigartig. Dann zitieren wir Psalm 124 noch einmal ganz anders und sagen: »Wäre der Herr nicht für uns gewesen, dann wäre alles verloren.«

Es gibt einen Namen der hilft – Baruch Jahwe

Wir ehren diesen Gott, er sei gepriesen, gelobt, denn er ist der Schöpfer und hat einen Namen der Hilfe. Der Name der Hilfe, der über alle Namen strahlt, ist der Name Jesus. Deshalb sagen die Apostel im Neuen Testament: »Und in keinem andern ist das Heil; auch ist kein andrer Name unter dem Himmel den Menschen gegeben, durch den wir sollen selig werden« (Apg 4,12), als allein der Name Jesus. Das ist der Name der Hilfe, das ist der Bündnispartner, der bei uns im Boot ist.

Jesus ist der Name der Hilfe – unser Bündnispartner

Diesen gottesdienstlichen Abschluss müssen wir nicht verschieben, bis wir bei ihm ankommen. Wir fangen jetzt schon damit an, indem wir Psalm 124 im Laufe eines Tages in Kurzform praktisch erleben. Beginnen wir den Tag mit der richtungsweisenden Anfangsformel, machen wir die Erfahrung, »er ist für mich« im Lebensvollzug und beenden den Tag als Finale mit dem Dank an den Vater. Diese Erfahrungen können wir ganz individuell, aber auch im größeren Zusammenhang der Gemeinschaft machen. Der Augenblick kommt, und wir können darauf gespannt sein, wenn wir bei ihm sein werden. Dann singen wir noch einmal ganz anders: *Baruch Jahwe*, gepriesen sei der Herr, und der Name der Hilfe, Jesus, wird gelobt.

So sage Israel, so sage der Glaubende: »Der Herr ist für mich.« Das ist die richtungsweisende Anfangsformel, das ist unsere Erfahrung in der Mitte, und das wird auch unser Finale sein. Im großen Choral »Sollt ich meinem Gott nicht singen?« von Paul Gerhardt finden wir eine Strophe, die zu Psalm 124 passt: »Wenn ich schlafe, wacht sein Sorgen und ermuntert mein Gemüt, dass ich alle liebe Morgen schaue neue Lieb und Güt. Wäre mein Gott nicht gewesen, hätte mich sein Angesicht nicht geleitet, wär ich nicht aus so mancher Angst genesen. Alles Ding währt seine Zeit, Gottes Lieb in Ewigkeit.«[25]

Psalm 125

Die auf den Herrn hoffen, werden nicht fallen, sondern ewig bleiben wie der Berg Zion. Wie um Jerusalem Berge sind, so ist der Herr um sein Volk her von nun an bis in Ewigkeit. Denn der Gottlosen Zepter wird nicht bleiben über dem Erbteil der Gerechten, damit die Gerechten ihre Hand nicht ausstrecken zur Ungerechtigkeit. Herr, tu wohl den Guten und denen, die frommen Herzens sind. Die aber abweichen auf ihre krummen Wege, wird der Herr dahinfahren lassen mit den Übeltätern. Friede sei über Israel!

Psalm 125,1-5

Die Psalmen, obwohl alt, fremd und fern, sind doch so gut. In der säkularen Welt kann man so etwas bei einer Theaterinszenierung erleben. Schauspieler laufen in uralten Kostümen herum und man merkt auf einmal, wie das Alte sehr treffend in das aktuelle Leben hineinspricht. In der geistlichen Welt der Bibel erlebt man das noch viel stärker. Mit Psalm 125 schauen wir in eine Szene hinein, die in ihrer Dimension plötzlich unser Leben erreicht. Dabei fand diese Szene vor vielen Jahrtausenden statt. Wir wissen nicht genau, wann der 125. Psalm in der Zeit des Alten Testamentes zum ersten Mal gesprochen wurde. Wir kennen weder seinen Autor noch die Umstände seiner Entstehung. Eine kleine Ahnung bekommt man, wenn in Vers 3 von »der Gottlosen Zepter« die Rede ist. Dabei könnte es sich um eine Form der politischen, sozialen oder religiösen Unterdrückung gehandelt haben.

Der Psalm ist zu einem Wallfahrerlied geworden, denn sie brauchen ein solches Lied gerade dann, wenn nicht alles glatt und unproblematisch läuft. Er ist aber auch deshalb zum Wallfahrerlied geworden, weil in den ersten beiden Versen eine wunderschöne Beschreibung von Jerusalem vorliegt. Vom ewig bleibenden Berg Zion und den Bergen als Ringmauer um Jerusalem wird gesprochen. Wallfahrer des Alten Testamentes, die nach Jerusalem hochgepilgert sind, hatten vor Augen, wovon hier der Psalmist singt und betet.

Der Apostel Paulus schlägt für uns im Neuen Testament eine Brücke des Verständnisses für den 125. Psalm. Er zitiert die letzten beiden Worte dieses Psalms am Ende des Galaterbriefes. »Friede und Barmherzigkeit über sie und über das Israel Gottes!« (Gal 6,16). Dann, wenn das Volk Israel in gleicher Weise wie die Heidenchristen an den Messias glaubt und zur Glaubensgerechtigkeit gefunden hat, wird der Friede des Messias über Israel sein. Mit diesem Zitat nimmt der Apostel Paulus praktisch Römer 9 bis 11 auf, die Kapitel, in denen er uns die große Geschichte Israels beschreibt.

Auch wir, die wir heute mit Jesus Christus unterwegs sind, müssen eine geistliche Brücke vom alttestamentlichen Haus in unser Leben hinein schlagen. Das ist dann ein Psalm für Jesusleute, die zu neuem Leben wiedergeboren wurden und das Geschenk des Heiligen Geistes in sich haben. Lesen wir den 125. Psalm, dann erkennen wir bei genauem Hinsehen die geniale Mischung dieses Psalms.

Und schließlich erleben wir die Topografie des Glaubens, also die Landschaftsbeschreibung, wenn von Jerusalem und dem Berg Zion die Rede ist.

1. Wir hören etwas über *die Tyrannei der Gottlosigkeit*, wenn in Vers 3 von dem die Rede ist, der das Zepter der Gottlosen schwingt.
2. Dann sehen wir in diesem Psalm *die Teleologie der Geschichte*, also das Ziel, auf das alles zuläuft.

Die Tyrannei der Gottlosen

Der Psalmist fragt ganz nüchtern, wer das Zepter in der Hand und damit das Sagen hat. Die Gottlosen haben das Zepter, das jetzt noch als Los auf den Gerechten, den *Zedakim,* liegt. In der hebräischen Sprache meint das Wort »Gottlosigkeit« auch Frevel, das Schlechte. In einem englischen Wörterbuch findet man für dieses hebräische Wort nur ein einziges Wort, nämlich *wrong*, falsch. Es geht also um das, was nicht Gott gemäß ist, um das, was Gott widerspricht. In Psalm 125 haben wir eine nüchterne Bestandsaufnahme darüber, unter welchen Umständen das Gottesvolk heute lebt. Die an Jesus Christus glauben, leben unter dem Zepter der Gottlosigkeit. Diese Aussage des Psalmisten ist etwas sehr Neutestamentliches.

Gottlosigkeit ist das, was nicht Gott gemäß ist

In seiner Versuchungsgeschichte sprach Jesus ganz deutlich von dieser Herrschaft des Bösen. Als der Teufel auftrat und ihn versuchte, da erlebte Jesus ganz deutlich, wie dieser hier die Herrschaft hat. Jesus sagt im Johannesevangelium: »… denn es kommt der Fürst dieser Welt. Er hat keine Macht über mich« (Joh 14,30). Der Fürst dieser Welt ist der

Teufel, das Böse, und diese Beschreibung entspricht genau dem Zepter der Gottlosigkeit in Psalm 125. Der Apostel Paulus spricht von dem Schema dieses Äons, dieses Zeitalters (Röm 12,2).

Bei einer Bibelarbeit über den Epheserbrief erwähnte ich einmal die Waffenrüstung des Glaubens. Ein von Playmobil begeisterter Vater erinnerte sich, dass es in der neuen Serie einen römischen Soldaten mit einem Langschild (vergleichbar dem Schild des Glaubens) gibt. Seitdem steht auf meinem Schreibtisch eine Playmobil-Figur, die Epheser 6 symbolisieren soll. Im Epheserbrief macht Paulus uns klar, wie das läuft: »Denn wir haben nicht mit Fleisch und Blut zu kämpfen, sondern mit Mächtigen und Gewaltigen, nämlich mit den Herren der Welt, die in dieser Finsternis herrschen, mit den bösen Geistern unter dem Himmel« (Eph 6,12). Damit ist das Zepter der Gottlosigkeit klar beschrieben.

Der Fürst dieser Welt ist der Teufel – er hat das Zepter der Gottlosigkeit

Das alles ist in dem kurzen, nüchternen geistlichen Gutachten des 125. Psalms enthalten. Fragen nach dem bestimmenden Zeitgeist, nach den Denkstrukturen, den Lebenseinstellungen, die Frage nach Gott werden vermeintlich durch das Zepter der Gottlosigkeit geklärt. Dieses Zepter prägt mich und mein Umfeld, bewusst und unbewusst.

Jesusleute müssen für den Einfluss der Gottlosigkeit die Augen offenhalten

Meine Frau und ich waren einige Tage in Rom. Dort mussten wir uns erst an den italienischen Fahrstil gewöhnen. Noch am Tag unserer Ankunft dachten wir, wir überleben das nicht, weil wir von einer Vespawelle überrollt werden. Doch innerhalb weniger Tage gewöhnten wir uns daran.

Umgekehrt merkt man, wie tief man schon geprägt ist, wenn man in ein anderes Land kommt. Bei einem Urlaub in England wusste ich genau, dass man dort nicht auf der rechten Straßenseite fahren darf. Ich musste mich sehr konzentrieren, aber es hat ganz gut geklappt. Nur einmal, als ich von einem Parkplatz herunterfahren wollte, dachte ich: »Komisch, warum wollen die alle zu der Schranke rein, wo ich gerade raus will?« Es dauerte etwas, bis ich merkte: Nicht die anderen sind falsch, sondern ich mit meiner Prägung bin falsch.

Wenn wir als Menschen, die an Jesus Christus glauben, unter dem Zepter der Gottlosigkeit leben, dann müssen wir die Augen dafür öffnen, dass wir infiltriert werden. Wir haben vielleicht alle Schotten unseres Hauses gegen die langsam steigende Flut der Gottlosigkeit dicht gemacht und trotzdem stinkt es bei uns. Plötzlich merken wir, die Brühe drückt durch die Kanalisation in unser Haus hinein. Auch wir sind dem Einfluss unter dem Zepter der Gottlosigkeit ausgesetzt und der Text beschreibt die große Gefährdung. So kann es passieren, dass die Gerechten ihre Hand »ausstrecken zur Ungerechtigkeit« (V. 3). Die *Zedakim*, die Gerechten des Neuen Bundes, sind im Sinne des Neuen Testamentes gut, weil sie Gott begegnet sind. Die ein aufrichtiges und ehrliches Herz haben, sind gefährdet, wenn sie ihre Hand »aussenden« zur Ungerechtigkeit, wie es in der hebräischen Sprache heißt. Sie berühren Dinge und greifen in Lebensbereiche hinein, von denen sie sich eigentlich schon zurückgezogen haben. Der 125. Psalm sagt uns Jesusleuten: Augen auf für das permanente Gefährdungspotenzial, wir leben unter dem Zepter der Gottlosigkeit.

Wir sind alle in der Gefahr, in die Regale des Supermarktes dieser Welt zu greifen

Als unsere Kinder noch klein waren, hatten wir manchmal beim Einkaufen im Supermarkt an der Kasse Waren im Wagen, die wir gar nicht kaufen wollten. Eine kleine Hand hatte zielsicher in die Regale gefasst und in einem unbeobachteten Moment z.B. Süßigkeiten hineingelegt. Da haben wir diese ausgestreckte Hand. Wir kennen alle diesen Druck und geraten in die Gefahr, in die Regale des Supermarktes dieser Welt hineinzugreifen. Die einen holen sich eine Packung Kompromisse aus dem Schrank und man spürt ihrem Leben ab, dass sie nicht mehr ganz auf der Seite von Jesus stehen. Andere nehmen sich eine Dose Lebensstil und wundern sich, dass sie plötzlich Dinge in ihrem Leben machen, die mit Jesus überhaupt nichts zu tun haben. Die nächsten besorgen sich eine hochprozentige Flasche mit Überzeugungen und je mehr sie davon trinken, umso stärker werden sie high. Wieder andere holen sich ein paar Kilo Meinungen aus dem Supermarkt dieser Welt oder kaufen sich eine Tüte Anerkennung. Jeder von uns weiß, welche dieser Gefährdungen seine eigene ist.

Der 125. Psalm legt durch den Heiligen Geist den Finger auf unser Leben und fragt, wo wir unsere Hände nach den Regalen des Supermarktes dieser Welt ausstrecken. Der einmalige Besuch wird zur Gewohnheit und die Gewohnheit wird zur Sucht. Wir merken, der Psalm beschreibt, was auch bei uns geschieht, die wir an Jesus glauben.

In seinem letzten Brief spricht der Apostel Paulus von einem Menschen, der mit in der Gemeinde tätig war: »Denn Demas hat mich verlassen und diese Welt [die jetzige Zeit] lieb gewonnen« (2.Tim 4,10). Demas hat sich in diesem Supermarkt sehr wohlgefühlt. Der Apostel Johannes sagt: »Und die Welt vergeht mit ihrer Lust; wer aber den Willen Gottes tut, der bleibt in Ewigkeit« (1.Joh 2,17).

Petrus weiß über die Menschen in dieser Welt zu sagen: »Das befremdet sie, dass ihr euch nicht mehr mit ihnen stürzt in dasselbe wüste, unordentliche Treiben, und sie lästern« (1. Petr 4,4). Bisher haben wir wie sie gelebt, aber jetzt leben wir anders. Jakobus sagt pointiert: »Ihr Abtrünnigen, wisst ihr nicht, dass Freundschaft mit der Welt Feindschaft mit Gott ist? Wer der Welt Freund sein will, der wird Gottes Feind sein« (Jak 4,4). Gott allein kann uns davor bewahren, wieder Freunde dieser Welt zu werden: »Dem aber, der euch vor dem Straucheln behüten kann und euch untadelig stellen kann vor das Angesicht seiner Herrlichkeit mit Freuden, dem alleinigen Gott, unserm Heiland …« (Jud 24). Mit Straucheln ist das Aussenden der Hände in die Regale des Supermarkts gemeint.

Jesusleute sind nicht »von der Welt«, aber mitten in der Welt

Es gibt immer geistliche Extremisten, die auch der Apostel Paulus schon kannte: »Ich habe euch … geschrieben, dass ihr nichts zu schaffen haben sollt mit den Unzüchtigen. Damit meine ich nicht allgemein die Unzüchtigen in dieser Welt oder die Geizigen oder Räuber oder Götzendiener; sonst müsstet ihr ja die Welt räumen« (1. Kor 5,9f). Wir sollen uns weder anpassen noch uns auf eine Insel der Seligen zurückziehen, die es nicht geben kann. Wir sind mitten in der Welt, obwohl wir nicht »von der Welt« sind. Auf diese Spannung macht der 125. Psalm aufmerksam.

Daraus gibt es eine wichtige Lehre zu ziehen: Lebt man unter dem Zepter der Gottlosigkeit, wird man davon infiltriert und man muss dieses Gefährdungspotenzial ganz nüchtern erkennen. Darin liegt auch eine endzeitliche Bedeutung. In der endzeitlichen Rede von Jesus wird immer wieder das Beharren »bis ans Ende« (Mt 24,13) betont. Unter der Infiltration muss man seine Fahne beharrlich hochhalten, obwohl der Wind beständig dagegen geht. Deshalb sagt Jesus auch: Diese Tage müssen um der Auserwählten willen verkürzt werden (Mk 13,20).

Die Guten sind aus der Gnade Gottes gut

Wie können wir uns helfen? Der Psalmist sagt: Herr, angesichts des Lebens unter dem Zepter der Gottlosigkeit, angesichts dieses Gefährdungspotenzials, dass ich meine Hand aussende zur Ungerechtigkeit, bitte ich dich: »tu wohl den Guten« (V. 4). Wir wissen, die Guten sind so gut, dass sie gefährdet sind und man ihnen Gutes tun muss, damit sie gut bleiben. Die Guten sind also nicht perfekt, und ihr Gutsein ruht in der ihnen zugewandten Gnade Gottes und der ihnen zugesprochenen Gerechtigkeit. Das Geschenk des Glaubens macht ihr Leben im Sinne des Neuen Testamentes gut und sie werden zu den *Zedakim*, den Gerechten, die gerade und aufrecht gehen.

Wenn die Hand meines Lebens in der Gefahr steht, zur Ungerechtigkeit ausgesandt zu werden, gibt es ein Gebet. Was sollen wir denn beten? »Tue Gutes den Guten«, das ist die Hilfe gegen die ausgestreckten Hände.

»Tue Gutes den Guten« – eine Hilfe, wenn sich die Hand nach Ungerechtigkeit ausstreckt

Erinnern wir uns an die eigenartige Begebenheit bei Abraham, als er seinen Neffen Lot aus der Gefangenschaft rettet. Am Ende dieser Begebenheit gibt es eine zweifache Begegnung. Einmal begegnet Abraham dem Melchisedek. Melchisedek gibt Abraham seinen Segen und lobt Gott. Dann taucht das Gegenbild, der König von Sodom auf, der mit Abraham am Ende der Schlacht in einen Spezialhandel eintreten will. Abraham sagt einen Satz, den wir uns tief in unser Leben hineinschreiben sollten: »Ich hebe meine Hand auf zu dem Herrn, dem höchsten Gott, der Himmel und Erde geschaffen hat, dass ich von allem, was dein ist, nicht einen Faden noch einen Schuhriemen nehmen will, damit du nicht sagest, du habest Abram reich gemacht« (1. Mose 14,22f). Aus diesem Supermarkt, lieber König von Sodom, will ich nichts. Wer in Gott reich ist, braucht das Gerümpel von Sodom nicht mehr. Wer schon Fleisch gegessen hat, den ziehen die Knochen nicht mehr an.

Deswegen brauchen wir das Wort: »Tu wohl den Guten«. Diese Bitte aus dem Psalm ist von Gott tausendfach in unserem Leben erhört, auch indem er sagt: »Tu deinen Mund weit auf, lass mich ihn füllen!« (Ps 81,10f).

Bei einer Familienfreizeit auf der Langensteinbacher Höhe hatte einmal ein Mädchen Geburtstag. Am Tag davor fehlten ihr noch bestimmte Anzeichen der Vorbereitung. Sie wurde nervös. Sie machte ihre Mutter mit dem dezenten Hinweis darauf aufmerksam: »Du solltest doch noch Geschenke vorbereiten.« Am anderen Morgen konnte die Familie kaum frühstücken, so viele Dinge waren auf dem Tisch aufgestapelt. Es war alles da.

Gehen wir ruhig zu unserem Gott und sagen ihm: »Du solltest noch ein paar Geschenke vorbereiten. Ein paar Geschenke des Guten wären für mich wichtig, du weißt, wie hoch mein Gefährdungspotenzial ist, dass ich meine Hände ausstrecke.« Gott tut uns Gutes, indem er uns täglich über die Maßen nach Leib, Seele und Geist beschenkt. Er tut das, damit wir nicht neidisch werden müssen, damit wir gegen den Ungehorsam gestärkt werden, damit die egoistische Grundlinie nicht weiter gefördert wird. Er macht die Versuchung erträglich und klopft uns auf die Finger, damit wir unsere Hand wieder zurückziehen.

Gott stärkt uns mit seinem Guten gegen unseren Ungehorsam

Erinnern wir uns an David in der Szene mit Abigail. Es ärgerte ihn, dass Nabal nicht so handelte, wie er sich das dachte. David fuhr seine gesamte Heeresmacht auf, und es wäre in dieser Nacht zu einer fürchterlichen Schlacht gekommen, wenn diesem cholerischen Temperament nicht eine Frau entgegengetreten wäre und gesagt hätte: »Tue nicht, was du zu tun gedenkst.« Es gelang ihr, David von seinem Vorhaben abzubringen, und er dankte Gott: »Als David hörte, dass Nabal tot war, sprach er: Gelobt sei der Herr, der meine Schmach gerächt hat an Nabal und seinen Knecht abgehalten hat von einer bösen Tat!« (1. Sam 25,39).

Drücken wir das mit dem 125. Psalm aus, dann formulieren wir: Der Herr hat verhindert, dass ich meine Hand nach Ungerechtigkeit ausgestreckt habe. Auch das ist eine Art, Gutes zu tun. Wie oft hat Gott Gutes getan, indem er uns Bewahrung geschenkt hat. Dann sind wir vielleicht schamvoll zurückgezuckt und haben erst im Nachhinein begriffen: Der Herr hat uns vor Schlimmerem bewahrt. Wir müssen in unserem Leben die Augen auftun und erkennen, wo wir die Erfüllung dieser Bitte miteinander erleben. »Es soll meine Freude sein, ihnen Gutes zu tun, und ich will sie in diesem Lande einpflanzen, ganz gewiss, von ganzem Herzen und von ganzer Seele« (Jer 32,41).

Die Teleologie der Geschichte

In der Mitte dieses Vertrauenspsalms steht eine prophetische Aussage. Prophetie ist genial. Im klassischen Sinne stellt sie ein zukünftiges Ereignis als schon vergangen dar und sagt mir das in der Gegenwart. Etwas, das in meiner Zeitachse zeitlich noch nicht ist, wird mir in der Prophetie als für meine Gegenwart schon geschehen beschrieben. Das ist nicht nur etwas für Endzeitinsider. Auch »Otto Normalverbraucher« braucht Prophetie, denn sie ist Teleologie der Geschichte und damit Zielorientierung. Wenn wir wissen: »der Gottlosen Zepter wird nicht bleiben über dem Erbteil der Gerechten« (V. 3), bringt uns das ein Mehrwissen oder neudeutsch: ein Insiderwissen. In der Prophetie bekommen wir Dinge gesagt, die wir aus uns heraus eigentlich nicht wissen können. Dieses Insiderwissen ist ein hohes Kapital, denn der Insider hat durch seine Information einen großen Vorsprung vor dem, der das nicht weiß.

Prophetie ist Zielorientierung der Geschichte

Für die Glaubenden des Alten und des Neuen Bundes sagt der Psalmist, dass die Welt nicht so bleiben wird. Neutestamentlich heißt das: »... der Fürst dieser Welt [wird] ausgestoßen werden« (Joh 12,31). »Denn der Gottlosen Zepter wird nicht bleiben über dem Erbteil der Gerechten.« Das ist Insiderwissen aus der prophetischen Aussage des Alten Bundes. Dieses Wissen hilft enorm dabei, Geduld und Hoffnung zu haben, auszuhalten und treu zu bleiben. Was wir hier gesagt bekommen, ist eine Befähigung »für erlaubte Insidergeschäfte« der Jesusleute. Ich kann die Welt, das Leben und den Rahmen meiner Existenz mit dem Insiderwissen aushalten, weil ich weiß, wo es hingeht.

Insiderwissen verändert das Leben jetzt

Die Tankanzeige blinkt schon seit 50 Kilometern. Selbst die Coolen werden schon etwas unruhig, man fährt durch eine ländliche Gegend, es ist etwa 22 Uhr. Sie pfeifen aber noch Ihr Liedchen. Das können Sie nur, weil Sie wissen: Es gibt noch ein kleines Dorf, in dem zu dieser Zeit noch eine Tankstelle offen hat. Wenn Sie Insiderwissen haben, verändert das Ihr Leben jetzt.

Über Mose hören wir: Er »hielt die Schmach Christi für größeren Reichtum als alle Schätze Ägyptens; denn er sah auf die Belohnung« (Hebr 11,26). Wo konnte er die Belohnung sehen? Er hatte klassisches Insiderwissen und konnte deshalb sagen: Ich gebe die Karriere im Haus des Pharaos auf. Ich stelle das alles zurück, weil ich weiß: Die Schätze Ägyptens bringen es nicht, aber die Schmach Christi, die bringt es. Dann marschierte er mit diesem störrischen Volk 40 Jahre durch die Wüste.

Der Apostel Petrus sagte am Ende seines Lebens: »Umso fester haben wir das prophetische Wort, und ihr tut gut daran, dass ihr darauf achtet als auf ein Licht, das da scheint an einem dunklen Ort, bis der Tag anbreche und der Morgenstern aufgehe in euren Herzen« (2. Petr 1,19). In unserem geistlichen Leben geht einmal dieses prophetische Licht an und verändert die Art, in der wir jetzt im Namen von Jesus leben können. Die Bibel ist davon überzeugt, dass wir trainieren müssen, die Kenntnis über die Zukunft für die Gegenwart einzusetzen. Er sagt: »Ich vergesse, was dahinten ist, und strecke mich aus nach dem, was da vorne ist …« (Phil 3,13). Das Insiderwissen hat Paulus zu einem durch Prophetie geprägten Leben angetrieben. Damit ist die zweite Hilfe für uns beschrieben. Die erste Hilfe heißt: *Tue Gutes den Guten*, gegen die ausgestreckte Hand. Die zweite Hilfe lautet: *Ihr wisst doch Bescheid.*

Die Topografie des Glaubens

Wir brauchen eine Topografie des Glaubens. Der Vergleich unseres Glaubens mit einem gezeichneten Landschaftsrelief ist für unser bildliches Vorstellungsvermögen hilfreich. Dieses Relief sieht ganz unterschiedlich aus, je nachdem, welche Facette des Glaubens man beschreiben will. Viele von uns kennen das Bild vom breiten und vom schmalen Weg, das früher in vielen Gemeindesälen hing. Ein weiteres Relief, zu Psalm 23,4: »Und ob ich schon wanderte im finstern Tal, fürchte ich kein Unglück; denn du bist bei mir«, stellt ein dunkles, steiles Tal dar und man ist froh, wenn einer mitgeht, der sagt, dass das Tal keine Sackgasse ist, dass es weitergeht.

Erinnern wir uns an den Wallfahrer aus Psalm 121, der vor dem Bergmassiv steht, das ein Bild für die Sorgen seines Lebens ist – auch ein Landschaftsrelief des Glaubens. Ägypten und die Knechtschaft des Volkes Israel. Die Befreiung durch das Rote Meer hindurch. Die Nachfolge in der Wüste, das Ankommen am Jordan, um hineinzuwandern in das Gelobte Land, das alles sind solche Reliefs des Glaubens.

Die eigentliche Davidstadt Jerusalems ist eine wunderbare Topografie des Glaubens

In Psalm 125 haben wir auch ein solches Landschaftsrelief. »Die auf den Herrn hoffen, werden nicht fallen, sondern ewig bleiben wie der Berg Zion. Wie um Jerusalem Berge sind, so ist der Herr um sein Volk her von nun an bis in Ewigkeit« (V. 1f). Die Erstwallfahrer im 3. Jahrtausend n.Chr. machen immer eine eindrückliche Erfahrung, wenn sie zum ersten Mal in Israel sind und nach Jerusalem hochfahren. Man hat ganz bestimmte Vorstellungen. Meistens kommt man als Tourist zu einem der Aussichtspunkte, von denen aus die gesamte Stadt Jerusalem mit den interessanten Bereichen zu sehen ist. Erstbesuchern ist die »Überraschung« deutlich anzumerken, wenn ihnen erklärt wird, was die eigentliche Davidstadt ist. Alle reagieren mit einem: »Ach, nur das?« Bei niemandem, den ich kenne, gab es bisher eine Reaktion wie »super« oder »gigantisch«, eher die Frage: »So klein?« Ja, so klein. Das ist die wunderbare Topografie des Glaubens. Für den Glauben steht nicht ein großes Gebiet mit Gebäuden, vor denen man erst einmal zurückweicht und sagt: »Unglaublich, phänomenal!« Mitten in die judäischen Hügel ist der Aufgang der Davidstadt bis hin zum Tempel ganz schlicht eingebettet, völlig überschaubar.

Jesusleute stützen sich im Glauben auf Gottes Gegenwart

Wir können so gut an diese Topografie des Glaubens andocken, weil wir täglich die Erfahrung machen, dass auch wir mit unserem Glauben sehr überschaubar sind. Wir brauchen diese Topografie, die hier steht.

Warum wird die Stadt Gottes nicht fallen? »Gott ist bei ihr drinnen, darum wird sie festbleiben …« (Ps 46,6). Das ist die Stärke der Jesusleute. Darauf stützen wir uns in unserem Glauben und nicht auf das, was wir schaffen. Wir, in denen der Christus wohnt, bleiben ewig, weil er in uns ist. Das ist eine wunderbare Topografie.

Dieses kleine Häufchen von Davidstadt zwischen Hinom- und Kidrontal hat zum Glück Berge, die höher sind als der Zionsberg. In Psalm 125 erfahren wir, dass Jerusalem von schützenden Bergen umgeben ist wie von einem Schutzwall. In der Mitte liegen der Zionsberg und Jerusalem. Wer diese Mauer aus schützenden Bergen hat, der hat diese Stadt. Der Ewige sitzt auf dieser Mauer, er umgibt Jerusalem, wie die judäischen Berge die Stadt umgeben. Er umgibt unseren Glauben, wie diese Berge um Jerusalem sind. Was für eine Glaubenstopografie für uns! Deswegen: Rückzug hinter die Jesusmauer, es wird auch in unserem Leben scharf geschossen! Jeder bekommt seinen Treffer an einer anderen Stelle. Wir müssen in diesen Schutzraum hinein, wenn die Anklage, die Zweifel, schwere Erfahrungen, Misstrauen, Kleinmut, Ungehorsam, der Berg der Sorgen und die Angst kommen, hinter die Mauer! Das ist die Jesustopografie.

Der Ewige umgibt schützend Jerusalem und unseren Glauben

Der Beter des Psalms stellt die Glaubenstopografie an den Anfang seines Textes, wo sie auch hingehört. Man buchstabiert das im Glauben immer wieder durch, bis es im Laufe der Christusgemeinschaft immer besser gelingt, die Glaubenstopografie an den Anfang zu setzen. Das gilt: Ich werde ewig leben, weil Christus in mir ist. Mich umgibt diese Ringmauer des Schutzes meines Gottes. Ich überstehe auch die Tyrannei der Gottlosigkeit, weil er mir Gutes tut, damit ich meine Hände nicht ausstrecke nach dem Ungerechten. Durch Prophetie befähigt er mich, mein Leben so zu leben, wie es mit dem Insiderwissen der Jesusleute möglich ist. So können nicht nur die Glaubenden des Alten Bundes, die Wallfahrer damals, ihre Spur gehen, sondern auch wir Jesusleute, die Wallfahrer des Neuen Bundes, in der vor uns liegenden Zeit.

Psalm 126

Wenn der Herr die Gefangenen Zions erlösen wird, so werden wir sein wie die Träumenden. Dann wird unser Mund voll Lachens und unsre Zunge voll Rühmens sein. Dann wird man sagen unter den Heiden: Der Herr hat Großes an ihnen getan! Der Herr hat Großes an uns getan; des sind wir fröhlich. Herr, bringe zurück unsre Gefangenen, wie du die Bäche wiederbringst im Südland. Die mit Tränen säen, werden mit Freuden ernten. Sie gehen hin und weinen und streuen ihren Samen und kommen mit Freuden und bringen ihre Garben.

Psalm 126,1-6

Den weitaus meisten wird dieser Psalm gut bekannt sein, viele kennen ihn sogar auswendig. Wenn ich den Psalm lese oder höre, denke ich zuerst an Johannes Brahms, denn er hat in seinem »Deutschen Requiem« im ersten Chorsatz diesen Psalm einzigartig vertont. Die Passage aus Vers 5 und 6: »Die mit Tränen säen, werden mit Freuden ernten. Sie gehen hin und weinen und streuen ihren Samen und kommen mit Freuden und bringen ihre Garben«, bildet das Eingangsstück des Chorsatzes. Johannes Brahms war noch keine 30 Jahre alt, als er anfing an diesem Werk zu arbeiten.

Ein zweiter Gedanke: Dieser Psalm gehört doch eigentlich an den Totensonntag, er ist der Sonntagspsalm für den Ewigkeitssonntag. Man könnte also meinen, dieser Psalm passe nicht zu einem Erntedankfest-Gottesdienst, obwohl er doch Gedanken zum Säen und Ernten enthält – es gibt eine Fülle biblischer Bezüge.

In Jesaja 9 finden wir z.B. den endzeitlichen Erntejubel, im Buch Ruth geht es auch um Saat und Ernte. In Johannes 4 sitzt Jesus mit der Samaritanerin am Brunnenrand und sagt: »... die Felder ... sind reif zur Ernte« (Joh 4,35). In Kapitel 6 im Galaterbrief spricht der Apostel Paulus vom Durchhalten beim Saatvorgang (Gal 6,9). In 2. Korinther 9 vergleicht er das kärgliche Säen und kärgliche Ernten mit dem Säen und Ernten im Segen (V. 6). In Jakobus 5 lesen wir vom Bild des auf die Frucht wartenden Bauern. Hängen bleiben kann man auch bei den Propheten des Alten Testamentes, wo häufig von Ernte die Rede ist.

Eigentlich gehört der 126. Psalm nicht uns, sondern Israel. Der Schriftsteller Max Brod sagte: »Der 126. Psalm ist das Volkslied der Juden.«[26] Da ist alles drin, was das Leben und Atmen, Sehen und Denken dieses Volkes ausmacht. Wir müssen unser geistliches Denken in eine gewisse Ordnung bringen und auf diesen 126. Psalm hören. Ich möchte mit Ihnen nachdenken über den *Realitätsumbruch Gottes*, über *das Kontrastbild im Alltag* und über *die Taktzahl der Ewigkeit*. Mit diesen Aspekten möchte ich versuchen, Ihnen den Psalm in Kopf und Herz zu legen.

Der Realitätsumbruch Gottes

Gleich am Anfang haben wir ein Übersetzungsproblem. Manche übersetzen Vers 1 in der Vergangenheitsform: »Als der Herr die Gefangenen Zions *erlöste*, da *waren* wir wie die Träumenden.« Die hebräische Sprache und der Kontext ermöglichen uns aber auch, wie in der hier verwendeten Übersetzung, zukünftig zu formulieren: »Wenn der Herr die Gefangenen Zions *erlösen wird*, so *werden wir sein* wie die Träumenden. *Dann wird* unser Mund voll Lachens und unsere Zunge voll Rühmens *sein*.« Man kann also die ersten Verse sowohl als schon geschehen, als auch als zukünftig und noch ausstehend verstehen. Genau hier liegt das Spannende des 126. Psalms, denn Israel hat die heilsgeschichtlichen Intervalle in der Art und Weise erlebt, dass sie immer wieder merkten, wie Gott Verheißungen erfüllte, die Wende schaffte und auf ihre Not reagierte. Und trotzdem bleibt die Sehnsucht nach weiteren Erfüllungen. Wir haben also sowohl ein bereits in der Vergangenheit geschehenes Ereignis als auch ein noch kommendes Ereignis, das in diesem Psalm für das Volk Israel beschrieben wird.

Psalm 126 beschreibt sowohl Vergangenes als auch Zukünftiges

Viele Ausleger verorten den Psalm in der Zeit nach der Babylonischen Gefangenschaft und sagen, er sei ein Rückkehrerlied. Die Israeliten hätten damals nicht zu hoffen gewagt, dass Gott seine Verheißung tatsächlich erfüllen würde und sie in ihr Land zurückdürften. Aber der Erlass des altpersischen Königs Kyros kam und die ersten kleinen Gruppen zogen aus Babylon wieder zurück nach Jerusalem. Da war

Herr, schaffe die Wende der Wendung – die Bitte in Psalm 126

eine Freude und ein Jubel darüber, dass sie wieder zurückdurften! Der Herr erhörte tatsächlich den Wunsch der Israeliten, wie es hier heißt: »Schaffe die Wende.« Die hebräische Sprache sagt an dieser Stelle eigentlich: »Wende die Wendung«, bekomme du, Herr, die Wende hin, nur du kannst eigentlich diese Wende hinbekommen.

Voll Begeisterung und Jubel kamen die Israeliten in Jerusalem an. Die Begeisterung war schnell verraucht, als sie die Trümmer der Stadt sahen, die eingerissenen Mauern, die Reste des Tempels. Sie waren körperlich erschöpft und ihnen fehlten die Materialien. Führt man sich diese Situation vor Augen, klingt der Vers gleich anders: »Herr, schaffe die Wende der Wendung.« Hier wird die Bitte nach der Hilfe des Herrn gleich wieder neu laut.

Am Kreuz von Golgatha hat er die entscheidende Wende der Wendung gebracht, für das gesamte Universum

Wenn wir die letzten zweieinhalbtausend Jahre der Geschichte des Volkes Israel betrachten, dann hat Gott immer wieder geholfen, aber trotzdem steht noch etwas aus. Denken wir an die Katastrophe im vergangenen Jahrhundert, bei der Gott die Wendung wendete und tatsächlich 1948 der Staat Israel ausgerufen wurde. Was für ein Jubel, was für eine Freude, selbst unter den Heiden. »Der Herr hat Großes an ihnen getan!« (V. 2). Schauen wir uns die letzten 50 Jahre der Geschichte Israels an, dann sehen wir wieder, es steht noch etwas aus. »Herr, wende die Wendung, greif ein bei diesem Volk, handle an ihnen, schaff geistliches Erwachen. Komm und schenke, dass die vertrockneten Bäche des Negev, des Südlandes wieder Wasser bringen. Das schaffst nur du.« Das ist das große Wallfahrtslied Israels. Keine politische, keine irdische Macht schafft die Wende, nur Gott kann die Wende wenden. Er hat die Wende bereits gewendet, aber die meisten aus dem Volk Israel haben noch nicht begriffen, dass die Wende geschehen ist. Einige haben es damals verstanden. Ein paar standen auch im Tempel von Jerusalem und haben gejubelt, als Maria mit dem kleinen Jesus hereinkam, denn sie hatten begriffen: Das ist der Messias, der Sohn Gottes, er bringt die Wende der Wendung. Dann hing dieser Sohn Gottes am Kreuz von Golgatha und hat damit die entscheidende Wende der Wendung gebracht, nicht nur für das auserwählte Volk Israel, sondern für die gesamte Welt, für das gesamte Universum.

Gehen wir noch einmal ins Alte Testament zurück und fragen: Warum landeten die Israeliten in der Diaspora, in Babylon? War es ein blindes Schicksal oder Zufall? Die prophetische Sprache ist eindeutig: Die Ursache für die Gefangenschaft in Babylon war der Ungehorsam Judas, des Südreiches. Es war kein blinder Schicksalsschlag, das hing mit ihrer Sünde und Schuld zusammen. Manches Mal sind wir Menschen – man möge den Vergleich entschuldigen – wie die lichtscheuen Käfer: Nimmt man einen Stein weg, fällt Licht an die Stelle, und in dem Augenblick kriechen alle Käfer, so schnell sie können, wieder in den Schatten unter den nächsten Stein. So machen wir das auch. Das Licht des prophetischen Wortes kommt in unser Leben und zeigt uns, was wir verursacht haben und wofür wir die Konsequenzen tragen müssen. Dann krabbeln wir ganz schnell unter die Steine unserer genetischen Belastung, unserer Umwelt, unserer Biografie oder der Erziehung. Das prophetische Wort des Alten Testamentes lässt das Volk Juda nicht unter die Steine krabbeln. »Dass ihr in Babylon landet, ist eure Schuld!« Um die Augen für unsere eigene Lage geöffnet zu bekommen, brauchen wir diese deutliche Sprache des prophetischen Wortes.

Das prophetische Wort öffnet uns die Augen für unsere Situation

Beim Propheten Jeremia finden wir plastische Bilder, die das deutlich machen. »Seht ihr nicht, wie Baal bei euch alles weggefressen hat?« (Jer 3,24). Ihr habt dem Götzen die Tür für euer Leben geöffnet, er ist eingezogen und dann hat er gehaust, gefressen. Wir alle wissen, wie es in unserem Leben ist. Wenn wir die Türen in unser Leben öffnen, dann dringen die, denen wir geöffnet haben, ein und fangen wie ein Heuschreckenschwarm an zu fressen. Sie fressen unsere Lebenskraft, die Treue, unser Gottvertrauen, alles fressen sie weg und lassen nichts übrig. Dann stehen wir mit unserem armseligen, abgefressenen Leben da und wissen, wie viel Leid es bringt, »wenn du deinen Gott verlässt«. Dann erleben wir »Niederlage auf Niederlage« (Jer 4,20). Nur der ewige Gott kann in Jesus Christus eine Wendung wenden. Er kann einen Umbruch, eine grundlegende Änderung schaffen.

Jeder von uns hat in seinem Leben Schlüsselerlebnisse, wo man Dinge, mit denen man plötzlich konfrontiert wird, nicht glauben kann. Unsere Sprache drückt das dann so aus: »Das gibt es doch gar nicht«, »Das kann doch nicht wahr sein«, »Ich fasse es nicht« oder »Wir werden sein wie die Träumenden«(Ps 126,1). Da knallen Realitäten aufeinander, die scheinbar nicht zueinander passen.

Im Neuen Testament haben wir ein Beispiel dafür. Als Petrus auf seinen Hinrichtungstermin wartete, hatte er sich schon innerlich vom Leben und vom Dienst verabschiedet. Er war ausgerichtet auf das, was in wenigen Stunden sein würde, wenn er vor seinem Herrn Jesus Christus stehen würde. Als der Engel kam, ihm die Ketten von den Händen und Füßen fielen und die Türen aufgingen, war das für ihn eine völlig andere Realität. Das konnte nur eine Vision sein, ein Traum. Er »wusste nicht, dass ihm das wahrhaftig geschehe durch den Engel, sondern meinte, eine Erscheinung zu sehen« (Apg 12,9). Die Wende der Wendung schafft nur Jesus, wenn er in einem Realitätsumbruch in unser Leben hineinkommt. Plötzlich merken wir, dass es da noch eine andere Wirklichkeit gibt als die, die wir üblicherweise kennen.

Jesus schafft den Realitätsumbruch in unserem Leben

Viele von uns haben diesen Realitätsumbruch in ihrem Leben erlebt. Vielleicht schlagartig, vielleicht aber auch ganz langsam, indem Licht in unser Leben hineinflutete und wir merkten, wenn wir mit Jesus leben, öffnet sich eine völlig andere Realität. So ein Realitätsumbruch geschieht nicht nur das eine Mal, wenn wir zum Glauben kommen. Wir können dieses erstaunliche Phänomen immer wieder neu entdecken, dass Gott in unserem Leben Türen öffnet und wir mit seiner realen Gegenwart rechnen dürfen.

Von Menschen, die diesen Realitätsumbruch erfahren haben, heißt es hier, wenn wir in der Vergangenheitsform übersetzen: »Deren Mund war voll Lachens, deren Zunge war voll Rühmens« (V. 2). Menschen sind sehr verschieden, entsprechend jubeln sie auch auf unterschiedliche Weisen. Wir entdecken in uns die Bewegung der Seele, wenn wir merken: Mein Herr und mein Gott, du hast mich berührt, du hast mich aus der Enge dieser dreidimensionalen Welt herausgeholt und mich aus dem kahlgefressenen Gebiet meines Lebens befreit. Du hast mir die Altlasten meines Lebens abgenommen, der Schuldschein meiner Existenz ist

Wer den Realitätsumbruch erlebt hat, erkennt, wie reich der Schöpfer uns beschenkt

durch dich zerrissen. Du hast deinen Heiligen Geist in diese Wüste hineinfließen lassen, du hast wieder etwas aufblühen lassen, wo niemand zu hoffen wagte, dass da noch etwas Sinnvolles wachsen kann. Herr, mein Gott, du hast Großes getan (V. 3). Das bleibt der Grundtenor derer, die in Christus sind, und darüber jubeln wir. Wer das erlebt hat, dem gehen die Augen auf, der sieht die Welt anders und erkennt, wie uns der Schöpfer über die Maßen reich beschenkt.

Wenn bei Ihnen dieser Realitätsumbruch noch nicht stattgefunden hat, dann können Sie mit den Worten des Psalms beten: »Herr, wende die Wendung auch in meinem Leben.« Wenn diese Bitte Ihr Herzenswunsch ist, dann gilt auch für Sie, was Jesus gesagt hat: »… wer zu mir kommt, den werde ich nicht hinausstoßen« (Joh 6,37). Sie machen ihm die Tür auf und lassen das Licht seiner Wirklichkeit hineinfließen. Sie dürfen erleben, dass der Vater Sie als sein Kind annimmt, durch das, was sein Sohn Jesus in der einzigartigen Wendung am Kreuz auf Golgatha für alle getan hat. Dann können auch Sie sagen: »Der Herr hat Großes an mir getan.« Das ist der Realitätsumbruch unseres Gottes.

Das Kontrastbild im Alltag

Wir sind eingestiegen in den Realitätsumbruch Gottes und haben erlebt, wie Gott Wasser in die Wüste hineinfließen lässt. Der Glaubende des Alten Bundes sagt uns jetzt etwas missverständlich: »Die mit Tränen säen, werden mit Freuden ernten« (V. 5). Gerade haben wir doch noch festgestellt, dass der Herr Großes an uns getan hat, und wir jubeln. Das passt doch nicht wirklich zusammen. Die Ausleger nennen das eine »Kontrastmetapher«. Hier wird ein Kontrastbild gezeichnet: Tränen – Freude, jetzt – dann, Saat – Ernte, Arbeit – Garben, hingehen – kommen. Der ganze Psalm ist im Kontrast angelegt.

Der Realitätsumbruch ist da und jetzt bekommen wir, die wir an Jesus Christus glauben, eine eigenartige Wegbeschreibung, mit der wir unsere geistliche Situation begreifen können. Gehen wir von Psalm 126, von dieser Bildebene der Kontrastmetapher, ins Neue Testament, dann können wir entdecken, dass die Apostel die Gemeinde genau das gelehrt haben. »Dann werdet ihr euch freuen, die ihr jetzt eine kleine Zeit, wenn es sein soll, traurig seid in mancherlei Anfechtungen, … ihr werdet euch aber freuen mit unaussprechlicher und herrlicher Freude, wenn ihr das Ziel eures Glaubens erlangt, nämlich der Seelen Seligkeit« (1. Petr 1,6ff). »Sind wir aber Kinder, so sind wir auch Erben, nämlich Gottes Erben und Miterben Christi, wenn wir denn mit ihm leiden, damit wir auch mit zur Herrlichkeit erhoben werden« (Röm 8,17). »Darum werden wir nicht müde; sondern wenn auch unser äußerer Mensch verfällt, so wird doch der innere von Tag zu Tag erneuert. Denn unsre Trübsal, die zeitlich und leicht ist, schafft eine ewige und über alle Maßen gewichtige Herrlichkeit« (2. Kor 4,16f).

Wir stehen in einem inneren Zusammenhang zwischen Saat und Ernte

Bei all diesen Stellen erleben wir das Bild des Glaubens aus dem 126. Psalm im neuen Bund. Wir verstehen den inneren Zusammenhang zwischen Saat und Ernte und erkennen unsere Situation. Das ist keine mathematische Formel, sondern ein inneres, organisches Gesetz zwischen dem, was ich hier in meinem Leben säe und einbringe, und dem, was ich dort ernten darf. »Die mit Tränen säen, werden mit Freuden ernten« (V. 5). Es ist gut, bei diesem Psalm erst einmal von sich weg auf andere zu sehen, um eine vorschnelle Dramatisierung der eigenen Lebensumstände zu vermeiden. Wir säen bei Weitem nicht alle ununterbrochen mit Tränen. Gott gibt uns viele Lebensabschnitte, in denen wir tränenfrei laufen. Es gibt auch manche Last, bei der man säen kann, ohne zu weinen. Selbstverständlich gibt es auch Saat mit Tränen.

Das starke Bild der Saat ist altbekannt. Saatkörner sind klein und zunächst ohne erkennbare Wirkung. Die Saat geschieht auf Hoffnung hin, sie ist anstrengend und manchmal langwierig.

Tränensaat findet in der konkreten Lebenssituation unserer Jesusführung statt

Die Saat ist das unscheinbar Kleine und die hebräische Sprache zeigt, dass es sich hier um einen Vorgang handelt, der sich immer wiederholt. Tränen vergießen wir doch über das, was uns Schmerzen bereitet, was uns belastet. Halten wir hier einmal kurz inne und stellen uns die vielen Jesusleute mit ihren Tränensaaten und Lasten vor. Allein die Lasten, von denen ich konkret weiß, ergeben eine lange Liste. Lebenssituationen in der Jesusführung sehen sehr unterschiedlich aus. Der eine hat eine schwere Krankheit, der andere läuft in die Zielgerade des Lebens ein, der nächste begleitet leidende Menschen. Wieder andere haben kontinuierliche Belastungen in ihrem Leben, in ihrer Partnerschaft, bei den Kindern, in der Verwandtschaft, bezüglich der finanziellen Situation. Manche erleben, wie die Fundamente ihrer Persönlichkeit brüchig werden, oder sie finden ihre gesamte Biografie unerträglich.

Wir säen unser Vertrauen auf Jesus und unseren Gehorsam in die Lebenssituationen hinein

Solche konkreten Situationen der Jesusführung werfen die Frage auf: Was sollen wir jetzt machen? Psalm 126 antwortet: Säen! Was sollen wir denn säen? Wir säen unser Vertrauen auf Jesus in diese Lagen hinein, unseren Gehorsam, die Hingabe, unsere Opfer, unseren Verzicht, unseren Einsatz. Paulus sagt: »… wir rühmen uns auch der Bedrängnisse, weil wir wissen, dass Bedrängnis Geduld bringt, Geduld aber Bewährung, Bewährung aber Hoffnung, Hoffnung aber lässt nicht zuschanden werden; denn die Liebe Gottes ist ausgegossen in unsre Herzen durch den Heiligen Geist, der uns gegeben ist« (Röm 5,3ff). Wer sät, der gibt ab, der konzentriert sich auf seine Aufgabe. Der hat einen ganz bestimmten Dienst, ein klares Ziel, der sieht weg von sich und seinen Wünschen. Dann wird er ernten: Vertrauen, Jesusnähe, Glauben, Erfahrungen, Zukunft ohne Ende.

Wir müssen uns doch fragen: Warum macht Gott das so, dass er unser Leben unter diesen Vorgang des Säens in der Belastung stellt?

Wir ernten Vertrauen, Jesusnähe, Glauben und ewiges Leben

Auf einer Israelreise besuchten wir einmal eine Diamantschleiferei. Wir wurden in die Kunst des Diamantschleifens eingeführt und durften zusehen, wie die Steine, die kein normaler Mensch kaufen kann, hergestellt werden. Man sagte uns dort, dass es vier Cs gibt, die jeder Diamantschleifer bei jedem Stein beachten muss. Er muss auf cut, clarity, colour und carat achten, also auf Schnitt, Klarheit, Farbe und Gewicht. Jeder Stein wird ganz individuell bearbeitet, je nach dem Ziel, auf das der Diamantschleifer hinarbeitet.

Indem der Herr uns einen Weg gehen lässt, bei dem es unsere Aufgabe ist, auch unter Belastung zu säen, hat er diese vier Cs für unsere geistliche Existenz im Blick. Er gestaltet aus meiner Persönlichkeit das, was der Ewige in meine Person hineingelegt hat. Dazu führt er uns Wege, die bewirken, dass unser Glaube an und unser Leben mit Jesus die wesentliche Mitte unserer Persönlichkeit wird.

Wir bekamen einmal ein wunderschönes farbiges Glas mit einer Kerze geschenkt. Als der Zeitpunkt kam, es mal abzuwaschen, stellten wir das Glas mutig in die Spülmaschine. Das war das Ende der Farbe. Sie war so raffiniert aufgespritzt, dass man sie als dünne Streifen abziehen konnte. Die Farbe war nicht im Glas – wie wir dachten –, sondern nur oberflächlich. Jesus darf nicht nur zu einer Beschichtung bei uns werden. Im Laufe unserer Jesusnachfolge müssen wir merken, wie er in unsere Persönlichkeit diffundiert, sich suchend mit unserer Persönlichkeit vermischt. Das erreicht er bei uns nur durch seine Bearbeitung über cut, colour, clarity und carat. Damit »Christus in euch Gestalt gewinne« (Gal 4,19) – hat dazu Paulus gesagt.

Der Psalm ist Zusage des geistlichen Prinzips: Auf Saat folgt Ernte

Auf unserem Weg mit Jesus gibt es kein Schönreden: »Was mir begegnet, ist alles halb so schlimm«, keine Idealisierung: »Schön, endlich wieder leiden!«, und schon gar keine buddhistische Lebensverneinung in der Selbstauflösung. Auf unserem Weg mit Jesus gibt es Saat, auf die die Ernte folgt. Diese göttliche Dimension wird uns in dem Wort des 126. Psalm zugesprochen. Deshalb gibt uns dieser Psalm zuallererst Trost. Das geistliche Prinzip mit einem nüchternen Durchblick und dem Hoffnungshorizont führt uns den Jesusweg. Gerade dann, wenn Nebelbänke unseren Weg völlig verschleiern, dürfen wir diese Stimme hören: »Sie gehen hin und weinen und streuen ihren Samen und kommen mit Freuden und bringen ihre Garben« (V. 6).

Der Psalm ist auch eine Warnung, den Kontrast zu akzeptieren

Auf diesem Weg sind wir unterwegs, wie unser Herr in der Bergpredigt gesagt hat: »Selig sind, die da Leid tragen; denn sie sollen getröstet werden« (Mt 5,4). Da haben wir die Bestätigung dieses Weges mit dem Hoffnungshorizont. Gerade dann, wenn man aussteigen und müde werden will, kommt der 126. Psalm mit diesem Trost. Er ist aber auch eine Warnung, die wir manches Mal brauchen, den Kontrast nicht zu schnell aufzulösen. Unter uns Christen gibt es nämlich den Trend, das zu tun. Das ist verständlich, denn wir wollen Harmonie. Die einen klammern Gott aus, als ob er mit der Not, in der sie sich befinden, nichts zu tun hätte. »Es ist eben so, damit muss man zurechtkommen.« Das hilft aber nicht. Andere lösen den Kontrast auf, indem sie die Änderung erzwingen wollen. »Gott muss mir das wegnehmen, er muss mich heilen, er muss mich retten.« Wieder andere versuchen den Kontrast aufzulösen, indem sie Widerstand gegen Gott leisten. Denken Sie an dieses geistliche Prinzip: Die mit Tränen säen, werden mit Freuden ernten. Das gilt auch für Ihren Jesusweg.

Die Taktzahl der Ewigkeit

Dieser Psalm ist nicht nur ein Trost und eine Warnung, er ist auch eine massive Herausforderung. Er fragt uns deutlich, ob wir noch beim Prozess des Säens sind oder ob wir unsere Ackergeräte schon eingepackt haben. Bin ich noch in dem Grundprozess, dass in meinem Leben etwas geschieht? Selbstverständlich schwingt für uns hier das neutestamentliche Denken mit: Die Saat hat mit dem Wort Gottes, mit Evangelisation und Mission und mit Gemeinde zu tun. Wird da noch gesät? Ich hatte einmal eine Einladung auf meinem Schreibtisch zu dem Thema: »Nach uns die Zukunft«. Doch manche gläubigen Menschen haben sich eher das Motto »Nach uns die Sintflut« zu eigen gemacht und leben auch so. Anstatt zu säen wird gehortet. Das neutestamentliche Prinzip lautet aber nicht: Alles zusammensammeln, denn es wird immer schlimmer, sondern es lautet: Weil es immer schlimmer wird, sollen wir säen, hineingeben. Nach uns kommt die Zukunft, das können nur die Jesusleute sagen, die wissen, dass geerntet wird.

Jesusleute wissen: Nach uns die Zukunft

Fangen wir in unseren Lebensbereichen an zu säen und haben im Ohr, was der Apostel Paulus der neutestamentlichen Gemeinde sagt: »Ich meine aber dies: Wer da kärglich sät, der wird auch kärglich ernten; und wer da sät im Segen, der wird auch ernten im Segen. Ein jeder, wie er's sich im Herzen vorgenommen hat,... Gott aber kann machen, dass alle Gnade unter euch reichlich sei« (2. Kor 9,6ff).

Eine unserer Töchter kam einmal an den Mittagstisch und sagte: »Ganz im Ernst, ich habe jetzt meinen Lebensplan gemacht.« Wir waren gespannt, wie der Lebensplan unserer siebenjährigen Tochter aussah. Das, was sie als Lebensplan bezeichnete, dauerte von Mittwoch bis zum nächsten Sonntag. Statt eines Tagesplans hatte sie einen »Lebensplan« gemacht, in der maximalen Perspektive bis zum Ende der Woche. Für dieses Mädchen war das schon eine unglaublich lange Zeit, die sie jetzt im Griff hatte.

Gott gibt uns durch seine Segnungen Anteil an der Ernte

So etwas könnte auch von uns Jesusleuten kommen. Wie oft planen, denken und handeln wir und greifen dabei viel zu kurz. Der Psalm 126 sagt uns, dass wir bei unserer Planung in jedem Fall das Erntefest mit im Blick haben müssen. Wir müssen in der Säarbeit unseres Lebens weit vorausschauen. Wir haben nicht nur an der zukünftigen Ernte teil, sondern bekommen im Laufe unseres Lebens schon Anzahlungen, Erlebnisse der Ernte in unserem Leben. Gott lässt uns jetzt schon auf die unterschiedlichste Art und Weise durch seine Segnungen an dieser Ernte teilhaben. Unter welch guten äußeren Bedingungen leben viele von uns. Außerdem erfahren wir geistliche Segnungen und erleben, wie Menschen ihr Leben für Jesus öffnen oder wie sich geistliches Leben ausbreiten kann. Es ist doch nicht so, als ob Gott uns knapphalten würde, sondern er gibt uns Anzahlungen für das zukünftige Erntefest. Dafür sind wir ihm unendlich dankbar.

Jesus selbst benutzte den Vergleich vom Angeld und der Vollauszahlung: »Siehe, ich sage euch: Hebt eure Augen auf und seht auf die Felder, denn sie sind reif zur Ernte. Wer erntet, empfängt schon seinen Lohn und sammelt Frucht zum ewigen Leben, damit sich miteinander freuen, der da sät und der da erntet« (Joh 4,35f). Eine Frau ist zum Glauben gekommen und Jesus sieht in ihr schon das Angeld für das große Ganze. Psalm 126 gehört also nicht nur Israel und nicht nur uns, er gehört auch dem Messias Jesus, dem Sohn Gottes. In der Elberfelder Bibelübersetzung wird deutlich, dass in Vers 6 von Jesus die Rede ist. Die genaue Übersetzung lautet: »*Er* geht weinend hin und

Das Sterben von Jesus ist die Hingabe der Saat für die Ernte, die aufgehen wird

trägt den Samen zum Säen. *Er* kommt heim mit Jubel und trägt seine Garben« (Ps 126,6; ELÜ). In diesem Vers ist das Geheimnis der Heilsgeschichte in Jesus Christus zusammengefasst.

Der Sohn Gottes weint, er kommt herunter auf diese Erde und nimmt die ganze Last der Existenz auf sich. Er sät seinen Samen: »Wenn das Weizenkorn nicht in die Erde fällt und erstirbt, bleibt es allein; wenn es aber erstirbt, bringt es viel Frucht« (Joh 12,24). Sein stellvertretendes Sterben auf Golgatha geschieht, damit aus dieser Hingabe der Saat eine Ernte aufgeht, die unvergleichlich ist. Dann kommt er heim mit Jubel. Sein erstes Heimkommen hat mit der Himmelfahrt schon stattgefunden. Es gibt aber noch ein anderes Nach-Hause-Kommen, wenn er, wie es sich für die gute Erntearbeit gehört, Etappe für Etappe seine Ernte nach Hause zum Vater bringt. Das sind die Ernteabschnitte der Heilsgeschichte und er ist mitten bei der Arbeit.

Da sind Sie und ich auch schon dabei. Die meisten sind ja schon zu Hause beim Vater. Irgendwann wird Jesus wiederkommen und sein Volk Israel ernten, um sich dann den anderen Völkerwelten zuzuwenden. Aus der Offenbarung wissen wir, dass er für diesen Ernteabschnitt noch die Zeit bis weit in das neue Jerusalem hinein braucht, wenn die Völkerwelten anmarschieren werden, um geerntet zu werden. Wenn er die gesamte Ernte des Universums dem Vater gebracht hat, dann kommt das große Erntedankfest. Von Boas heißt es, dass, nachdem er geerntet hatte, »sein Herz guter Dinge« war (Rut 3,7). Das ist Ernte, wenn Jesus mit dem Vater und seiner Schöpfung Erntedankfest feiert.

Noch einmal zurück zu Brahms. Im ersten Satz des deutschen Requiems ist alles ganz lang gezogen. Jede Silbe wird hier einzeln betont und musikalisch in einer sehr tiefen Tonlage vorgetragen. Man merkt, da steht jemand unter großer Belastung. Das wird wiederholt, man erkennt förmlich sein eigenes Leben in diesen Passagen wieder. Dann macht Brahms etwas Faszinierendes: Er ändert die Taktzahl. Plötzlich wird nicht mehr tief und tragend gesungen, sondern die Musik wird schneller und die Tonlage höher. Brahms hat mit der Änderung der Taktzahl etwas getan, was wir auch in der hebräischen Poesie finden. Bereits beim Vorlesen muss man schon die Taktzahl der Ewigkeit merken, in der es anders tickt als auf dieser Seite. Wir, die wir an Jesus glauben, gewöhnen uns in unserer geistlichen Existenz schon an die Taktzahl der Ewigkeit.

Unsere Tochter sagt, wenn sie das Ohr an die eine Wand in ihrem Zimmer legt, kann sie morgens hören, wie das Frühstück gemacht wird. Ist schon jemand in der Küche? Auch wir müssen unser Ohr an die geistliche Wand legen, damit wir die Taktzahl der Ewigkeit jetzt schon hören. Nur mit der Taktzahl der Ewigkeit im Hintergrund können wir dieses *Ostinato*[27] aushalten, diesen lang gezogenen, trägen Verlauf der Geschichte.

Ein Mitarbeiter der Langensteinbacher Höhe erzählt uns anderen Mitarbeitern öfter von seinen Erfahrungen mit seinem Navigationssystem. Besonders schön ist es, wenn er ankommt, dann sagt diese Stimme in dem Gerät: »Sie sind am Ziel.« Einmal werden wir endgültig die Taktzahl der Ewigkeit hören, dann werden wir merken: Wir sind am Ziel. Einen Vorgeschmack auf das Ziel dürfen wir als geistlich denkende Menschen schon heute erleben im leisen Hören auf die Taktzahl der Ewigkeit: Kleine und große Erfahrungen mit Jesus, Vorfreude auf die Erfüllung seiner Verheißungen, geistliches Erahnen seiner Wirklichkeit. Die Taktzahl der Ewigkeit jetzt schon zu hören, erleichtert die tägliche Nachfolge und zeigt das Ziel.

Nachdem ich den Realitätsumbruch Gottes erfahren habe, gehe ich im Kontrastbild des Alltags treu säend meinen Weg und lebe jetzt schon von der auf mich zukommenden Taktzahl der Ewigkeit. Peter Strauch hat gedichtet: »Wir werden sein wie die Träumenden, die noch nicht fassen, was sie sehn, wir werden lachen, und glücklich sein, wenn wir vor Jesus stehn.«[28]

Psalm 127

Wenn der Herr nicht das Haus baut, so arbeiten umsonst, die daran bauen. Wenn der Herr nicht die Stadt behütet, so wacht der Wächter umsonst. Es ist umsonst, dass ihr früh aufsteht und hernach lange sitzet und esset euer Brot mit Sorgen; denn seinen Freunden gibt er es im Schlaf. Siehe, Kinder sind eine Gabe des Herrn, und Leibesfrucht ist ein Geschenk. Wie Pfeile in der Hand eines Starken, so sind die Söhne der Jugendzeit. Wohl dem, der seinen Köcher mit ihnen gefüllt hat! Sie werden nicht zuschanden, wenn sie mit ihren Feinden verhandeln im Tor.

Psalm 127, 1-5

Dieser Psalm enthält eine Reihe bekannter Bibelworte und einige gute Lebensweisheiten. Die Überschrift des Psalms in der Lutherbibel zeigt das: »An Gottes Segen ist alles gelegen«. Der Satz: »Siehe, Kinder sind eine Gabe des Herrn, und Leibesfrucht ist ein Geschenk« (V. 3) erscheint immer wieder auf Geburtsanzeigen, ein wunderbares Wort und ein Dank an Gott.

Der Psalm weist ins Neue Testament hinüber, indem er uns etwas von der Bergpredigt spüren lässt, in der Jesus uns vermittelt, dass wir uns um unser Leben nicht sorgen müssen. Der Vers aus dem Petrusbrief: »Alle eure Sorge werft auf ihn; denn er sorgt für euch« (1. Petr 5,7) findet in unserem Psalm ebenso einen Widerhall wie das Wort aus dem Philipperbrief: »Sorgt euch um nichts, sondern in allen Dingen lasst eure Bitten in Gebet und Flehen mit Danksagung vor Gott kundwerden!« (Phil 4,6).

Man kann den Psalm auch kritisch lesen und denken, dass es so einfach, wie es hier gesagt wird, nicht ist. Was ist nicht alles gebaut und bewahrt worden, ohne dass Gott jemals dazu gefragt wurde, und doch hält es teilweise recht lange. Wo ist denn da die Wahrheit des 127. Psalms? Umgekehrt gilt auch: Viele Dinge wurden im Namen Gottes begonnen, sollten gebaut und bewahrt werden, aber sie blieben nicht. Hier gilt die Wahrheit aus der Bergpredigt: »Denn er lässt seine Sonne aufgehen über Böse und Gute und lässt regnen über Gerechte und Ungerechte« (Mt 5,45). Es gibt auch Bedenken, dass dieser Psalm uns von der Sorge um unseren Lebensunterhalt zu einem Fatalismus bringen könnte, nach dem Motto: »Es kommt eben, wie es kommt«, bis hin zu einer Schicksalsergebenheit, die uns die Hände in den Schoß legen lässt.

Fast die Hälfte des Psalms beschäftigt sich mit Kindern. In der Elberfelder Übersetzung heißt es von den Söhnen: »Siehe, ein Erbe vom Herrn sind Söhne, eine Belohnung die Leibesfrucht. Wie Pfeile in der Hand eines Helden, so sind die Söhne der Jugend. Glücklich der Mann, der seinen Köcher mit ihnen gefüllt hat!« (Psalm 127,3-5; ELÜ). Es ist nicht ganz einfach, diese Aussagen in unsere Zeit mit ihren Familienstrukturen zu übertragen. Wir wissen, Kinder sind in vielen Fällen eine statistische Größe, z.B. wenn sie die deutsche Alterspyramide retten sollen. Dafür werden bei uns Söhne gebraucht bzw. ideologisch missbraucht.

In dem Zusammenhang denken wir auch an die unüberschaubare Zahl ungeborener Kinder, die in unserem Land allein in einem Jahr getötet werden. Beim Nachdenken über Psalm 127 dürfen wir nicht aus den Augen verlieren, dass wir in unserem Land eine gut funktionierende Tötungsmaschinerie haben, eine der besten seit dem Holocaust. Gerade in Vers 3: »Siehe, Kinder sind eine Gabe des Herrn, und Leibesfrucht ist ein Geschenk«, wird deutlich, welche Perversion in unserem Volk passiert.

Wieder ganz anders liest sich der Psalm von denen, die gern Kinder hätten, aber es fehlt ihnen der richtige Partner oder es stellen sich andere Probleme ein. Manchen Menschen verursacht so ein Text auch Not, denn ihnen hat Gott keine Kinder anvertraut. Bei der Diskussion über dieses Thema kommen oft auch wir in unserer Gesellschaft in einen tiefen Sumpf hinein, bestehend aus der Wahl des richtigen Zeitpunktes, aus Wünschen und medizinischen Aspekten, aus Lebensalter und Karrieregesichtspunkten.

Psalm 127 stammt von Salomo und weist uns den Weg der Nachfolge

Mit diesem Psalm hat auch die Theologie Schwierigkeiten. Beispielsweise wird gesagt, dass im Psalm 127 zwei Psalmen enthalten seien. Das hilft auch nicht zum besseren Verständnis. Am besten beginnen wir mit unserer Interpretation am Anfang.

Psalm 127 ist ein Wallfahrtslied und steht genau in der Mitte der 15 Wallfahrtslieder. Er will uns den Weg weisen, wie wir Gott und Jesus nachfolgen können. Es ist das einzige Wallfahrtslied, das von Salomo stammt und typisch für ihn ist.

Beim politischen Kabarett faszinieren mich Menschen, die in der Lage sind, andere zu imitieren. Schon anhand der Kleidung, der Art und Weise, wie der Künstler die Bühne betritt, seiner Gestik und Mimik weiß man genau, wer dargestellt werden soll. So verhält es sich auch mit diesem Psalm, der kann nur von Salomo sein, denn hier spüren wir die Weisheitsrede, die wir ganz oft bei Salomo haben. In dem dreimaligen »umsonst, umsonst, umsonst« spürt man einen Hauch des Predigers. Man erkennt hier auch Aussagen aus den Sprüchen wieder: »Der Segen des Herrn allein macht reich, und nichts tut eigene Mühe hinzu« (Spr 10,22). Salomo hat den ersten Tempel errichtet und erlebt, was es heißt, ein Haus zu bauen. In seinem Leben bewahrheitete sich faktisch: »Wenn der Herr nicht das Haus baut, so arbeiten umsonst, die daran bauen« (V. 1).

Der Psalm bezeugt die Weisheit Gottes

In Psalm 127 finden wir eine einzigartige Bezeichnung für Salomo. Es heißt: »... seinen Freunden gibt er es im Schlaf«(V. 2). Hier sind nicht »die Freunde«, sondern *»ein Freund«*, eigentlich *»ein Geliebter«*, gemeint. »Seinem Geliebten gibt er es im Schlaf.« Das hebräische *Jedido*, sein Geliebter, kennen wir aus anderer Stelle. Als Batseba Salomo auf die Welt brachte, bekam er zusätzlich den Namen *Jedidja*, der Geliebte Jahwes (2. Sam 12,24f). In Psalm 127 steht dieses Wort als Bezeichnung für den Glaubenden, er ist der Geliebte. Alles deutet also auf Salomo als Verfasser hin.

Der Psalm will die Gottesweisheit für den Einzelnen im jüdischen Volk, für Israel und für das Leben der Gemeinde vermitteln. Hier haben wir die Ebene der Schöpfung, Erhaltung und Bewahrung unseres Lebens. Wir sind absolut abhängig von unserem Gott und spüren gerade dann etwas davon, wenn uns diese Basis plötzlich weggezogen wird. Das Motto der Psalms könnte lauten: »Alle eure Sorge werft auf ihn; denn er sorgt für euch« (1. Petr 5,7). Der Psalm wird gebetet, wenn ein Gottesdienst für gesegnete Arbeit gefeiert wird. Gerade in unsrer hochmodernen Gesellschaft spürt man die Abhängigkeit von der Schöpfungsbewahrung unseres Gottes.

Gott baut unser geistliches Haus und führt uns zum Ziel

Das gilt sowohl für die Ebene der ersten Geschöpflichkeit als auch für die geistliche Neuschöpfung unseres Lebens. Was wären wir, würde Gott nicht unser geistliches Haus bauen, bewachen und zum Ziel führen? Was wäre unser Glaube, würde er uns nicht festhalten? Der Psalm ist für uns aktuell, denn hier ist die Rede von Lebensgründung und Lebensbewahrung. Er spricht von Lebenserhaltung, Lebensfortsetzung und vom Lebensziel. In seiner Mitte steht das dreimalige »umsonst«. Er schließt mit der Seligpreisung, die sinngemäß heißt: »Gepriesen ist der Mann, der Söhne hat« (V. 5).

In der Literatur zu Psalm 127 finden wir drei Schwerpunkte: Der Psalm ist ein wichtiger Warnspruch für geistliches Leben, damit über unserem Leben nicht das dreimalige »umsonst« steht. In der Mitte finden wir diese einzigartige Beziehungsbezeichnung »sein Geliebter«. Am Ende läuft es auf die ermutigende Seligpreisung hinaus. Alle drei Auslegungsweisen haben recht und wir schauen uns diesen *Warnspruch* an, diese einzigartige *Beziehungsbezeichnung* und diese ermutigende *Seligpreisung* am Schluss.

Warnspruch

Der Psalm ist vom Denken der Bibel durchzogen, dass Gott Schöpfer und Bewahrer ist. Gleichzeitig ist er von dem Wissen durchzogen, dass wir nach dem Sündenfall nicht in einer absolut ungebrochenen Schöpfung leben, sondern das Brot der Mühsal essen. Diese Beschreibung erinnert alle Bibelkenner an 1. Mose 3, als Gott Adam und Eva die »Mühsal« in allen Lebensbereichen ins Stammbuch geschrieben hat. Der Riss in der Schöpfung ist spürbar beim Kinderkriegen, in der Ehe, beim Ackerbau, bei der Ernährung. *Zweimal* steht in 1. Mose 3 das Wort »Mühsal« (V. 16.17). Im Psalm 127 lesen wir ein dreifaches »umsonst« (V. 1f), das mich wachrütteln will und an mein geistliches Leben eine Anfrage stellt. Baue ich ein Haus meines irdischen Lebens, zu dem Gott sein Ja sagt? Das ist ein Wort, das uns aufrüttelt.

Der Riss in der Schöpfung ist in allen Bereichen unseres Lebens erkennbar

Die Bibel zeigt uns dazu das Bild vom reichen Kornbauern. Der Mann war abgesichert, top versorgt. Er hatte alles für seine Zukunft getan, auf Jahrzehnte hinaus. Doch dann stand er von heute auf morgen vor seinem himmlischen Richter. Paulus sagt uns: »Seid nicht geldgierig, und lasst euch genügen an dem, was da ist. Denn der Herr hat gesagt (Josua 1,5): ›Ich will dich nicht verlassen und nicht von dir weichen.‹« (Hebr 13,5). Legt von euch aus einen Punkt fest, wo euch die Gier nicht mehr erreichen darf. »Jetzt helfe euer Überfluss ihrem Mangel ab, damit danach auch ihr Überfluss eurem Mangel abhelfe und so ein Ausgleich geschehe, wie geschrieben steht (2. Mose 16,18): ›Wer viel sammelte, hatte keinen Überfluss, und wer wenig sammelte, hatte keinen Mangel.‹« (2. Kor 8,14f).

Das dreimalige »umsonst« ist ein Warnspruch für Jesusleute

Psalm 127 fragt uns Jesusleute, welches Profil unser »Haus« hat. Ist es ein Schutzbunker, ein Tresorraum oder kommt in unserem Haus zum Ausdruck, dass wir Gott vertrauen und er die absolute Herrschaft über unser Leben hat? Herr, du siehst mein Lebenshaus, du rüttelst mich wach, du sprichst ein warnendes dreimaliges »umsonst« in mein Leben. Ich will am Ende meiner Existenz nicht vor dir stehen und du sagst »umsonst«. Das ist ein Warnspruch für Jesusleute.

Das gilt auch für mein geistliches Leben, für meinen Weg zum Glauben und wie ich da mein Haus baue. Wenn Gott dieses Haus nicht baut und bewahrt, dann geschieht nichts, so sehr ich mich auch bemühe. Auch Israel hat immer versucht, dieses religiöse Haus selbst zu bauen. Saulus baute sein religiöses Haus, aber Gott sprach in dieses Leben sein »umsonst«. Erst mit Damaskus kam Licht in das Leben des Saulus, und er konnte sein Haus bauen, wie es Gott gefiel. Gott baut nicht an religiösen Häusern mit, die wir meinen bauen zu müssen. Er steigt nur da ein, wo wir unser Haus des Glaubens und Vertrauens auf Jesus Christus bauen. Wir fangen mit Jesus Christus an unser geistliches Haus zu bauen, gehen glaubend unseren Weg mit ihm und irgendwann kommt die Anfrage des dreimaligen »umsonst«. Diese Frage ist notwendig, um zu prüfen, ob Gott das eigentlich will, was ich da baue. Ist es sein Gedanke oder ist es mein Lieblingsprojekt? Bewegt mich noch ein Motiv, von dem Mose an entscheidender Stelle spricht: »Hab ich, Herr, Gnade vor deinen Augen gefunden, so gehe der Herr in unserer Mitte!« (2. Mose 34,9)? Diese entscheidende Frage ruft der 127. Psalm als Warnspruch in das Leben eines jeden Christen hinein: Will Gott das?!

Gott segnet unser Haus im Vertrauen auf Jesus

Das gilt für die großen Entscheidungen in unserem Leben, in Ehe, Familie und Beruf, und es gilt für die vielen kleinen Dinge, wo Gott in meine tägliche Planung hineinspricht. Es kommt darauf an, ob er sein Ja dazu sagt oder ob er mich mit diesem Warnspruch hinterfragt und sein »umsonst« spricht.

Salomos Vater David hat genau das erlebt. Der Tempelbau war sein Lieblingsprojekt, gut, heilig und Gott »wohlgefällig«. Dieser Mann hat jubelnd die Bundeslade in Jerusalem begrüßt, er hat sich geschämt in einem Palast zu wohnen, während die Präsenz Gottes in einem Zelt untergebracht war. Deswegen wollte er dem Herrn ein Haus bauen. Der Prophet Nathan sagte dazu: »Wohlan, alles was in deinem Herzen ist, das tu, denn der Herr ist mit dir« (2. Sam 7,3). Beide wurden jedoch zurückgehalten: »In der Nacht aber kam das Wort des Herrn zu Nathan: ›Geh hin und sage zu meinem Knecht David: So spricht der Herr: Solltest du mir ein Haus bauen, dass ich darin wohne? ... ich will dir einen Nachkommen erwecken ... Der soll meinem Namen ein Haus bauen‹« (2. Sam 7,4 f. 12f) Das muss man erst einmal schlucken.

Einige unter uns haben auch an den Lieblingsprojekten zu schlucken, die Gott ihnen wieder wegnimmt. Die Frage ist doch, ob ich mein Lebenskonzept zur Disposition stelle, indem ich sage: »Herr, wenn du nicht willst, dann will ich auch nicht.« Oder versuche ich, meine Sache, wie auch immer, durchzubringen? Wir verspüren manches Mal im Laufe eines Lebens, wie Zeit und Engagement in etwas hineinfließen und uns alles zerrinnt, ohne dass uns etwas gelingt. Gott fragt uns: »Bist du überzeugt, dass ich bei dem, was du da gerade baust, mitbaue?« In einigen Fällen steht der Wille Gottes ganz ausdrücklich dagegen. Es gibt aber auch Fälle, bei denen man geistig prüfen muss, ob Gott von uns Standfestigkeit will und dass wir unser Vorhaben durchziehen, oder ob er von uns verlangt, unseren Dickschädel aufzugeben. Wenn wir den Psalm lesen, aber seine Botschaft nicht wahrnehmen, dann geht unser Leben gerade so weiter wie vorher.

Bei Überfahrten über den Vierwaldstätter See konnte ich schon häufiger beobachten, wie ein Passagierschiff mit hoher Fachkompetenz an den relativ kleinen Steg der Anlegestelle heranmanövriert wurde. Dabei gab es den spannenden Moment, wenn das Schiff langsamer wurde, an die Anlegestelle heranfuhr und sie ganz kurz leicht berührte. Genau in diesem Moment warfen die Matrosen ihr Tau aus und machten das Schiff fest. Wenn sie diesen Moment verpassten, musste das Manöver mühsam wiederholt werden.

Es kann geschehen, dass der 127. Psalm in genau so einem kurzen Moment unser Leben berührt und wir uns entscheiden müssen, ob wir jetzt einhalten oder ob wir alles weiterlaufen lassen wie bisher. Es ist, als ob in unserem Auto die Warnleuchte für die Inspektion aufleuchtet, wir sie aber nicht weiter beachten, denn sie geht ja von alleine wieder aus. Gott lässt in unserem Leben sozusagen die Warnleuchte aufleuchten, wenn er sagen will, dass da ein Lebensabschnitt gebaut wird, bei dem er nicht dabei ist. Wir danken Gott für Psalm 127, denn wir wissen, sein Warnspruch »umsonst« kommt aus der tiefsten Liebe seines Herzens.

»Umsonst«, »umsonst«, »umsonst« ist der Warnspruch aus dem Motiv der Liebe in unser Leben hinein

Beziehungsbezeichnung

Im Psalm haben wir ja die Bezeichnung *Jedido*, sein Geliebter. Erinnern wir uns an die unselige Geschichte des Ehebruchs von König David mit Batseba und den zutiefst primitiven Auftragsmord an Uria, dem Mann der Batseba. Das erste Kind von David und Batseba stirbt als Kind des Gerichtes. Dann kommt ein zweites Kind auf die Welt und das heißt *Jedidja*. Die Heilige Schrift sagt über Salomo: »Und der Herr liebte ihn« (2. Sam 12,24). Nathan wusste, als er ihm den Namen *Jedidja* – der Geliebte Jahwes – gab, dass Salomo ein Bild der Gnade und Barmherzigkeit Gottes war.

Das Geheimnis der Jesusleute: Sie sind Geliebte von Jesus Christus

Im Neuen Testament haben wir vom Johannesevangelium her eine klare Basis. Der Apostel Johannes sagt uns als sein Lebenszeugnis für die Gemeinde von Jesus: »Ich bin der von Jesus Geliebte« (vgl. Joh 19,26). In dieser Aussage fasst Johannes sein ganzes Leben und seinen Glauben zusammen. Dieses Geheimnis der Jesusleute, dass wir seine Geliebten sind, ist ein Fakt, dem wir uns immer wieder neu stellen dürfen. Das gilt, wenn es mir gut geht und ich emotional fast schwebe, aber auch mitten im Chaos und Leid. Das muss man immer wieder neu hören.

Wir standen im Mitarbeiterkreis zusammen und unterhielten uns darüber, dass bei dem Auto einer Mitarbeiterin der Auspuff schon fast das Geräusch eines Formel-1-Wagens machte. Darauf meinte eine andere Mitarbeiterin: »Das ist bei mir auch schon fast so, aber ich mache immer das Fenster zu, dann höre ich das nicht so laut.« Wenn Gott Sie anspricht: »Du bist mein *Jedido*«, dann sagen Sie vielleicht auch: »Ich mache das Fenster zu, dann höre ich das nicht mehr.« Wir müssen wieder lernen, unsere geistlichen Fenster zu öffnen, damit wir hören können, was Gott uns durch sein Wort in unser Leben hinein sagt, was er uns im Schlaf gibt.

Das Wort vom Schlaf kann man in zweifacher Weise übersetzen. Einmal: »Seinen Geliebten gibt Gott *den Schlaf*«, aber auch: »Seinen Geliebten gibt er es *im Schlaf*«, beides ist möglich. Ich muss erfahren und geistlich mit meiner ganzen Persönlichkeit hören, dass ich von diesem Gott geliebt bin. Das erfahre ich tatsächlich mit dem ganz schlichten Satz: Den Seinen gibt er den Schlaf, er gönnt ihn ihnen. Wir kommen kaum zur Ruhe und leiden unter einem hohen Druck, weil wir meinen, das Leben zerrinnt uns. Wir strengen uns sehr an, um alles im Griff zu haben.

Du Mensch bist mein Geliebter und nicht mein Arbeitspferd

Jesus sagt einmal zu seinen Jüngern: »Geht ihr allein an eine einsame Stätte und ruht ein wenig« (Mk 6,31). Er zieht sie aus dem Verkehr und die Welt dreht sich wider Erwarten weiter. Oder denken wir an Elia. Einen so hochkarätigen Mitarbeiter Gottes kann man doch nicht aus dem Verkehr ziehen. Aber Gott nimmt ihn heraus und gibt ihm eine lange Phase, in der Elia außer schlafen und essen nicht viel tut. *Jedido*, du bist mein Geliebter und nicht mein Arbeitspferd, er gibt den Seinen *den Schlaf*.

Den Seinen gibt er es aber auch *im Schlaf*. Dieses starke Bild aus dem Alten Testament ist eine geistliche Weisheit, die viele von uns kennen. Es ist doch faszinierend, dass Gottes Wirksamkeit erstaunlicherweise gerade dann bei mir sichtbar wird, wenn ich inaktiv bin. Gerade dann, wenn ich nicht mehr kann, keine Möglichkeiten habe, dann tut er seine Wunder.

Bei Missionstagen auf der Langensteinbacher Höhe berichtete einmal ein Missionsmitarbeiter über seine Arbeit. In seiner Ablageregistratur gibt es neben Hängemappen für Bau- und Finanzfragen u.a.m. auch eine »Wundermappe«. In diese Mappe heftet er all das ab, was der Verheißung in Psalm 127 entspricht: Seinen Geliebten gibt er es im Schlaf. Er erzählte von Personalien oder Finanzen, Plänen und Gedanken, bei denen er nicht mehr weiterwusste, alles schien zäh und schwierig zu sein. Doch plötzlich merkte er: Gott hat schon gehandelt und seine Wunder getan. Wir müssen wieder neu lernen das zu erkennen. Es macht Sinn, eine eigene biografische Wundermappe anzulegen, die man hin und wieder durchblättern kann, damit man begreift: So handelt Gott.

In großen Schwierigkeiten und Problemen merken wir, Gott hat schon seine Wunder getan

Gott gibt nicht nur »den Schlaf«, er gibt auch »im Schlaf«. Und als geistlicher Mensch lerne ich verstärkt, alle Probleme an ihn abzugeben. Mir ist nichts mehr möglich, also vertraue ich ihm und überlasse sie ihm, denn er kümmert sich darum. Ich lege meine Saat hinein, Gott schafft die Ernte. »Er weiß schon nach seinem Willen mein Verlangen zu erfüllen. Es hat alles seine Zeit, ich habe ihm nichts vorzuschreiben; wie Gott will, so muss es bleiben. Wann Gott will, bin ich bereit.«[29] »Der mich hat bisher ernähret und mir manches Glück bescheret, ist und bleibet ewig mein, der mich wunderbar geführet und noch leitet und regieret, wird forthin mein Helfer sein.«[30] Den Seinen gibt's der Herr im Schlaf, das zu glauben, muss man üben. Das ist die Aussage der einzigartigen Beziehungsbezeichnung »sein Geliebter«. Herr, wenn ich dein Geliebter bin, dann will ich üben, das zu glauben.

Als geistlicher Mensch lerne ich, dass Gott sich um die Dinge kümmert

Seligpreisung

Dieser Psalm ist nicht nur ein Warnspruch und sagt etwas über die Beziehung zwischen Gott und mir, das ich mir zu eigen machen will.

Es kommt noch der dritte Aspekt hinzu, die Seligpreisung: »Wohl dem, der seinen Köcher mit ihnen [den Söhnen der Jugendzeit] gefüllt hat« (V. 5).

In diesem Psalm geht es ja um den Bau eines Hauses. Das kann ganz verschiedene Bedeutungen haben, sowohl in der Sprache des Alten Testamentes als auch in unserer Sprache. Zum einen wird da ein Haus aus Stein gebaut, ein Gotteshaus, der Tempel. Sehen wir das Ganze im übertragenen Sinne, können wir sagen: Die Gesellschaft Israels wird gebaut, die Bevölkerung wird gebaut, eine Dynastie wird gebaut.

Das Bild vom Lebenshaus kommt überall vor

In Psalm 127 geht es auch um das Lebenshaus, das Lebensprojekt, das ich gründe, aufbaue, bewahre und erhalte und das zum Ziel führt. Im Denken des Alten Testamentes sind für diesen Prozess Söhne das entscheidende Lebensgut. Der Psalmist sagt, dass Söhne ein typisches Beispiel für den Segen Gottes sind, an dem alles gelegen ist. Denn Söhne kann man nicht bestellen, man kann sie nirgendwo einklagen und man kann sie sich auch nicht erarbeiten. Söhne gibt Gott ins Leben hinein, und diese Söhne sind Erbteile unseres Gottes. So wie Gott mit dem Bauland ein Stück Besitz gibt, so schenkt er auch Söhne. Im Agrarumfeld des Alten Testamentes war das für die Bauern wichtig. Söhne sind Lohn, der aus der Verheißung Gottes heraus ausgezahlt wird, also nicht im Sinne des gewerkschaftlich einklagbaren Lohns. Sie bedeuten Schutz in Gefahr (der gefüllte Köcher), sie sind Kraft und Stütze in der Auseinandersetzung im Tor.

Gott gibt Söhne ins Leben hinein. Man kann sie nicht einklagen

Auf dem Hintergrund der damaligen Lebensfragen wird dieses Bild deutlich: Wie bleibe ich bestehen? Wie kann ich standhalten mit meinem Haus? Wie sieht meine Zukunft aus? Wer gibt mir die Garantie, dass mein Lebenswerk bleibt und gelingt? Wer ist mir Hilfe, Fürsorge und Stärke? Im Alten Testament lautete die Antwort auf diese Fragen: Ich habe ja Söhne. Die sind mein Erbteil und mein Lohn, mein Schutz und meine Hilfe. Damit haben wir ein ungewöhnliches Bild für den neutestamentlichen Glauben, denn da geht es nicht mehr um biologische Söhne, sondern um unser geistliches Lebenshaus. Für uns stellen sich die gleichen Fragen wie im

Alten Testament. Wie wird das mit meinem Glauben werden? Wie kann ich standhalten? Wie sieht meine Zukunft aus, was ist mein Lebensgut, wer gibt meinem Leben die Garantie, dass ich bleibe? Was ist meine Hilfe, Fürsorge und Stärkung? Wo ist meine Bestandsgarantie und Weiterführungszusicherung, die Zielerreichungszusage? Wo sind der Grund meines Lebens, meine Festigkeit und meine Hoffnung?

Das Neue Testament gibt eine klare Antwort auf unsere Lebensfragen: Jesus Christus

Das Neue Testament gibt eine klare Antwort: Sie lautet Jesus Christus, mit seinen geisterfüllten Zusagen und den Verheißungen seines Wortes. Durch sein Wort bin ich neu gezeugt, durch sein Wort lebe ich, es stärkt mich gegen Versuchungen und Anfechtungen. Jesus selbst hat den Satan durch das Wort vertrieben. In seinem Wort habe ich das Schwert des Geistes und die Zusagen für meine Zukunft. Paulus sagt: »Denn auf alle Gottesverheißungen ist in ihm das Ja; darum sprechen wir auch durch ihn das Amen, Gott zum Lobe« (2. Kor 1,20). Das sind die »Söhne« des Neuen Testamentes. Durch Jesus habe ich erfüllte Zusagen und Verheißungen, darauf baue ich auf.

In der Isaakgeschichte hat uns Abraham, der Vater des Glaubens, das wunderbar vorgelebt. Ihm sollte sein einziger Sohn weggenommen werden. Aber er glaubte an das Wort der Verheißung, auf das er sich stützte. Wie geht das mit uns weiter? »Glücklich zu preisen bist du mit deinen Söhnen.« Die Söhne, das sind Zusagen, die Gott uns bleibend gegeben hat, als Erbteil und Lohn, als Stärke und Schutz, als Fürsorge und Sicherheit. Wir sind manches Mal verunsichert, weil wir uns diese Geschenke Gottes als Erbteil und Lohn nicht angeeignet haben. Wir können oft nicht so leben und wie der alttestamentlich Glaubende sagen: Ich habe ja Söhne. Ich bin glücklich zu preisen. Durch diesen Psalm werden wir neu auf diese tragenden und helfenden »Söhne«, die Verheißungen, aufmerksam gemacht, die wir brauchen in ganz verschiedenen Lebenslagen. Was ist z.B., wenn uns die Kraftlosigkeit übermannt?

Dann sagt Paulus: »Darum bin ich guten Mutes in Schwachheit, in Misshandlungen, in Nöten, in Verfolgungen und Ängsten um Christi willen; denn wenn ich schwach bin, so bin ich stark« (2. Kor 12,10). Gott führt uns mitten in der Schwachheit zur Vollkommenheit und macht seine Stärke deutlich. Oder wenn ich in die Müdigkeit hineinrutsche, weiß ich doch, dass der Prophet Jesaja sagt: »... die auf den Herrn harren, kriegen neue Kraft, dass sie auffahren mit Flügeln wie Adler« (Jes 40,31). Oder wenn mich die Sünde übermannt hat, dann lese ich bei Johannes: »Wenn wir aber unsre Sünden bekennen, so ist er treu und gerecht, dass er uns die Sünden vergibt und reinigt uns von aller Ungerechtigkeit« (1.Joh 1,9). Oder Angst besetzt mich, dann spricht Jesus zu mir: »In der Welt habt ihr Angst; aber seid getrost, ich habe die Welt überwunden« (Joh 16,33). »Und siehe, ich bin bei euch alle Tage bis an der Welt Ende« (Mt 28,20).

Gott führt uns mitten in der Schwachheit zur Vollkommenheit

Da erfahren wir Leid und Gott sagt zu uns: Ob du es verstehen kannst oder nicht, ich verspreche dir, »dass dieser Zeit Leiden nicht ins Gewicht fallen gegenüber der Herrlichkeit, die an uns offenbart werden soll« (Röm 8,18). Wir wissen, wie viel uns Auseinandersetzungen ausmachen können. Die Zusage Gottes, der helfende »Sohn« dazu heißt es z.B.: »Denn es sollen wohl Berge weichen und Hügel hinfallen, aber meine Gnade soll nicht von dir weichen, und der Bund meines Friedens soll nicht hinfallen, spricht der Herr, dein Erbarmer« (Jes 54,10). Oder meine tägliche Nachfolge, dazu schreibt Paulus: »Lasst uns aber Gutes tun und nicht müde werden; denn zu seiner Zeit werden wir auch ernten, wenn wir nicht nachlassen« (Gal 6,9). Viele von uns leben ein kleines Leben ohne jede Beachtung, aber sie werden gesehen von: »... des Herrn Augen, die alle Lande durchziehen« (Sach 4,10). Wir haben einen großen Schatz an Söhnen, an Zusagen und Verheißungen, mit ins Leben bekommen.

Psalm 127 ist ein gutes Wort. Er ist ein Warnspruch, der mich wachrüttelt, er ist eine einzigartige Beziehungsbezeichnung, in die ich mich neu einleben will, und er ist eine faszinierende Seligpreisung, Glücklich ist der Mann, der Söhne hat. In Jesus haben wir gedeckte Verheißungen und Zusagen des Wortes. Der Psalm ist eine wichtige geistliche Wegmarkierung für unsere nächste Etappe, und er gilt Ihnen und mir »Sing, bet und geh auf Gottes Wegen, verricht das deine nur getreu und trau des Himmels reichem Segen, so wird er bei dir werden neu; denn welcher seine Zuversicht auf Gott setzt, den verlässt Er nicht«.[31]

Psalm 128

Wohl dem, der den Herrn fürchtet und auf seinen Wegen geht! Du wirst dich nähren von deiner Hände Arbeit; wohl dir, du hast's gut. Deine Frau wird sein wie ein fruchtbarer Weinstock drinnen in deinem Hause, deine Kinder wie junge Ölbäume um deinen Tisch her. Siehe, so wird gesegnet der Mann, der den Herrn fürchtet. Der Herr wird dich segnen aus Zion, dass du siehst das Glück Jerusalems dein Leben lang und siehst Kinder deiner Kinder. Friede sei über Israel!

Psalm 128,1-6

Man könnte denken, in Psalm 127 haben wir über die Söhne nachgedacht und hier in Psalm 128 kommen erneut Frauen und Kinder vor. Ist das so glücklich? Hier haben wir es mit einem Wanderlied und einem Glaubenslied der alttestamentlichen Gemeinde zu tun. Vielleicht finden wir Zugang durch die Fragen: Wer spricht hier zu wem und warum? Wir wissen weder, in welche Zeit dieser Psalm ursprünglich hineingehört, noch, wer Initiator, Adressat oder Absender war. Man kann Vermutungen darüber anstellen, dass der Autor möglicherweise ein Glaubender war, der anderen Glaubenden diese Worte ins Leben hinein sagte, weil er selbst Erfahrungen mit dem Segen Gottes gemacht hatte. Es scheint aber eher so zu sein, dass hier ein Kommentator auftritt, der das Leben eines Gläubigen beobachtet und staunend beschreibt, wie es abläuft. In dieses Leben spricht er hinein: »Gesegnet bist du und gesegnet wirst du sein« (vgl. V. 4f).

Psalm 128 gibt dem Leben im Glauben Hoffnung und Zielorientierung

Psalm 128 soll Aufklärung und Ermutigung zu einem Leben im Glauben geben. Er soll dem Leben im Glauben Hoffnung geben, das im alttestamentlichen Denken mit dem Gott Israels und im neutestamentlichen Denken im Hoffen auf Jesus sein Ziel hat. Der Apostel Paulus lehrt die Gemeinde im Neuen Bund, das Alte Testament ganz bewusst für sich zu lesen. »Denn was zuvor geschrieben ist, das ist uns zur Lehre geschrieben, damit wir durch Geduld und den Trost der Schrift Hoffnung haben« (Röm 15,4). Lesen wir also ganz bewusst den

Mit Gottesfurcht ist eine Verheißung für das irdische und das zukünftige Leben verbunden

128. Psalm als Hinweis für den heutigen Glauben der Gemeinde an Jesus.

Ich möchte einen Leitvers aus dem Neuen Testament über den Psalm stellen: »Die Frömmigkeit [oder Gottesfurcht] … hat die Verheißung dieses und des zukünftigen Lebens« (1. Tim 4,8). Den Gedankengang verfolgen wir im 128. Psalm.

Die Gottesfurcht

Der Begriff »Gottesfurcht« hat ein Imageproblem, und das nicht nur in der säkularen Szene, sondern auch bei Christen. Weil man dabei an ein so negatives Klischee denkt, wird das eigentlich Positive dieses Wortes nicht mehr wahrgenommen. Mit »Gottesfurcht« verbinden viele Angst, eine kriecherische Haltung vor Gott, eine Hörigkeit. Im 128. Psalm steht dieses Wort zweimal in einem absolut positiven Zusammenhang und zeigt uns ein ganz anderes Bild von Gottesfurcht: »Wohl dem, der den Herrn fürchtet« (V. 1), und »Siehe, so wird gesegnet der Mann, der den Herrn fürchtet« (V. 4).

Der Begriff Gottesfurcht hat auch bei Christen einen seltsamen Klang

Was bedeutet eigentlich »Gottesfurcht«? Es gibt unendlich viele Definitionen, von denen ich die meines Erachtens prägnanteste hier auswähle: »Gottesfurcht bezeichnet eine Lebensführung, die die Wirklichkeit des Lebendigen Gottes überaus ernst nimmt«.[32] Dass man Gott in der Realität der Lebensführung überaus ernst nimmt, ist und bleibt immer das Außergewöhnliche. Selbst in der Bibel sehen wir, dass es etwas Besonderes ist, wenn ein Mensch Gott fürchtet, ihn ehrt und seine Wirklichkeit überaus ernst nimmt. Alle Menschen in der Heils- und Segenslinie des Alten Bundes waren, im Gegensatz zur Mehrheit der Bevölkerung, immer die Ausnahmepersönlichkeiten, wenn sie diesen Weg gegangen sind. Ein klassisches Beispiel ist ein Mann wie Noah, der Gott fürchtete. Die Mehrheit der Bevölkerung um ihn herum hatte nicht

Es war immer eine Minderheit, die Gott überaus ernst nahm

den Eindruck, dass sein Verhalten vorbildlich sei, sie haben diesen Sonderling mit seinem Schiffsbau lächerlich gemacht.

Es gibt nun verschiedene Erfahrungsmöglichkeiten der Gottesfurcht. Die eine ist die *bejahende Gottesfurcht*. In der bejahenden Gottesfurcht akzeptiere ich Gott mit seiner Souveränität, seiner Autorität und seinem Willen. Ich komme zur Anbetung Gottes, akzeptiere sein Urteil über mich, das mir wichtiger ist als mein eigenes Urteil oder das anderer Personen. Dazu gehört auch der Wille zu lernen, die Welt so zu sehen, wie Gott sie sieht.

Neben der bejahenden Gottesfurcht ist ganz entscheidend, dass in unser Leben die *befreiende Gottesfurcht* Einzug hält. In dem Augenblick, in dem wir Gott begegnen, erfahren wir eine unglaubliche Befreiung unseres Lebens. Als wir neu geboren wurden, hat er uns »errettet von der Macht der Finsternis und hat uns versetzt in das Reich seines lieben Sohnes« (Kol 1,13). Das ist gerade so, als wenn wir aus dem Gefängnis in die Freiheit entlassen würden. Hat jemand die befreiende Gottesfurcht erlebt, kann er plötzlich ganz anders denken. Man weiß um Gottes Liebe und sein Befreiungshandeln am Kreuz auf Golgatha.

Ein gottesfürchtiger Mensch lässt Gott, weil er ihn überaus ernst nimmt, in seinen Lebensweg hineinwirken

Diese befreiende Gottesfurcht führt aber auch zur *bewegenden Gottesfurcht*. In den Psalmen kommt oft ein klassischer Parallelismus vor. In Psalm 128 wird die Gottesfurcht parallel zu dem Satz »der … auf seinen Wegen geht« gesetzt. »Auf seinem Weg gehen« heißt neutestamentlich: den Weg mit Jesus gehen. Gott bestimmt jetzt, wohin mein Weg geht. Bewegende Gottesfurcht bestärkt mich auf manchen Wegen, aber sie warnt, ermutigt, tröstet und korrigiert mich auch und lässt mich durchhalten.

Psalm 128 ist unser geistliches Nivelliergerät

Bei Baumaßnahmen auf der Langensteinbacher Höhe habe ich das Nivelliergerät der Bauarbeiter bewusst zur Kenntnis genommen, ein außerordentlich wichtiges Gerät. Es zeigt an, ob zwei Punkte sich auf einer Ebene befinden. Psalm 128 ist wie ein geistliches Nivelliergerät. Er kommt in unser alltägliches Leben hinein und fragt, ob wir uns auf den richtigen Wegen bewegen, ob wir Gott in allen Dingen überaus ernst nehmen, ob Gott und wir uns auf einer gemeinsamen Ebene befinden. Sein Wille und mein Gehorsam sind wichtiger als alles andere. Gottesfurcht ist die bewusste Anerkennung des Ewigen als Autorität für unser Leben. Sein Urteil, sein Heil und sein Wille sind Maßstab für uns. Es geschieht immer wieder neu, dass ich auf die Frage angesprochen werde, ob ich Gott überaus ernst nehme. Gesegnet bin ich, wenn ich das tue. Diesen Teil des Psalms können wir recht einfach eins zu eins auf die Gemeinde übertragen.

Die Verheißung im jetzigen Leben

Schwierigkeiten bekommen wir, wenn wir weiterlesen. Bereits äußerlich scheint der Psalm mit unserer Welt heute unvergleichbar zu sein. Er beschreibt eine Idylle: Ein Bauer in Judäa mit seinem Acker, seinen Schafen, seiner Frau, sodass man gut sagen kann: »Wohl dem ….« Die heutige Generation der Bits und Bytes, die für ihre Pfründe und Privilegien kämpfen muss, ist mit den Aussagen im 128. Psalm nicht zu vergleichen. Aber stimmt das wirklich? Im Alten Testament ging es nicht immer idyllisch zu. Die Menschen haben um ihr Leben gekämpft und versucht, ihre Existenz aufrechtzuerhalten. Die meisten von ihnen wussten nicht, was morgen oder übermorgen kommen würde, und haben mitten in diese Realität den Psalm 128 hineingesprochen: »Wohl dem …« (V. 1). So schnell kann man also nicht sagen, dass dieser heute nicht mehr passt.

Damals wie heute funktioniert irdisches Leben nur aufgrund der Segnungen vom Zion her

Dass das irdische Leben überhaupt so funktioniert, ist nur zu verstehen, weil der Herr dich vom Zion her segnet. Gleichzeitig wissen wir, dass unser Leben noch einen weiteren Horizont bekommen hat über das Leben mit seinen irdischen Bezügen hinaus. Die Metaphern Weinstock und junge Ölbäume in diesem Psalm sind nicht nur Bilder für eine kleinbürgerliche Familie am Rand von Jerusalem, sondern sie sind die großen Bilder für Israel und die kommende Heilszeit des Messias.

Segnung aus dem Zion, das Glück Jerusalems und *Friede über Israel.* Alle drei Begriffe weisen auf das eine große geistliche Zentrum hin, in dessen Mitte der Messias, Jesus, steht. Israel ist in irdischen und geistlichen Bezügen reich gesegnet. Auch wir, die an Jesus glauben, sind reich gesegnet. Der Psalmist spricht auch in unser Leben als Jesusleute hinein: »Wohl dir, du hast es gut.« In Jesus habe ich die Vergebung meiner Schuld erhalten, ein neues Leben, und der Heilige Geist wohnt in meiner Persönlichkeit. In Christus bin ich eine neue Kreatur und habe die Hoffnung der Ewigkeit. Hier stößt der Psalm eine Tür auf und wir ahnen ein wenig, was er in unserem jetzigen Leben mit Jesus bewirken will. »Danke, Vater, ich bin ein über die Maßen Gesegneter in Jesus Christus.« Die meisten von uns können allerdings diese Wahrheit nur einen kurzen Moment aushalten. Warum können wir die Wahrheit des 128. Psalms nicht festhalten?

Ein Hinweis auf den Messias

Weil wir ihn häufig sofort konditional, also bedingungsmäßig, verstehen: »Wenn du so und so handelst, dann kommt das dabei raus. Erfülle die und die Bedingungen, dann wird das und das Ergebnis daraus entstehen.« Dieser Psalm funktioniert *nicht konditional*, er ist verheißungsorientiert.

Psalm 128 ist nicht bedingungsmäßig, sondern verheißungsorientiert

Beim Verständnis von Psalm 128 neigen wir immer wieder zu einem Fehlschluss, den wir entlarven müssen, denn sonst kommt es bei uns zu Neid, zu Hochmut oder zu Glaubenskrisen. Wir alle kennen solche Gedankengänge wie: Was hier geschrieben steht, muss eins zu eins auch in meinem Leben real werden. Wenn ich das nicht habe, dann bin ich ein Nicht-Gesegneter. Es ist hier z.B. vom Segen der Arbeit die Rede. Ist dann der Arbeitslose nicht gesegnet? Der eine freut sich über den finanziellen Erfolg des Jahres. Ist der andere Christ, der in Konkurs gehen muss, nicht gesegnet? Ich freue mich an der Frau, die Gott mir geschenkt hat. Ist der nicht gesegnet, der als Single lebt? Die einen haben Freude an ihren Kindern und die anderen haben große Not, weil sie keine haben. Sind sie nicht gesegnet? Wir erleben Gelingen, Kraft, Hilfe und sagen: Gott hat uns gesegnet. Ein anderer steht daneben mit Krankheit, Not, Misserfolg. Ist er nicht gesegnet?

Das Missverständnis, das dahintersteckt, ist mir einmal an einer Kleinigkeit bewusst geworden. Ein Christ erzählte, wie er eine für ihn gute Erfahrung mit Gott gemacht hat. Er war in einer schwierigen Situation, stand unter großem Zeitdruck und vor ihm war laut den Verkehrsmeldungen ein riesiger Stau. Er hatte eigentlich keine Chance mehr, sein Ziel pünktlich zu erreichen. Doch als er an die entsprechende Stelle kam, war der Stau weg. Er sagte: »Das hat Gott für mich gemacht, er hat diesen Stau weggeräumt.« Der Christ bekam nach diesem schlichten Jesuszeugnis verbale Attacken zu hören wie: »Damit behauptest du, dass jeder Pendler, der morgens im Stau steht, sich im Gericht Gottes befindet!« Verstehen wir diesen Fehlschluss, dem wir auch selbst immer wieder unterliegen? Dann kommt in uns die Glaubenskrise in Form von Neid oder Hochmut hoch. »Herr, warum machst du das bei mir so und bei den anderen so anders?«

Gelingen, Kraft und Hilfe kommt genauso aus Gottes Hand wie Krankheit, Not und Misserfolg

Da ich viele Tischgebete sprechen muss und mir manchmal nichts mehr einfällt, greife ich zu guten vorformulierten Gebeten. Bei einem Gebet stocke ich jedes Mal. »Oh Gott, von dem wir alles haben, wir preisen dich für deine Gaben, du speisest uns, weil du uns liebst.« Der Fehlschluss hier ist doch: Wenn jemand hungert, dann liebt Gott ihn nicht. Deswegen halten wir den Psalm 128 nicht aus.

Der Psalm zeigt uns alle Facetten im Leben der Gottesfürchtigen, Schwierigkeiten und Segen

Eines unserer Kinder musste einmal für die Schule ein Orient-Würfelspiel basteln. Ich beobachtete, wie es etwas für die Ereignisfelder notierte. »Die Karawane gerät unter Räuber, du verlierst fünf Punkte«, oder: »Die Oase entpuppt sich als Fata Morgana, du musst drei Mal aussetzen«. So ging es in einem fort, bis ich sagte: »Das sind ja alles Unglücksfelder, die du da schaffst. Du musst doch auch einmal etwas Positives da hineinschreiben.« Die Antwort lautete: »Ich bin nur für die Unglücksfelder zuständig.«

Manche Menschen fühlen sich so, als seien sie nur für die Unglücksfelder zuständig. In ihrem Leben passiert eine Katastrophe nach der anderen. Wo ist da der 128. Psalm? Gesegnet bist du, du Gottesfürchtiger. Wie kann ich das verstehen? Wir müssen begreifen, wie der Psalm in unser Leben hineinwirkt, ohne dass wir ihn zu früh als für uns ungültig erklären. Der Psalm will uns genau dahin führen, dass wir das Schwierige, die dunkle Wirklichkeit sehen, aber vor allem will er uns dazu aufrufen: »Sieh, wo er dir Gutes getan hat.« Er bringt uns zu der Bitte: »Herr, verschließe mein Herz doch gegen dieses falsche Denken, dass nur Menschen, bei denen alles glatt zu gehen scheint, von dir gesegnet sind.«

Paul Gerhardt dichtete: »Lass mich mit Freuden, ohn' alles Leiden, sehen den Segen, den du wirst legen auf meines Bruders und Nächsten Haus.«[33] Und Jochen Klepper: »Hast du uns Haus und Gut gegeben, hast du uns arm und leer gemacht, das milde und das harte Leben sind beide, Herr, von dir bedacht. Was du uns nimmst und was du schenkst, verkündet uns, dass du uns lenkst. Du lässt den einen durch Geschlechter, von Kind zu Kindeskind bestehn, den andern lässt du wie durch Wächter von allem abgetrennt vergehn. Durch Fülle und durch Einsamkeit machst du uns nur für dich bereit. Auf Feldern, die sich fruchtbar wiegen, in kargem Halm auf armem Sand, muss doch der gleiche Segen liegen, du sätest sie mit deiner Hand.«[34]

Gott gibt Segnungen in unser Leben, anders, als wir sie oft erwarten

»Herr, verschließe mein Herz gegen dieses falsche Denken« und »zeige mir deine Segnungen in meinem Leben.« Für jedes Leben gilt immer eine ganz bestimmte Beschränkung. Gott gibt nach seinem Plan, sowohl im Alten Testament als auch im Neuen Testament, bestimmte Segnungen für bestimmte Personen zu bestimmten Zeiten. Je klarer ich einen Blick für die Segnungen in meinem Leben bekomme, desto mehr löse ich mich von den Segensforderungen nach bestimmten Segensworten, die ich immer wieder meine, Gott auf den Tisch legen zu müssen. Wir haben alle schon erlebt, dass Gott uns Segen ganz anders zuteil werden lässt, als wir erwarteten.

Eine Missionarin kam zu uns auf die Langensteinbacher Höhe und erzählte aus ihrem Leben. Sie war verheiratet, drei Kinder kamen auf die Welt und eins nach dem anderen starb an einer eigenartigen Erbkrankheit. Das überstand sie mit Ach und Krach. Ein weiteres Kind wurde geboren, das gesund war. Aber als sie gerade dachte, das wäre ein Neuanfang, starb nach wenigen Monaten ihr Mann. Die Frau war mit

Anfang 30 Witwe mit einem Kind. Wo ist da der 128. Psalm? Doch Gott segnet auf unterschiedliche Art und Weise. Sie besuchte eine Bibelschule und reiste einige Jahre später mit ihrer Tochter nach Brasilien aus, um dort eine Arbeit mit aidskranken Kindern und Waisen zu beginnen. Heute bezeugt sie: »Was habe ich für eine riesengroße Familie, meistens sind zirka 25 Kinder um mich herum!« So hat Gott bei dieser Frau gehandelt, bei Ihnen und bei mir hat er andere Segensmodifikationen. Wir dürfen beten: »Lass mich den Segen sehen, den du in *mein* Leben hineinlegst!«

Die Verheißung für das zukünftige Leben

Jetzt nur noch in Kürze der Hinweis: Die Segenslinie des 128. Psalms erfüllt sich für Israel nicht nur jetzt, sondern nochmals und verstärkt zukünftig. Das »Wohl dir, du hast es gut« gilt diesem Volk besonders dann, wenn es seinem Messias, Jesus, begegnet ist. Und das »Wohl dir, du hast es gut« gilt auch für die Gemeinde nochmals mit besonderem Gewicht zukünftig. Wer als in Jesus Gerechtfertigter und Geheiligter und Geliebter mit neuer Leiblichkeit in seiner Gegenwart leben darf, erfährt darin Segensströme der Ewigkeit, von denen es dann auch in der jenseitigen Welt heißen kann: »Du hast es gut.«

Wir lesen also den Psalm 128 auf einer Etappe unseres Jesusweges. Der Ewige will mit diesem Psalm erreichen, dass wir uns neu positionieren als solche, die Gott überaus ernst nehmen, die den Segen ihres Weges mit Jesus sehen und sehen lernen wollen, und als solche, die wissen, dass auch in der Zukunft in noch umfassenderer Weise die Wirklichkeit gilt: »Wohl dir, du hast es gut.«

Psalm 129

Sie haben mich oft bedrängt von meiner Jugend auf – so sage Israel –, sie haben mich oft bedrängt von meiner Jugend auf; aber sie haben mich nicht überwältigt. Die Pflüger haben auf meinem Rücken geackert und ihre Furchen lang gezogen. Der Herr, der gerecht ist, hat der Gottlosen Stricke zerhauen. Ach dass zuschanden würden und zurückwichen alle, die Zion gram sind! Ach dass sie würden wie das Gras auf den Dächern, das verdorrt, ehe man es ausrauft, mit dem der Schnitter seine Hand nicht füllt noch der Garbenbinder seinen Arm; und keiner, der vorübergeht, soll sprechen: Der Segen des Herrn sei über euch! Wir segnen euch im Namen des Herrn.

Psalm 129, 1-8

Zugegeben, diesem Psalm fehlt die Leichtigkeit. Man hat den Eindruck, der 129. Psalm ist geprägt von einem harten Arbeitstag, an dessen Ende man nach Hause kommt und weiß, morgen wird es genauso. Dieser Psalm ist geprägt von einem biblischen Realismus, der trägt. Uns fehlt das Umfeld, wir können auch dieses Mal nicht verorten, wann und wie der Psalm entstanden ist. Es bleibt diese theologische Spekulation, mit der man versucht, etwas Passendes zu konstruieren. Oft muss der jüdische Kleinbauer herhalten, der auch hier wieder herangezogen wird, indem man ihm diesen Text als Arbeitslied unterstellt.

Wir haben mit diesem Psalm einen Text vor uns, den Gott zu seinem Wort, der Bibel, hinzugefügt hat. Deswegen liest ihn auch die neutestamentliche Gemeinde. Dass die Menschen im Alten Bund diesen Psalm als Zeugnis gebetet haben, das ist für uns genauso klar wie die Tatsache, dass auch Jesus diesen Psalm gelesen hat.

Wir müssen uns immer wieder deutlich machen, dass dieser Text für uns geschrieben ist. »Oder redet er nicht überall um unsertwillen? Ja, um unsertwillen ist es geschrieben« (1.Kor 9,10). Wenn wir den 129. Psalm lesen, haben wir also nicht so sehr den vermeintlichen jüdischen Kleinbauern im Blick, sondern wir merken, dass dieser Psalm einen anderen Geist atmet: »Denn ich bin überzeugt, dass dieser Zeit Leiden nicht ins Gewicht fallen gegenüber der Herrlichkeit, die an uns offenbart werden soll« (Röm 8,18). Die Aussage: »... als die Unbekannten und doch bekannt; als die Sterbenden und siehe, wir leben; als die Gezüchtigten und doch nicht getötet; als die Traurigen, aber allezeit fröhlich; als die Armen, aber die doch viele reich machen; als die nichts haben und doch alles haben« (2. Kor 6,9f), findet ihre Entsprechung in unserem Psalm: »Sie haben mich oft bedrängt von meiner Jugend auf – so sage Israel –,... aber sie haben mich nicht überwältigt« (V. 1f).

Wir haben hier die »richtungsweisende Eingangsformel«, die uns bereits begegnete. »Wäre der Herr nicht bei uns – so sage Israel« (Ps 124,1). Die Gedanken und die Prägung dieses Volkes werden in eine ganz bestimmte Richtung gelenkt.

Im ersten Teil geht es um *die Bedeutung der Deutung*, denn ich muss wissen, welche Auswirkung es hat, wenn ich etwas sage oder nicht sage. Das hat zum Zweiten mit der *Bemächtigung der Macht* zu tun, denn ich will wissen, warum ich das hier Genannte sagen soll. Und drittens hat es mit der *Bewohnung der Wohnung* des Glaubens zu tun, denn ich bin überzeugt, dass ich es sagen will.

Die Bedeutung der Deutung

Wenn Israel nicht sagen würde: »Sie haben mich oft bedrängt, aber nicht überwältigt«, dann würde die Lage Israels auch anders gedeutet. Eine Deutung findet auf jeden Fall statt. Geschichte wird immer gedeutet, es ist nur die Frage, in welcher Weise. Und wie die Deutung ausfällt, ist von großer Bedeutung.

Geschichte wird immer gedeutet – wenn auch sehr verschieden

Im ersten Teil dieses Psalms will Gott uns sagen, wie wichtig es ist, alle Bereiche unseres Lebens richtig zu deuten, im Erleben, im Sehen, in dem, was auf uns zukommt. Auch dort, wo Menschen noch nicht glauben, wird das Leben in einer bewussten oder unbewussten Weise gedeutet. Die Deutungsmuster sind bekannt, der eine sagt: »Glück gehabt«, der andere: »Ohne Fleiß kein Preis«, »Gute Sterne« oder »Macht des Schicksals«. Die meisten Menschen schaffen sich eine Deutung der sie betreffenden Ereignisse und ihres Lebensrahmens.

Dasselbe geschieht auch im Bereich des Glaubens. Der Psalmist sagt: Israel soll seine Geschichte des Glaubens unter einem ganz bestimmten Vorzeichen sehen: »... oft bedrängt von meiner Jugend auf – so sage Israel –,... aber ... nicht überwältigt« (V. 1f). Wenn hier von der Jugendzeit die Rede ist, dann bedeutet das die Geschichte Israels in Ägypten. Seit dieser Zeit kann man die gesamte Geschichte Israels verfolgen. Diese Geschichte steht unter dem Stichwort: »oft, vielfach über die Maßen bedrängt«. Diese Bedrängnis können wir verbinden mit Völkern und Menschen: dem Ägypter Pharao, dem Philister Goliath, dem König von Assyrien, Salmanassar, dem König von Babylon, Nebukadnezar, dem großen Syrer, Antiochius Epiphanes, dem römischen Kaiser Titus. Aber auch mit geschichtlichen Epochen: der Zeit der Römerherrschaft, der kirchlichen Inquisition, den Pogromen des Mittelalters, dem großen Zionshasser und Gottlosen Hitler, der kommunistischen Unterdrückung, den arabischen Staaten. Nach Sacharja 12,3 und 14,2 kommt die Bedrängnis Israels durch die Nationen auf uns zu und alles läuft auf den Antichristus hinaus. Immer wieder gilt: oft bedrängt, aber nicht überwältigt.

Die Geschichte Israels ist mit Bedrängnis verbunden

Dieses brutale und gleichzeitig so ausdrucksstarke Bild dieses Psalms: »Die Pflüger haben auf meinem Rücken geackert und ihre Furchen lang gezogen« (V. 3) hält uns das bildlich vor Augen. Das Bild des Pflügens, das im prophetischen Wort meistens ein positiver Ausdruck der Zukunft und Hoffnung ist, wird hier pervertiert. In den prophetischen Texten von Jesaja und Jeremia dient es als Gerichtsbild über Israel, in Psalm 129 sind die Pflüger das Leidensbild der Geschichte Israels. Jemand zieht lange Furchen auf meinem Rücken, das Leben wird sozusagen aufgebrochen. Im Hebräischen wird dieses Wort »langgezogene Furche« für den Vorgang verwendet, wenn am Ende der Furche der Pflug umgedreht wird. Es kann aber auch für Frondienst, für Ausbeutung oder Erniedrigung stehen.

Hinter dem Plural »die Mächte« steht immer der diabolische Singular

»*Sie* haben mich oft bedrängt…« (V. 1). Schauen wir uns an, wer mit diesem »sie« gemeint ist. Dieses Wort wird mehrfach gefüllt: Es sind die Bedränger, es sind die Gottlosen (V. 4) und die Zionshasser (V. 5). Hinter dem Plural »*Sie [diese Mächte auf Erden]* haben…« steht immer der diabolische Singular, der Bedränger und Pflüger, der in ganz besonderer Weise gegen Gott und seine Menschheit agiert. Das ist die

Geschichte Israels – es wurde oft bedrängt – und man spürt etwas von ihrer Vielschichtigkeit.

Israel erlebt zum einen, wie jede andere Nation und jeder andere Mensch auch, die Wirkung von 1. Mose 3. Das Vorzeichen über der gesamten Schöpfung ist satanisch, ist diabolisch. Auch die Geschichte Israels durchzieht eine Spur des Todes und der Erniedrigung, der Versündigung und Gottesentehrung. Israel ist aufgrund der Erwählung und Führung durch Gott extrem angefochten. Der Zionshasser, der Gottlose, der Furchenzieher konzentriert sich besonders auf Israel, weil dieses Volk in der Erwählungsgnade Gottes steht. Das macht die Einzigartigkeit der Geschichte Israels aus. Hier brauchen wir eine Deutung. In Psalm 129 erleben wir die Bedeutung der Deutung.

Die Einzigartigkeit der Geschichte Israels braucht die Deutung aus Psalm 129

Es gibt eine Reihe von Beispielen, bei denen Israel die Deutung Gottes nicht angenommen hat, sondern eine andere Deutung der Geschichte vornahm und ganz woanders gelandet ist als bei ihm. »Warum sprichst du denn, Jakob, und du, Israel, sagst: ›Mein Weg ist dem Herrn verborgen, und mein Recht geht vor meinem Gott vorüber‹?« (Jes 40,27). Hier haben wir eine Deutung, die vermittelt: Gott hat uns vergessen. Den da oben interessiert überhaupt nicht, wie es uns hier unten geht. Das ist eine ganz andere Deutung als im 129. Psalm, in dem ganz realistisch steht: oft bedrängt, aber nicht überwältigt. Denn der Herr ist gerecht und hat den Strick der Gottlosen zerschlagen (V. 4).

Mose ging auf den Berg Sinai, um dort die einzigartige Offenbarung des Gesetzes aus der Hand des ewigen Gottes zu erwarten, und das Volk sagte: »Auf, mach uns einen Gott, der vor uns hergehe! Denn wir wissen nicht, was diesem Mann Mose widerfahren ist, der uns aus Ägyptenland geführt hat« (2. Mose 32,1). Eine Deutung der Geschichte, die absolut nicht der Realität entsprach. Als es dem Volk auf der Wüstenwanderung nicht so gut ging, sagte es als Deutung seiner Situation: »Wollte Gott, wir wären in Ägypten gestorben durch des Herrn Hand, als wir bei den Fleischtöpfen saßen und hatten Brot die Fülle zu essen. Denn ihr habt uns dazu herausgeführt in diese Wüste, dass ihr diese ganze Gemeinde an Hunger sterben lasst« (2. Mose 16,3). Was für eine Fehldeutung. Man findet noch weitere Beispiele. Dagegen steht

Gottes Wort: »Das alles hast du dir doch selbst bereitet, weil du den Herrn, deinen Gott, verlässt, sooft er dich den rechten Weg weisen will« (Jer 2,17).

Die erste Erkenntnis aus dem 129. Psalm ist: Man braucht die richtige Deutung und muss die Bedeutung der Deutung erfassen. Diese ist nicht nebensächlich. Ein klassisches Beispiel dafür ist auch Hiob. Wie unterschiedlich haben Hiob und seine Frau dieselbe Situation gedeutet. Die Gefahr ist klar: Wenn ich meine Situation falsch deute, dann lande ich in der faktischen Gottlosigkeit und ich bin in der Gefahr, Gott zu entehren.

Mit einer falschen Deutung lande ich in der Angst, im Zorn oder in der Überheblichkeit

Eigentlich scheint eine falsche Deutung eine Kleinigkeit zu sein, und doch kann sie alles blockieren. So kann auch eine kleine falsche Deutung eine gute Bewegung verhindern. Die Gottesdeutung ist absolut wichtig. Es kommt ja vor, dass es in unserem Leben nicht so läuft, wie wir uns das vorstellen. Wenn es schwierig wird, deuten wir an dem Erlebten herum. In einem Filmausschnitt sah ich einmal eine ältere Dame beim Puzzeln. Weil es an einer Stelle nicht zu passen schien, schnitt sie einfach die Ecke von einem Teil ab, um es passend zu machen. So puzzeln wir unser Leben hin, damit es wieder stimmt. Wir leiden darunter, wenn es nicht so läuft, wie es laufen soll, und schon kommen die Deutungen: »Was hat er denn gegen mich?« »Warum liebt er mich denn nicht so, wie ich mir denke, dass er mich lieben müsste?« »Mag er mich nicht, was habe ich falsch gemacht?« »Wo ist meine Sünde, was hätte ich tun sollen?«

Deutungen für unser Leben bekommen wir von außen und aus uns selbst heraus

Wir sehen die Gefahr und welche entscheidende Bedeutung die Deutung für unser Leben hat. Wir sehen das riesige Thema Schicksalsschläge, Krankheit, Sterben, Tod, wirtschaftliche Katastrophen vor uns und dann kommen die Deuter mit ihren Deutungen und diesen fromm getarnten Kausalketten. Dein Vater hat gesündigt, die Urgroßmutter väterlicherseits hat irgendwann mal etwas falsch gemacht und deswegen bist du heute krank. Kommen die Deuter nicht von außen, wo sie meist reihenweise stehen, dann haben wir diese Deuter in unserer Seele. Unsere Seele ist angeschlagen, krank und müde, und sie ist beeinflussbar. Entsprechend haben wir alle die Deuter mit ihren Deutungen vor uns.

Das funktioniert auch umgekehrt, wenn wir z.B. Segensspuren in unserem Leben erleben. Völlig überrascht von dem, was alles gut läuft, kommen wir von einem Glück des Lebens ins nächste hinein. Auch hier fangen wir an zu deuten und sagen: »Macht es wie wir, dann klappt es.« Mit diesen Deutungen sind wir ebenfalls neben der Spur. Es ist ganz wesentlich, dass wir die Bedeutung der Deutung begreifen.

So sage Israel: Ich möchte für mein Leben die Perspektive Gottes haben und nicht meine eigene. Dann stehe ich mit diesem Text vor ihm und sage: »Vergib, Herr, dass ich mich so in meinen eigenen Deutungsversuchen verkantet habe. Dass ich so beeinflussbar bin auch von all den fromm getarnten Deutungsversuchen, die auf mein Leben einstürmen. Bitte, lass deinen Heiligen Geist in mir wirken, dass ich begreife, wenn du mir sagst: So sollst du sagen, sollst du deuten, sollst du es sehen.«

Warum soll ich es denn so sehen, wie es hier steht? Wir müssen nach dem Grund fragen, warum wir das sagen sollen: oft bedrängt, aber nicht überwältigt.

Die Bemächtigung der Macht

Die Antwort des Psalmisten lautet: Der Herr ist gerecht. Weil wir neutestamentlich geprägt sind, kommt das bei uns eigentlich nicht an, es wirkt nicht. Wenn wir den Satz auf der Ebene des Alten Bundes hören, dann verstehen wir seine Bedeutung: Gott bringt Heil. Heil und Gerechtigkeit sind im prophetischen Wort austauschbare Begriffe. »... mein Heil ist nahe, dass es komme, und meine Gerechtigkeit, dass sie offenbart werde« (Jes 56,1). Das ist ein Parallelismus. Wenn im Psalm steht, dass der Herr gerecht ist, dann heißt das für unser Denken: Der Herr bringt Heil. Zugespitzt kann man sagen: Der Grund für diese Deutung ist,

Mit Golgatha bemächtigt sich Gott wieder der Macht

Gott bringt Jesus. Mit seinem Sterben am Kreuz auf Golgatha hat Jesus das Seil des Gottlosen zerschlagen, dieses Zugseil, mit dem der Ochse über den Rücken hinweg mit dem Pflug verbunden ist. Jetzt kann er nicht mehr weiterpflügen. Damit findet die Bemächtigung der entscheidenden Macht statt. Gott bemächtigt sich jetzt wieder der Macht. Das tut er mit Jesus am Kreuz, der größten Schwachheit, die man sich vorstellen kann.

Der Mensch kann aus sich heraus keinen Wandel schaffen

Paulus sagt: »Denn die Torheit Gottes ist weiser, als die Menschen sind, und die Schwachheit Gottes ist stärker, als die Menschen sind« (1. Kor 1,25). Er schafft den Sieg mit der Schwachheit, mit dem gekreuzigten Sohn Gottes. Deshalb ist das, was hier steht, nicht einfach ein netter Wunsch, eine Klage oder eine Aufforderung, sondern hier ist eine österliche Tatsache aufgeschrieben. Alle Zionshasser werden zuschanden werden und zurückweichen. Sie werden sein wie das Gras auf den Dächern, verdorrt, ehe man es ausrauft. »... mit dem der Schnitter seine Hand nicht füllt, noch der Garbenbinder seinen Arm« (V. 7). »... keiner, der vorübergeht, soll sprechen: Der Segen des Herrn sei über euch! Wir segnen euch im Namen des Herrn« (V. 8).

Das ist das berühmte prophetische Perfekt des Alten Testamentes, das seit Ostern ganz klar vor unseren Augen steht. Es gilt: Das Seil des Gottlosen ist zerschlagen. Damit haben wir eine ganz andere Basis. »Dazu ist erschienen der Sohn Gottes, dass er die Werke des Teufels zerstöre« (1. Joh 3,8).

Die Bemächtigung der Macht in Jesus ist gleichzeitig die Entmachtung der bisherigen Macht

Ich hörte einmal einen Radiobeitrag über einen Autor, sein Leben und seine Bücher. Die Radiosprecherin sagte dabei: »Vom ausbleibenden Wandel der Menschheit nach dem Zweiten Weltkrieg war er bitter enttäuscht.« Da lebte jemand in der Illusion, der Mensch könne sich wandeln und aus den Situationen herauskommen, in denen der Pflüger über unseren Rücken pflügt. Das schafft kein Mensch, denn dazu ist der Pflüger, der Gottlose, viel zu stark. Da muss Jesus kommen, der das Seil der Gottlosen zerschlagen hat. Die Bemächtigung der Macht ist am Auferstehungstag passiert.

Mit der Bemächtigung der Macht in Jesus findet gleichzeitig Stück für Stück die Entmachtung der bisherigen Macht statt. Deshalb auch dieses zweite starke Bild von dem Gras auf den Dächern, das ein bisschen keimt und sofort verdorrt. Man nimmt sich nicht einmal die Mühe es einzusammeln, weil es einfach zu wenig ist. So werden die Zionshasser sein.

Es ist eben nicht wie in der Ernte, die im Buch Ruth beschrieben wird: »Und siehe, Boas kam eben von Bethlehem und sprach zu den Schnittern: Der Herr segne euch! Sie antworteten: Der Herr segne dich!« (Rut 2,4). Das Bild im Psalm lebt von dem Nichts, nichts ist mehr da. Die bisherige Macht muss im Nichts enden.

Genau das sagt auch der Apostel Paulus, der sich mit dem derzeitigen Zustand der Welt nicht zufriedengibt. »Der letzte Feind, der vernichtet wird, ist der Tod« (1. Kor 15,26). Erst dann wurde erreicht, dass das Seil der Gottlosen zerschlagen ist.

Die Entmachtung der bisherigen Macht und die Bemächtigung der entscheidenden Macht geschah durch den Sohn Gottes am Kreuz; durch sein Hinabsteigen ins Totenreich, der Übergabe der Schlüsselherrschaft an den Sohn Gottes und mit dem Durchmarsch durch alle Reiche und Gewalten. Jesus ist das Haupt seiner Gemeinde und regiert. Er wird auftreten und die Macht des Antichristen zerschlagen. Er wird sein Reich aufrichten, denn er muss herrschen, bis Gott ihm alle seine Feinde zu Füßen legt (Ps 110,1). Denn »alles hast du unter seine Füße getan« (Ps 8,7). »Wenn es aber heißt, ›alles‹ sei ihm unterworfen, so ist offenbar, dass der ausgenommen ist, der ihm alles unterworfen hat. Wenn aber alles ihm untertan sein wird, dann wird auch der Sohn selbst untertan sein dem, der ihm alles unterworfen hat, damit Gott sei alles in allem« (1. Kor 15,27f).

Jede schlichte Nachrichtensendung zeigt uns diese grausame Wirklichkeit, die über den Acker der Menschheit hinwegpflügt

Wir leben noch unter diesem Furchenzieher, wir alle spüren ihn körperlich, aber wir wissen, er ist angezählt, und das ist der wunderbare Realismus der Bibel. Mit dem Menschen geht es abwärts, und dass er sterben muss, hat mit dem Furchenzieher zu tun. Der Tod kam durch die Macht der Sünde in die Welt. Wir erleben ihn in der seelischen Begrenztheit, wir spüren den Furchenzieher in der Weltgeschichte. Er ist mit seiner gnadenlosen Ausbeutung da. Aber er hat schon die verloren, die Christus aus dem Machtbereich des Bösen weg- und in seinen Machtbereich hineingenommen hat. »Denn indem ihr nun frei geworden seid von der Sünde, seid ihr Knechte geworden der Gerechtigkeit« (Röm 6,18). Diese sind für den Satan schon gestorben. Jetzt muss ich mich nicht mehr von dem Furchenzieher für seine Wege gebrauchen lassen.

Als Jesusleute haben wir aber die furchtbare Möglichkeit, uns vom Furchenzieher instrumentalisieren zu lassen. Es gibt Situationen, in denen wir bewusst oder unbewusst so handeln wie er, z.B. wenn wir einem anderen über seinen Lebensacker pflügen und Freude daran haben, die Furche mit unseren Worten, mit unseren Gesten und mit unseren Taten möglichst lang zu ziehen. Die Gefahr, dass wir uns instrumentalisieren lassen, gilt für alle Lebensbereiche.

Die Bewohnung der Wohnung

Wir haben über *die Bedeutung der Deutung* und *die Bemächtigung der Macht* nachgedacht. Jetzt kommen wir zu dem Wort: »...so sage Israel« (V. 1). Was soll Israel denn sagen? Das Volk Israel soll endlich die Wohnung bewohnen, die ihm gegeben ist, nämlich den Wohnraum des Glaubens. Wenn man eine Wohnung hat, ist es ein großer Unterschied, ob man nur einen Mietvertrag dafür unterschrieben hat oder ob man in ihr tatsächlich auch wohnt, zu Hause ist. Geistlich gilt das genauso. Wir sagen: »Ich bin zum Glauben an Jesus gekommen, ich gehöre ihm«, alles scheint perfekt zu sein. Es bleibt aber die Frage, ob wir im Glauben zu Hause sind. Das ist noch einmal ein ganz anderes Kapitel. Es ist immer mehr unsere Aufgabe und uns von Gott geschenkt, zur Bewohnung der geistlichen Wohnung zu kommen.

Dazu hilft uns der Psalm 129, weil in ihm ein echter, realistischer Trost enthalten ist. Israel soll sagen: »oft bedrängt, aber nicht überwältigt« (V. 2), denn der Herr hat in Jesus das Seil der Gottlosen zerschlagen. Damit haben wir ein gutes »Praxisbild«. Wir gehen zum einen unseren Weg in dem Wissen: Wir sind aus dem Machtanspruch des Furchenziehers heraus, er hat in unserem Leben nichts mehr zu sagen. Wir werden die Bindung und die sündige Mission nicht akzeptieren, in die er uns wieder mit hineinziehen will. Das Seil ist zerschlagen. Wir werden uns nicht mehr als Rückfallkandidaten in Anspruch nehmen lassen und wieder in seinen unseligen Dienst hineingehen.

Es gehört aber zum andern zum Realismus dazu, dass wir gleichzeitig auch wissen: Gott lässt uns Wege in der Welt des Furchenziehers gehen und das Ende der Furche ist vielfach nicht absehbar. Die einen haben eine Furche der körperlichen Not. Andere haben Furchen in ihren Familienverhältnissen. Da kommt ein Schlag nach dem anderen und sie kommen nicht heraus. Die nächsten haben die Nöte in ihrer Seele. Oder die Tage am Arbeitsplatz sind eine einzige Qual und das Ende der Furche ist nicht erkennbar. Wir haben ganz normalen Anteil am Weltelend und bekommen das täglich mit.

Ein kleines Missionswerk rief einmal im Rahmen der neuesten Informationen zum Gebet für seine Mitarbeiter auf. Hinter den Namen der jeweiligen Mitarbeiter, für die man beten sollte, wurde gleich das Stichwort genannt, um das es bei jedem Einzelnen im Gebet gehen sollte. Die »Furchen« standen also immer gleich in Klammern hinter den Namen: Krebs, Herzinfarkt, MS, Essstörungen, Finanzprobleme, Ehe, Not, Existenzprobleme, rheumatische Arthritis. Diese Furchen sind alle da, aber der Furchenzieher ist angezählt und wir wissen, das ist kein Dauerzustand. Wir dürfen zum Herrn beten: »Herr, du kannst eine Furche auch jetzt schon beenden, du kannst helfen in der Furche und mir auch einen Blick für den geben, der noch anders unter dem Furchenzieher leidet.« Wir wissen, alles, was in unserem Leben geschieht, muss an der Jesuskontrolle vorbei. Das ist die Perspektive eines Jesusbegnadeten. Oft bedrängt, aber nicht überwältigt, das will ich jetzt sagen. Ich werde es zukünftig aber auch noch einmal als Faktum bekennen.

Der Furchenzieher ist noch da, aber er ist angezählt

In Offenbarung 2 und 3 hat jede neutestamentliche Gemeinde von dem erhöhten Herrn, ihrem Haupt, einen Überwinderspruch bekommen. Die christliche Gemeinde wird überwinden, sie wird nicht überwältigt werden. So werden wir es einmal als Faktum bekennen: »Herr Jesus Christus, wir waren oft bedrängt, aber es hat uns niemand überwältigt. Jetzt sind wir da.« In diesem Psalm bekommen wir die Augen geöffnet durch das tröstende Glaubensbild, auf das wir uns stützen können, insbesondere dann, wenn der Furchenzieher präsent ist.

Wenn ich die Bedeutung der Deutung erkenne und begreife, welche Bedeutung die Bemächtigung der Macht hat, dann werde ich die Bewohnung der Wohnung in Angriff nehmen und hoffnungsvoll meine Spur ziehen. Einmal werde ich erstaunt und glücklich, vielleicht auch siegreich und trotzig, vor ihm stehen. »Man singt mit Freuden vom Sieg in den Hütten der Gerechten: Die Rechte des Herrn behält den Sieg! Die Rechte des Herrn ist erhöht; die Rechte des Herrn behält den Sieg!« (Ps 118,15f). Weil ich dastehen und sagen werde: »Ja, bedrängt, aber nicht überwältigt«, denn Gott brachte Jesus, der das Seil der Gottlosen zerschlagen hat.

Psalm 130

Aus der Tiefe rufe ich, Herr, zu dir. Herr, höre meine Stimme! Lass deine Ohren merken auf die Stimme meines Flehens! Wenn du, Herr, Sünden anrechnen willst – Herr, wer wird bestehen? Denn bei dir ist die Vergebung, dass man dich fürchte. Ich harre des Herrn, meine Seele harret, und ich hoffe auf sein Wort. Meine Seele wartet auf den Herrn mehr als die Wächter auf den Morgen; mehr als die Wächter auf den Morgen hoffe Israel auf den Herrn! Denn bei dem Herrn ist die Gnade und viel Erlösung bei ihm. Und er wird Israel erlösen aus allen seinen Sünden.

Psalm 130, 1-8

Bei diesem Psalm gibt es am Anfang eine leichte Konfusion. Wir wissen, das Ganze ist ein Wallfahrtslied, eines dieser wunderbaren Zeugnisse des Glaubens im Alten Bund, die wir bereits in den andern Psalmen kennengelernt haben. Versuchen wir herauszufinden, wann und in welchem Umfeld das Lied entstanden ist, haben wir wieder einmal keinen Erfolg. Noch viel schwieriger wird es, wenn wir die Form dieses Liedes bestimmen wollen. Es gibt in den Psalmen ganz unterschiedliche Formen: Klagelieder des Einzelnen oder des Volkes, Danklieder und Lobpreislieder u.v.m.

Ziehen wir die Exegeten zu Rate, dann hat jeder mit seinen Aussagen zu Psalm 130 ein bisschen recht, liegt aber auch ein bisschen daneben. Der eine spricht von der Klage des Einzelnen; andere meinen, es sei eine Klage des Volkes, ganz Israel solle doch hoffen. Der nächste sagt, über dem Text stehe: »Der sechste von den sieben kirchlichen Bußpsalmen«, also handele es sich um einen Bußpsalm. Wieder andere behaupten, der Psalm 130 sei ein Vertrauenslied; ein Lied des tiefsten Bekenntnisses darüber, wer Gott wirklich ist. Bei einem Ausleger heißt es auch, der Psalm sei ein prophetisch-eschatologischer Ausblick für Israel.

Wie auch immer, dieser Psalm ist nicht so einfach zu verstehen. Ganz klar ist, dass er ein Israelpsalm ist, denn am Ende heißt es: »... hoffe Israel auf den Herrn! Denn bei dem Herrn ist die Gnade und viel Erlösung bei ihm. Und er wird Israel erlösen aus allen seinen Sünden« (V. 7f).

Der Psalm beginnt in der ersten Person: »Aus der Tiefe *rufe ich*, Herr, zu dir«, und endet im Allgemeinen des Volkes Gottes: »*hoffe Israel* auf den Herrn«. Nach der Aussage dieses Psalms hat Israel keine eigene

Gerechtigkeit. Das Volk lebt in großer Entfernung von Gott, nimmt letzte Sündennot wahr und erfährt ein echtes Harren und Hoffen. Es gibt noch einen, bei dem Vergebung ist.

Im Alten und Neuen Bund haben wir Überlieferungen von Menschen, bei denen man sehen kann, was das heißt: »Meine Seele wartet auf den Herrn mehr als die Wächter auf den Morgen; mehr als die Wächter auf den Morgen hoffe Israel auf den Herrn!« Das führt uns z.B. unmittelbar zu der Weihnachtsgeschichte und wir sehen Simeon und Hanna im Tempel stehen (Lk 2,22-38). Diese beiden waren Menschen aus Israel, die den Psalm 130 verinnerlicht und gelebt haben. Sie wussten: Es muss den einen geben, der uns aus der tiefsten Not herausholt und uns rettet. Auch der letzte Vers dieses Psalms (V. 8) führt uns zu der Weihnachtsgeschichte, wenn es heißt: »Und er wird Israel erlösen aus allen seinen Sünden.« Genau das ist die Botschaft des Engels an Josef: »Und sie wird einen Sohn gebären, dem sollst du den Namen Jesus geben, denn er wird sein Volk retten von ihren Sünden« (Mt 1,21). Hier öffnet sich uns der eschatologische Horizont und wir merken: Wenn Israel die Gnade, die Erlösung und die Vergebung annimmt, dann liegen diese in ihm, dem Sohn Gottes, dem Messias.

Psalm 130 öffnet den eschatologischen Horizont

Heute erleben wir in unterschiedlicher Weise, wie Einzelne aus dem Volk Israel zum Glauben an den Messias kommen. Und wir wissen aus dem prophetischen Wort und insbesondere aus dem Römerbrief, dass einmal ganz Israel diese Erlösung, von der hier die Rede ist, annehmen wird (Röm 11,25.26). »Harre auf den Herrn, Israel, denn bei ihm ist Gnade und viel Erlösung und er wird Israel erlösen« (V. 7.8).

Psalm 130 beschreibt den Menschen, der aus sich nichts hat und kann

Der 130. Psalm ist aber auch ein Paulus-Psalm. Exegeten überschlagen sich förmlich mit dementsprechenden Interpretationen. Luther war von dem Psalm fasziniert und hat ihn als den Paulus-Psalm bezeichnet, weil er uns in dessen Gedanken hineinführt. Hier ist der Mensch beschrieben, der aus sich nichts hat und aus der tiefen Not heraus zu Gott schreit: »Wer wird vor dir bestehen, wenn du Sünden anrechnest?

Aber bei dir ist Vergebung.« Damit strömt das Leben aus Jesus hinein in den Psalm 130.

Martin Luther hat diesen Psalm oft in Bibelarbeiten und Predigten ausgelegt. Es gibt auch einen Choral von Luther zu Psalm 130, den wir wegen der für uns schwierigen Melodie heute kaum noch singen: »Aus tiefer Not schrei ich zu dir, Herr Gott, erhör mein Rufen. Dein gnädig' Ohren kehr zu mir und meiner Bitt sie öffne; denn so du willst das sehen an, was Sünd und Unrecht ist getan, wer kann, Herr, vor dir bleiben? Bei dir gilt nichts denn Gnad und Gunst, die Sünde zu vergeben; es ist doch unser Tun umsonst auch in dem besten Leben. Vor dir niemand sich rühmen kann, des muss dich fürchten jedermann und deiner Gnade leben.«[35]

Der Psalm hilft uns, unseren Glauben an Jesus zu zeigen

Bei Psalm 130 handelt es sich also um einen Israel-Psalm, um einen Paulus-Psalm und um einen Jesus-Psalm. Denn Psalm 130 gibt uns Rechenschaft darüber, was es heißt, an Jesus zu glauben. Mit dem Jesuspsalm können wir drei ganz schlichte Sätze formulieren: *Ich glaube an Jesus*, *ich liebe Jesus* und *ich hoffe auf Jesus*.

Ich glaube an Jesus

Aufgrund seines dichten und tiefen Anfangs wurde Psalm 130 in der Kirchengeschichte und Literatur oft aufgegriffen. »Aus der Tiefe rufe ich, Herr, zu dir« (V. 1). Im Hebräischen steht hier eigentlich der Plural: »Aus *den Tiefen* rufe ich, Herr, zu dir.« Das ist zu einem feststehenden Motiv geworden: *de profundis clamans*, der aus den Tiefen Rufende. Bei der unterschiedlichen Verwendung dieses Textes in der Literatur muss immer wieder gesagt werden, um welche Tiefen es sich handelt, in denen wir stecken. Im Alten Testament hat diese Tiefe sehr unterschiedliche Bedeutungen, manchmal ist es eine große menschliche Not, ein Schicksalsschlag oder es sind andere Schwierigkeiten. Der Psalmist erlebt sich in den Tiefen der Gottesferne, die durch die Sünde verursacht ist. Es gibt

Wenn der Herr die Sünden anrechnet, kann niemand bestehen

sicherlich auch andere Nöte, aber im Psalm heißt es: »Wenn du, Herr, Sünden anrechnen willst – Herr, wer wird bestehen?« (V. 3). Das ist die Tiefe, in der ich stecke, die Gottesferne aufgrund der Sünde in meinem persönlichen Leben. Man kann darüber spekulieren, ob es sich hier um eine objektive Tatsache oder nur um ein subjektives Empfinden handelt. Beides hat vom biblischen Text her seine Berechtigung.

Das subjektive Empfinden entsteht, wenn man ein Bewusstsein der Sündenschuld bekommt, das bis dahin unbekannt war. Sowohl die objektive Tatsache der Sündenschuld als auch das subjektive Empfinden werden uns mit dem Bewusstsein der Dimensionen und Konsequenzen unserer Sünden deutlich. Unter uns Christen gibt es viel Sündengeplapper und wir meinen, Bagatellen bekennen zu müssen, dabei handelt es sich nur um den oberen Rand dessen, was im Denken der Bibel mit Sünde gemeint ist. Manchmal kokettieren wir sogar mit unseren kleinen moralischen Fehlern und wischen damit die Themen Sünde und Verfehlung vom Tisch.

Sünde ist Gottesferne, Gottesablehnung und Gottesverweigerung

Manche suchen den Grusel des echten Sünders, der wir ja offensichtlich selbst nicht zu sein meinen. Wir möchten endlich jemanden erleben, der aus eigener Überzeugung sagt: »Aus den Tiefen rufe ich zu dir, aus meinem richtigen Sündensumpf.« Wir merken, dass wir mit dem Sündenbegriff große Probleme haben.

Als wir zum Glauben kamen, haben wir eine gewisse Erkenntnis über unseren verlorenen Zustand bekommen und Jesus als den rettenden Freund angenommen. Entsprechend fröhlich ziehen wir unsere Straße. Doch kaum sind wir in der Nachfolge erste Schritte gegangen, fällt Licht auf unseren tatsächlichen Zustand. Wir erfahren etwas von dem »aus der Tiefe rufen«. Erst dann geht uns auf, was das heißt: »Ich habe gegen dich gesündigt.« Uns werden die verschiedenen Kreise des Todesstrudels bewusst, Verfehlungen, die unser Leben und das anderer Menschen zerstören. Wie viel Gottesverweigerung und Gottesablehnung tief in unserem Leben steckt, erkennen wir erst spät und dann sagen wir nochmals ganz anders: »Ich habe gesündigt.«

Versuchen wir, uns das am Beispiel einer tiefen Ehekrise zu verdeutlichen. Das Paar sitzt zusammen und spricht über sein Problem und der Mann sagt: »Gut, ich merke, wir haben ein Problem. Und um das Problem aus der Welt zu schaffen, schlage ich vor, dass du einmal im Monat einen Blumenstrauß bekommst.« Er ist völlig überrascht, dass die Partnerin ihm am liebsten die Blumen um die Ohren schlagen möchte, denn er hat nicht verstanden, dass es nicht um die oberflächliche Veränderung eines Formalismus, sondern um die Tiefendimension der Beziehung geht.

Wir kratzen oft nur an der Oberfläche und versuchen, uns moralisch halbwegs in die richtige Richtung zu bewegen, um Gott, der dauernd rummäkelt, noch mit einer Sonderleistung zufriedenzustellen. Aber dann soll er auch bitte schön dankbar sein. Dabei begreifen wir nicht, dass das nicht das Problem ist. Bereits im Alten Testament versucht Gott, das Problem auf den Tisch zu legen, wenn er sagt: »Ich bin euren Feiertagen gram und verachte sie und mag eure Versammlungen nicht riechen« (Am 5,21). Das stinkt mir. »Und wenn ihr mir auch Brandopfer und Speiseopfer opfert, so habe ich kein Gefallen daran und mag auch eure fetten Dankopfer nicht ansehen« (Am 5,22). Weil ich euer Herz nicht habe, will ich euren Formalismus nicht haben.

Gott will unser Herz, nicht unseren Formalismus

Auch wir glauben häufig, mit unseren Gottesdienstbesuchen, unserem christlichen Engagement, unseren Spenden usw. Gott zufriedenzustellen. Dass wir so denken, zeigt, wie arm wir sind, dass wir das Thema nicht verstehen, geschweige denn eine Lösung im Blick haben. Gerade in unserer Gesellschaft bemerken wir die großen Schwierigkeiten, mit dieser Thematik überhaupt noch anzukommen. Die Beziehungskrise zu Gott ist schon massiv.

Wir ahnen etwas von der Aussage des 130. Psalms, wenn hier ein Glaubender spricht: »Aus den Tiefen bin ich ein Rufender. Herr, du öffnest mir im Glauben ein wenig den Blick für das, was ich in mir, bei anderen und auch dir gegenüber angerichtet habe. Im Glauben erkenne ich, wie ich mich in der Gottesverneinung, der Gottesentehrung, im Gottesbetrug verrannt habe und der Selbstvergötterung verfallen bin.« Wir ahnen ein wenig, der 130. Psalm ist kein Anfängerstück, sondern für die, die schon einige Jahre im Glauben hinter sich gebracht haben und denen der Heilige Geist die Augen dafür geöffnet hat, was es heißt: »Ich habe gegen dich gesündigt.« Jesus hat in seiner Abschiedsrede über den Heiligen Geist gesagt: »Und wenn er kommt, wird er der Welt die Augen auftun über die Sünde und über die Gerechtigkeit und über das Gericht; über die Sünde: dass sie nicht an mich glauben« (Joh 16,8f). Sie vertrauen mir nicht, damit entehren sie mich und schlagen mir, dem einzig Vertrauenswürdigen, permanent ins Gesicht.

Wir alle haben schon einmal ein gutes Erschrecken über unser Sein erlebt, das gehört dazu. Dann haben wir vielleicht so zu Gott gebetet: »Ich schreie zu dir, hörst du mich noch? Ich könnte zu gut verstehen, Herr, wenn du sagtest: Es reicht, auf dich reagiere ich nicht mehr. Hörst du noch mein ›nach Gnade ausrufen‹?«

Der Psalmist bekennt: »Denn bei dir ist die Vergebung« (V. 4). Gott, dessen Vertrauen ich so dermaßen entehrt habe, mit dem ich faktisch so wenig zu tun haben wollte, der sagt: »Ich sende meinen Sohn, weil ich dich liebe.« »Gott aber erweist seine Liebe zu uns darin, dass Christus für uns gestorben ist, als wir noch Sünder waren« (Röm 5,8). Wenn man begreift, wo man steht, kann man dieses wunderbare Geschenk der Rechtfertigung allein aus Gnade nicht erwarten. Gott hat seinen Sohn, unseren Herrn Jesus Christus gesandt, er hat ihn in diesen Riss, in dieses zerstörte Beziehungsgefüge hineingestellt. Er will den von mir verursachten unendlichen Schaden meines Lebens durch das Blut seines Sohnes am Kreuz auf Golgatha heilen. Jesusleute sagen: »Da wir nun gerecht geworden sind durch den Glauben, haben wir Frieden mit Gott durch unsern Herrn Jesus Christus« (Röm 5,1). Bei ihm ist Vergebung, deswegen beten wir: »Herr Jesus, ich glaube an dich und gründe mein Leben wieder auf diese ursprüngliche Vertrauensebene mit dem ewigen Gott. Ich glaube an dich und an dein stellvertretendes Eintreten für meinen gesamten Schaden. Ich glaube an dich mit meiner ganzen Persönlichkeit und die Beziehung zu dir ist die zentrale Beziehung meines Lebens. Herr Jesus, ich glaube an dich.«

Gott sendet seinen Sohn, weil er uns liebt

Ich liebe Jesus

In einem Gespräch über Gehälter in der Gemeindearbeit sagte einmal ein Referent einer Missionsgesellschaft den schönen Satz: »Unser Vorstandsvorsitzender sagt immer, die Gehälter unseres Missionswerkes sind nur symbolisch.« Sie sind mehr als eine Geste guten Willens zu verstehen.

Manchmal habe ich den Eindruck, dass es bei uns mit der Jesusliebe ähnlich ist. Wir sagen zwar: »Ich liebe Jesus«, aber das ist nur ein gut gemeinter Symbolakt, eigentlich ist nichts dahinter. In Psalm 130 heißt es: »Denn bei dir ist die Vergebung, dass man dich fürchte« (V. 4). »Ich fürchte Jesus«, das ist der beste Ausdruck für: »Ich liebe Jesus«. Wir kennen das z.B. aus dem 128. Psalm: »Wohl dem, der den Herrn fürchtet« (Ps 128,1). Das Wort »fürchten« ist leider sehr negativ besetzt. Seit 1. Mose 3 prägt uns eine tiefe fehlgeleitete Gedankenrichtung, wenn wir das Wort Gottesfurcht oder Gottesehre hören. Dann haben wir eine Denkblockade, die diesen Gedanken als negativ aussperrt. Wir sagen: »›Furcht‹ ist doch das Letzte, was ich will. Dass ich mich unterordne, jemanden respektiere, gerade davon habe ich mich doch emanzipiert.« Wegen solcher Gedanken kommen Sätze wie »Ich fürchte Gott« so schlecht an. Wir erkennen vielleicht, dass wir dem riesigen Irrtum aufgesessen sind, den der Vater der Lüge seit 1. Mose 3 in das Menschsein hineingeimpft hat: Wir seien autonom und uns selbst das Gesetz.

Der Geist des Satans ist der Ursprung aller Lüge

Denken wir an ein Raumschiff, das ein paar Tage lang versucht, unseren Globus zu umrunden. Die Astronauten beschließen, einmal ganz autonom zu sein, und kappen alle Verbindungen zur Heimatstation. Jetzt sind sie frei – was für ein Unsinn! Das Wort »Emanzipation« bedeutet: »aus der Hand herausgehen«. Ein Säugling strampelt in den Händen seiner Mutter und sagt damit: »Ich will mich emanzipieren.« Würde das Kind erreichen, was es will, wäre das sein Ende.

Denken wir darüber nach, was uns in unserer Kultur als Befreiung angeboten wurde und was wir dafür geerntet haben. Es geht nicht darum, die Zeit zurückzudrehen oder ein Loblied auf alte Sitten zu singen. Wir sollten aber das Prinzip dieses Prozesses begreifen: Wir sind eine betrogene Gesellschaft und Kultur, wenn wir glauben, »Gottesfurcht« sei unser Gefängnis. Es ist genau umgekehrt.

Gott zu fürchten bedeutet Befreiung aus unserem menschlichen Gefängnis

Erinnern wir uns an das Stichwort der »sexuellen Befreiung«. Heute sehen wir, dass kaum eine Gesellschaft so sehr unter der Entartung leidet wie unsere. Das muss man sich klar vor Augen halten: Unter der Vorgabe der Befreiung sind wir in ein totales Gefängnis geraten. Man sagte auch, wir müssen die Autoritäten abschaffen. Heute sind wir so abhängig von Medien, Statistiken und Meinungen. Wer als junger Mensch die falschen Turnschuhe anzieht, ist schon out. Wir wollten ebenfalls die Ordnungen des Lebens endlich loswerden, was das ungeborene Leben, die Ehe, Familie und das Werden und Sterben angeht. Das Ergebnis ist: Unsere Gesellschaft hinterlässt eine Spur des Todes, der Verirrung, des Schmerzes, der Vereinsamung. Da wollten wir uns geistig emanzipieren, heraus aus der Enge, und leben seitdem in dem kleinkarierten Gefängnis menschlichen Denkens, weil wir uns die Gottesdimension verboten haben. Wir wollten heraus aus der geistlichen Dimension und sind angekommen in einer religiös-esoterischen Gesellschaft, einer okkulten Gesellschaft des Hokuspokus und allen möglichen Verirrungen. Wir wollten nie mehr die Gottesfurcht, aber wir landen bei der Götzen-, Menschen- und Lebensangst. Das beschreibt die Problematik.

»Ich fürchte Jesus« ist der Satz größter Freiheit, maximalen Lebens und tiefsten Menschseins

Der eine Satz »Ich fürchte Jesus« ist der Satz größter Freiheit, maximalen Lebens und tiefsten Menschseins. Mehr an Freiheit, Leben und Menschsein können Sie nicht bekommen als in der Erkenntnis dieser Aussagen und deren Lebensvollzug. Das ist nicht nur symbolisch gemeint, sondern ganz real, denn wer Jesus fürchtet und ehrt, der bekennt genau das, was Jesus gesagt hat: »Liebt ihr mich, so werdet ihr meine Gebote halten« (Joh 14,15). Wer Jesus liebt, der wird in dessen Gedankengängen und Vorgaben leben. Dann geschieht das Faszinierende, dass der Mensch aus der Gesinnungsethik mit den Fragen »Was passt, was nützt, was hilft mir?« herauskommt, hinein in die Überzeugungsethik, aus der heraus er fragt: »Herr, was willst du, dass ich tun soll?« Etwas Besseres kann niemandem passieren, als aus dem eigenen engen Rahmen in den Denkrahmen Gottes hineinzukommen und sich nicht mehr den menschlichen Autoritäten, sondern der göttlichen Autorität zu unterstellen. Da verlassen wir unseren eigenen Willen mit all den selbst gemachten Ordnungen und unterwerfen uns Gottes Ordnung und seinem Willen.

So könnte ein Gespräch zwischen Gott und mir aussehen: Ich: »Herr, ich liebe dich.« Der Herr: »Das bedeutet aber, dass dein Leben von nun anders läuft.« Ich: »Hoffentlich, Herr.« Er: »Dein Alltag sieht dann anders aus.« Ich: »Nichts anderes ersehne ich mir.« Der Herr: »Du wirst dann aber in Schwierigkeiten kommen.« Ich: »Das ist mir vollkommen egal, Hauptsache, ich falle nicht mehr zurück in den alten Zustand.« Der Herr: »Du wirst mich aber nicht immer verstehen.« Und ich: »Herr, wie sollte ich auch, du bist Gott und ich bin Mensch!« Der Herr: »Ich kann dir aber nicht alles erklären, was mit dir passiert.« Ich: »Ja, Herr, das weiß ich, davon gehe ich aus.« Der Herr: »Willst du mir nachfolgen?« Ich: »Herr, wohin soll ich denn sonst gehen? Du, nur du, hast Worte des ewigen Lebens. Ich liebe dich, Jesus.«

Zur Liebe gehört das Bekennen

Wer das verstanden hat, begreift, warum der Psalmist hier Gott bekennt, denn zur Liebe gehört immer das Bekennen.

Ich hoffe auf Jesus

Neben den Bekenntnissen »Ich glaube an Jesus« und »Ich liebe Jesus« kommt in diesem Psalm noch etwas Drittes zum Ausdruck, was meine Jesusbeziehung kennzeichnet, nämlich: »Ich hoffe auf Jesus«. Hierbei gilt zuallererst der Grundsatz: »Ich harre des Herrn, meine Seele harret, und ich hoffe auf sein Wort« (V. 5). Luther würde sagen: Das ist evangelischer Glaube, dass ich auf ein Wort hin hoffe und harre und lebe. So leben wir und planen unsere Tage, indem wir hoffen für unsere Kinder, für unsere Gemeinde, für unsere Dienste, für den Weg mit Jesus, für unsere Nöte.

In der hebräischen Sprache steht hier eine doppelte Formulierung: »Ich harre des Herrn, meine Seele harret.« Im Sinne der Wiederholung und um uns etwas verstärkend mitzuteilen, wird hier das Bild einer mit den Händen gespannten Schnur gebraucht. Versuchen Sie einmal eine Schnur mit den Händen zu spannen, wie lange halten Sie das aus? Ich hoffe, ich harre auf dich, auf dein Wort. Wir haben so ein Stück gespannter Schnur in den Händen. Das ist das Bild, wenn einer im Glauben lebt. Das ist kein leicht-lockeres Durchmarschieren. Es gibt so manchen Tag, wo wir mit der gespannten Schnur in der Hand dastehen und sagen: »Herr, ich hoffe auf dich, bring mich da durch. Hilf mir da durch, offenbare dich.«

Das ist aber nicht nur als ein Bild für den normalen Tag der Jesusnachfolge zu verstehen. Wenn ich sage, ich hoffe auf Jesus, dann merke ich, der ganze christliche Glaube lebt im »schon jetzt« und im »noch nicht«. »Denn wir sind zwar gerettet, doch auf Hoffnung« (Röm 8,24). Wir wissen, da steht noch etwas aus. Das Bild in diesem Psalm ist für uns Jesusleute ganz entscheidend, denn wir wissen, dass das, was Christus uns geschenkt hat, in der Verheißung des ewigen Lebens auf die Erfüllung wartet. Auf die Erfüllung des Offenbarwerdens des Sohnes Gottes, auf die Erfüllung der neuen Leiblichkeit, auf die Erfüllung der Aufrichtung seines Reiches, auf die Teilhabe an seiner Macht, auf das Vollendetwerden der Gemeinde von Jesus, auf die noch ausstehenden großen Hoffnungsgüter. Das ist das Bild in Psalm 130: »Meine Seele wartet auf den Herrn mehr als die Wächter auf den Morgen, mehr als die Wächter auf den Morgen hoffe Israel auf den Herrn!« (V. 6f). Das heißt, es ist Nacht. Der Wächter, der in der Dunkelheit auf der Mauer steht, hat nur die einzige Hoffnung, dass endlich der erste Schimmer des Tages ankommt. Denn jetzt ist er allein, jetzt hofft er auf die Rückkehr seines Herrn und wenn der Tag anbricht, dann kommt dieser.

Christlicher Glaube lebt im »Schon jetzt« und »Noch nicht«

Er wird endlich offenbar, er zeigt sich und tritt sichtbar hinein in die Wirklichkeit dieser Welt. Wir stehen in diesem Spannungsbogen. Wie der Wächter auf den Morgen, so hoffe ich auf dein Handeln, Herr.

Christen warten auf das Offenbarwerden und Wirken von Jesus

Die Nüchternheit christlich-biblischen Glaubens ist immer wieder beeindruckend. Das Leben ist für viele von uns nicht leicht, viele von uns haben einen wirklich spannungsgeladenen Bogen ihres Lebens zu halten.

In der Schule unserer Kinder fand einmal ein Wettbewerb statt, bei dem es darum ging, aus Papier eine möglichst schöne, große und tragfähige Brücke zu bauen. Dabei war die Bedingung, dass auf der Mitte der Brücke eine 1-Liter-Flasche stehen konnte. Viele von uns bilden tolle Konzepte der Hoffnung, faszinierende Brückenkonstruktionen. Wenn dann aber die 1-Liter-Flasche daraufgestellt wird, dann ist das Ende schnell da. Manche von uns haben eine Literflasche, die mächtig drückt. Sie haben vielleicht Angst um ihre Heilsgewissheit, da gibt es Zweifel über den Weg mit Jesus, eine chronische Erkrankung kommt dazu, Sie stehen vor den Toren der Ewigkeit und haben schlicht und einfach Angst. Was trägt? »Ich hoffe auf dich, Herr.«

Am Vorabend des 1. August des Jahres 1830, so wird berichtet, gingen die Sklaven der englischen Kolonie Westindiens nicht ins Bett. Es war ihnen versprochen worden, dass sie in der Nacht zum 1. August mit den ersten Sonnenstrahlen frei sein würden. Zehntausende waren wach, haben gesungen und gebetet, aber die Nacht dauerte sehr lange. Dann haben sie Leute auf die Anhöhen geschickt. Die Ersten, die die Sonnenstrahlen sahen, haben heruntergerufen: »Der Tag ist da!«, und alle sind losmarschiert, als Freie. Das ist Hoffnung.

Hoffnung gründet sich immer auf eine Person, auf Jesus. Deswegen ist der 130. Psalm ein wunderbarer Jesuspsalm. Luther hat es so gesagt: »Und ob es währt bis in die Nacht und wieder an den Morgen, doch soll mein Herz an Gottes Macht verzweifeln nicht noch sorgen.«[36] Er wird das erfüllen, was er Ihnen und mir verheißen hat. Er wird Sie und mich in seine Gegenwart hineinstellen, er wird uns ans Ziel bringen, er wird Sie und mich vor sein Angesicht stellen und uns mit einer neuen Leiblichkeit beschenken, die unbegreiflich ist. Er wird Sie und mich mit Aufgaben betrauen, die wir uns noch nicht vorstellen können. Er wird Sie und mich bleibend bei sich haben. Er wird seine Versprechen erfüllen, die Brücke trägt. Ich glaube an Jesus, ich liebe Jesus und ich hoffe auf Jesus.

Psalm 131

Herr, mein Herz ist nicht hoffärtig, und meine Augen sind nicht stolz. Ich gehe nicht um mit großen Dingen, die mir zu wunderbar sind. Fürwahr, meine Seele ist still und ruhig geworden wie ein kleines Kind bei seiner Mutter; wie ein kleines Kind, so ist meine Seele in mir. Israel, hoffe auf den Herrn von nun an bis in Ewigkeit!

Psalm 131,1-3

Gleich am Anfang unserer Auslegung von Psalm 131 muss deutlich gesagt werden, dass manche mit diesem Text ein großes Problem haben. Die Kommentare zu diesem Psalm gehen in ganz eigenartige Richtungen. Erst im letzten Jahrhundert wurden die folgenden Sätze formuliert: »Die feinen Töne demütigen Vertrauens klingen wie friedliches Abendläuten über einem stillen Tal, das der letzte Schein der scheidenden Sonne mild verklärt.« Viele haben von diesem Psalm den Eindruck, er sei zu »süß«, zu lieblich und zu schön. Vor dem geistigen Auge entsteht ein kitschiges Foto.

Das hat mit unserer Realität nichts zu tun. Wir fühlen uns in unserem Lebensvollzug nicht wie ein gestilltes Kind bei seiner Mutter. Weder an unserem Arbeitsplatz noch in dem Beziehungsgefüge unserer Familien oder bei unseren seelischen Konflikten verläuft alles so harmonisch, wie es uns der Psalm 131 hier zeigt. Der Psalm ist für manche fast ärgerlich, weil er so unrealistisch erscheint. »Ein schlichtes Liedchen«, »etwas realitätsfern«, »hält nicht stand«, »ist fast zu idyllisch, weltfremd«, »es bedient alle Klischees, die man den Christen nachsagt«, »nicht mehr ganz auf dem Boden«, »ohne Zugkraft«, »leicht entmündigt«, »schrecklich verinnerlicht, zu viel Tersteegen«, das sind u.a. die Gedanken, die zu diesem Psalm geäußert werden. Manche verbinden mit ihm auch das Bild der Selbstzufriedenheit des schlichten, anspruchslosen Lebens – wenn man einfach alles laufen lässt.

Bei genauem Hinschauen sehen wir: Der Psalm fängt mit der Überschrift *le david*, von David, an. David war aber gerade kein weltfremder Träumer, der in irgendeiner Ecke vor sich hin lebte und in einem verinnerlichten Mystizismus seinen Gott verklärte. Er war ein Machtpolitiker, der mitten im Leben stand und wusste, was heute und morgen zu tun ist. Erstaunlich ist, dass genau dieser Mann diesen Psalm schreibt. Er hatte eine Familie, die ihm unglaublich viel Not gemacht hat, er musste sein Reich und die Finanzen verwalten. Dazu kamen seine

Vorbereitungen im Tempelbereich und er hat Kriege geführt. Dieser Mann war doch kein Mauerblümchen. Denken Sie nur an den 110. Psalm. Er war zudem auch geistlich gesehen eine Kapazität. Dazu sagt das Neue Testament: »Da er [David] nun ein Prophet war…« (Apg 2,30). David, der Prophet, der wie kaum ein anderer im Alten Testament den Christus gesehen hat und wusste, wo Gottes Heilsgeschichte hinläuft. Wenn also dieser Mann diese Worte spricht, dann lohnt sich auch der zweite Blick.

Psalm 131 ist Davids Glaubensbekenntnis an Gott

Was sagt uns denn dieses »Liedchen«? Das Lied ist zunächst ein Bekenntnis, dessen Zielrichtung der Herr ist (V. 1), eine Confessio, ein Glaubensbekenntnis an Gott. David spricht diese Worte aus der persönlichen Überzeugung seines Glaubenslebens an den Gott, dem er gehört. »Herr, so sehe ich mein Leben vor dir«, ein Bekenntnis, das er ganz offensichtlich nicht am Anfang seines geistlichen Lebens gesagt hat. Hier haben wir das Bekenntnis eines Menschen, der schon ein paar Jahrzehnte der Glaubensgemeinschaft mit dem Gott Abrahams, Isaaks und Jakobs angehört.

Der zweite Teil dieses Bekenntnisses ist der letzte Vers. Hier öffnet der, der ein persönliches Bekenntnis vor Gott ablegt, dieses persönliche Bekenntnis für die ganze Gemeinde, für Israel: »Israel, hoffe auf den Herrn von nun an bis in Ewigkeit!« (V. 3). Man könnte übersetzen: »Mache es genauso, wie ich es in diesem Bekenntnis bekenne.« Damit ist der Psalm nicht nur ein privates Bekenntnis von David, sondern ein Zeugnis vor dem israelitischen Volk, neutestamentlich ein Zeugnis vor der Gemeinde, vor denen, die glauben. Damit bekommt der Text seinen Bekenntnis-Rahmen.

Das dreifache Nein – eine Absage – ein Schwur – ein Beispiel

David, der einige Jahre in der Glaubensgemeinschaft gelebt hat, sagt Israel, was er in dieser Glaubensgeschichte erfahren hat, und ermutigt sie im Namen Gottes, dies auch in ihrem Leben umzusetzen. Dieses Lied ist ein Spiegel, in dem wir unsere eigene Lage erkennen können. Es hilft uns, uns zu sehen und zu verstehen, um aufgrund des Verständnisses unserer Lage zu reagieren.

Der Psalm hat drei unterschiedliche Elemente. Er fängt mit einem dreifachen »Nein« an: *nicht* hoffärtig, *nicht* stolz und *nicht* mit großen Dingen, in der hebräischen Sprache dreimal *lo, lo, lo*. An zweiter Stelle steht ein Schwur, der mit der Schwurformel »Fürwahr« beginnt, das bedeutet: »tatsächlich«, »ich habe getan«. Der Text endet mit dem wunderbaren Beispiel des kleinen Kindes bei seiner Mutter. *Das Nein ist die Absage an das Alte, der Schwur ist die Formung des Neuen, und das Dritte ist die Erfahrung mit beidem in diesem Beispiel.*

Das dreifache Nein – Absage an das Alte

Das pointiert gesetzte dreifache *Nein* im Bekenntnis des Königs David vor seinem Gott hat folgende Bedeutung: Herr, das soll von mir gelten, mein Herz ist *nicht hoffärtig*, meine Augen sind *nicht stolz* und *ich gehe nicht um mit großen Dingen*, die mir zu wunderbar sind. Wenn David hier von seinem Herzen, von seinen Augen spricht, dann spricht er damit von seiner Person. Er sieht in der hochmütigen Gebärde bzw. Haltung den Hochmut der Seele. Es gibt »eine Art [von Menschen], die ihre Augen hoch trägt und ihre Augenlider emporhebt« (Spr 30,13); und es gibt den Hochmut der Handlungsweise. Der Mann des Glaubens entdeckt seine alte Prägung, die sich ohne Gott an Systemen, Gedanken und Ideologien berauscht. Der Mensch in seiner alten Prägung rutscht ab in den Hochmut, also in die Gottlosigkeit, und setzt sich an die Stelle Gottes. David formuliert hier das, was in Psalm 14 beschrieben ist: »Die Toren sprechen in ihrem Herzen: ›Es ist kein Gott‹« (Ps 14,1). Mit dieser Einstellung wird das Herz hochmütig, die Augen sind stolz und wir gehen mit Dingen um, die eigentlich nicht unser Ressort sind.

Der Mensch alter Prägung handelt mit Hochmut und setzt sich an die Stelle Gottes

Das, was der glaubende David hier beschreibt, kennen wir eigentlich nicht von den Glaubenden, sondern von den Nichtglaubenden. Dieses Pharao-Phänomen wurde erkennbar, als Mose zum ersten Mal vor den ägyptischen Pharao trat, um für das auserwählte, versklavte Volk zu sprechen. Als er im Auftrag Gottes sagte: »Lass mein Volk ziehen«, war die Antwort des Pharaos: »Wer ist der Herr, dass ich ihm gehorchen müsse und Israel ziehen lasse?« (2. Mose 5,1). Der Satz »*Wer ist der Herr*« zeigt den Grundgeist des Menschen, der sich von Gott losgelöst hat, die Augen hoch trägt, sich um Dinge kümmert, die nicht seine Sache sind, und der sich in seinem tiefsten Herzen hochmütig an die Stelle Gottes setzt.

Wer ist der Gott, dem ich gehorchen sollte? – Das Pharao-Phänomen

Wir kennen das auch bei Hiob, der dieses Phänomen plastisch beschrieben hat: »… und doch sagen sie [die Gottlosen] zu Gott: ›Weiche von uns, wir wollen von deinen Wegen nichts wissen! Wer ist der Allmächtige, dass wir ihm dienen sollten? Oder was nützt es uns, wenn wir ihn anrufen?‹« (Hiob 21,14f). Die Gottlosen meinen: »Wir brauchen ihn einfach nicht.« Wir haben es hier also mit dem Pharao-Phänomen zu tun.

Diese Beschreibung der Gottlosen haben wir bereits in 1. Mose 3, bei dem entscheidenden Fall der Menschheitsgeschichte, als die Macht des Bösen gegenüber den Menschen behauptet hat: »… ihr werdet sein wie Gott« (1. Mose 3,5). Als sie darauf eingegangen waren, begann das Inferno und der Mensch war nicht mehr in seiner ursprünglich von Gott gedachten Position. Die Macht des Bösen hat selbst die o.g. Art und wird in prophetischen Texten erstaunlicherweise fast wortgleich beschreiben, wie David hier den Gottlosen beschreibt: »Du aber gedachtest in deinem Herzen: ›Ich will in den Himmel steigen und meinen Thron über die Sterne Gottes erhöhen, ich will mich setzen auf den Berg der Versammlung im fernsten Norden. Ich will auffahren über die hohen Wolken und gleich sein dem Allerhöchsten‹« (Jes 14,13f).

Der Mensch legt die alte Art des Pharao-Phänomens nicht einfach ab

Das Besondere des 131. Psalms ist, dass David als Glaubender dieses Phänomen immer noch bei sich selbst entdeckt, das ist sein Problem. Auf der einen Seite haben wir den von Gott losgelösten Menschen, der sich selbst zum Gott macht, auf der anderen Seite den, der bei Gott ruht wie ein Kind bei seiner Mutter. David erkennt diese Extreme nach wie vor in seiner eigenen Person. Diese alte Art legt der Mensch nicht einfach ab. David hat für den geistlichen Menschen ein Kampfgebiet ausgemacht, das manch einer von uns noch nicht als solches erkannt hat. Diese alte Art ist noch in unserem Leben präsent und taucht immer wieder auf.

Wir mussten einmal Kinder zur S-Bahn-Station bringen und die Zeit war ein bisschen zu knapp, um die Bahn noch zu erreichen. Also fuhren wir der Bahn hinterher und nach einigen Haltestationen haben wir sie dann endlich »gestellt«. Genau das finden wir hier im Text. Sie fahren mit Ihrer kleinen Glaubens-S-Bahn los, denken, Sie haben alle Themen der Gottlosigkeit hinter sich, denn diese sind nicht mit eingestiegen, und fahren friedlich in Ihrer Schiene. Doch an einem bestimmten Punkt stehen diese Themen wieder da und versuchen einzusteigen. Sie wurden eingeholt. Viele von uns, die eine bewusste Entscheidung für Christus getroffen haben, erleben belastend, dass die alten Geister wieder Einlass begehren. Der geistliche Mensch muss lernen, dieses Kampfgebiet zu erkennen, um ganz bewusst und aktiv dagegen anzugehen: *Lo, lo, lo* – nein, nein, nein! Sie kommen zwar wieder, aber ich lasse nicht zu, dass sie in meine Glaubensbahn einsteigen. Das muss man immer wieder neu entscheiden, denn in unserem Leben wird der Geist von 1. Mose 3, der Geist des Pharao, immer wieder sein Glück versuchen. Bei jedem von uns geschieht das auf andere Weise. Deshalb ist diese Confessio »nein, nein, nein« so entscheidend.

Die Confessio lo, lo, lo gegen den Geist von 1. Mose 3 bleibt entscheidend

Der Geist des Pharao prägt mich z.B. auch dann, wenn ich meine, Gott als Instrument meiner Wünsche und Gedanken steuern zu können. Zu oft wollen wir Einfluss nehmen auf das Handeln Gottes im Weltenplan und in unserem persönlichen Leben. Doch es geht darum, zu akzeptieren, was der Prophet Jesaja im Namen Gottes sagt: »Denn meine Gedanken sind nicht eure Gedanken, und eure Wege sind nicht meine Wege, spricht der Herr, sondern so viel der Himmel höher ist als die Erde, so sind auch meine Wege höher als eure Wege und meine Gedanken als eure Gedanken« (Jes 55,8f). Wir müssen annehmen, was David im Psalm betet: »Aber wie schwer sind für mich, Gott, deine Gedanken! Wie ist ihre Summe so groß! Wollte ich sie zählen, so wären sie mehr als der Sand: Am Ende bin ich noch immer bei dir« (Ps 139,17f). Der Apostel Paulus schreibt: »O welch eine Tiefe des Reichtums, beides, der Weisheit und der Erkenntnis Gottes! Wie unbegreiflich sind seine Gerichte und unerforschlich seine Wege!« (Röm 11,33).

Die Frage lautet nicht: Wie löst sich alles für mich auf? Sondern: Wie unbegreiflich sind die Wege Gottes und wie anbetungswürdig seine Gedanken?

Wir müssen unsere Grenzen klar erkennen. Wenn ich in meinen Entscheidungen und Handlungen alleine bei mir bleibe, lande ich bei dem, was uns der Apostel Petrus beigebracht hat: »... Gott widersteht den Hochmütigen, aber den Demütigen gibt er Gnade. So demütigt euch nun unter die gewaltige Hand Gottes, damit er euch erhöhe zu seiner Zeit. Alle eure Sorge werft auf ihn; denn er sorgt für euch« (1. Petr 5,5ff). Wer faktisch alleine lebt, lebt am Rande des Geistes von Jesaja 14. Ich bin aber nicht alleine, nicht in meinem Leben, meinen Entscheidungen und meinem Handeln. Der Geist aus 1. Mose 3 kann auch in meine Beziehungen zu anderen Menschen einsteigen, wenn ich meine, ich könnte mich über sie erheben, sie zur Seite schieben. Ich kann auch denken, dass andere Menschen für mein Beziehungsgefüge keine Bedeutung hätten. In der Gegenwart Gottes lerne ich, dass das so nicht stimmt.

Gott bleibt immer Gott, in seiner absoluten Souveränität und in der Liebe zu seinen Kindern

Der Geist des Pharao kann bei mir auch als Glaube an die Machbarkeit einsteigen, wenn ich meine, dass ich alles schon irgendwie allein hinbekomme. Wo immer auch der alte Geist bei jedem von uns den Einstieg versucht – er tut es immer dann, wenn ich mir selbst das Gesetz bin, wenn die entscheidenden Antworten sind: »Ich will das so« und »Ich mache das so«. Dann stellt sich die Frage, ob Gott das auch so will, ob er das auch so machen würde.

Der Geist des Pharao steigt immer bei mir ein, wenn ich mir selbst das Gesetz bin

Bei David kann man lernen, dass für den Glaubenden das Auftauchen und Einsteigen des alten Wesens ein Kampfgebiet ist. Wie aktiv David dagegen angegangen ist, zeigt die Geschichte, als er die Bundeslade nach Jerusalem holte. David schafft es im zweiten Anlauf, sie in die Nähe des Thrones zu bringen. Ein unglaublicher Akt wird da beschrieben, es wird ein Gottesdienst gefeiert, wie Jerusalem ihn lange nicht mehr erlebt hat. Der König David tanzt vor der Bundeslade her, er ist in großer Freude vor seinem Gott. Aus dem Fenster schaut seine Frau herunter und sieht ihren Mann weder königlich noch respektabel, sondern wie er sich wenig würdevoll mit dem Volk abgibt, und es heißt: »Und als die Lade des Herrn in die Stadt Davids kam, guckte Michal, die Tochter Sauls, durchs Fenster und sah den König David springen und tanzen vor dem Herrn und verachtete ihn in ihrem Herzen« (2. Sam 6,16). Sie bringt ihrem Mann gegenüber ihren Unmut zur Sprache. »David aber sprach zu Michal: Ich will vor dem Herrn tanzen, der mich erwählt hat vor deinem Vater und vor seinem ganzen Hause, um mich zum Fürsten zu bestellen über das Volk des Herrn, über Israel, und ich will noch geringer werden als jetzt und will niedrig sein in meinen Augen ...« (2. Sam 6,21f). Das ist dieses »Nein, nein, nein, dieser Geist steigt in mein Leben nicht mehr ein.« Was für ein wunderbarer Psalm!

Der Schwur – die Formung des Neuen

Das Bekenntnis des David ist die eine Seite. In seinem Schwur spricht er auch die andere an, indem er fragt: Wie schaffe ich es, dass ich mit meiner Seele klarkomme? Meine Seele ist in diesem Prozess ein großes Problem, denn sie rebelliert gegen diesen neuen Geist. In Psalm 131,2 sagt David sinngemäß: »Ich habe geschworen, dass ich meine Seele mit Neuem formen werde.« Diese Aussage ist deshalb so interessant, weil das mit der Seele ja nicht so einfach ist. Unsere Seele ist vom Alten geprägt, sie ist das Alte gewohnt und im Laufe des Lebens lädt die Seele die alten Geister immer wieder ein, denn die kennt sie, mit denen ist sie gut befreundet. Der Geist der Gnade, der Geist von Jesus Christus, der Geist der Herrschaft Gottes ist für unsere Seele fremd. Weil wir unsere Seele nicht im Griff haben, wird sie immer wieder in die falsche Richtung tendieren.

Die Seele des Menschen rebelliert gegen den Geist der Gnade

Im Neuen Testament taucht das als *das Problem der Jünger* auf. Jesus sagt zu seinen Jüngern: »Ihr Kleingläubigen, warum seid ihr so furchtsam? Und stand auf und bedrohte den Wind und das Meer. Da wurde es ganz stille« (Mt 8,26). Damit spricht er uns genau auf dieses Grundproblem an. Unsere Seele hängt am Alten und lädt die alten Geister ein. Unser neuer geistlicher Mensch dagegen sehnt sich danach, auf Gott zu vertrauen. Das kann in unserem Leben nur Probleme geben. Viele Christen spüren in ihrer Existenz die aufgewühlte Seele, die mit dem Weg, den sie im Namen Gottes gehen möchte, nicht zurechtkommt. Es gibt punktuelle Krisen, die meine Seele durcheinanderbringen, es gibt aber auch chronische Probleme, die immer da entstehen, wo meine Seele nicht so will, wie ich im Namen Gottes will.

In einer Konditorei, in der wir manchmal Kuchen essen, kann man sich auch anschauen, wie Torten hergestellt werden. Man sieht, wie die Mitarbeiter Sahne oder eine andere Masse auf den Boden geben und so lange verteilen, bis sie ganz glatt ist. Dieses Wort vom Glätten steht hier im hebräischen Text. »Ich hab meine Seele geglättet« (V. 2). Ein ähnliches Bild kennen wir aus dem Ackerbau: »Ich habe den Acker flach bekommen, jetzt ist er ruhig.«

Ist die Seele in Aufruhr, ist das Wort Gottes entscheidend dafür, die Seele zu glätten

Es ist interessant zu begreifen, dass der geistliche Mensch Steuerungsmechanismen für meine Seele übernehmen kann und darf. Ich werde das Chaos meiner Seele nicht pflegen, die Probleme nicht füttern, auch nicht als Ersatzlebenselixier erhalten, sondern ich will meine Seele formen mit Neuem. Wie bekomme ich das hin?

Wie David das geschafft hat, steht nicht im 131. Psalm. Gehen wir in das Leben des David hinein, dann sehen wir eine Fülle von Lehrbeispielen für unser geistliches Leben. Ihm ist es gelungen, seine Seele aktiv zu formen, und er hat die Begegnung mit Gott passiv als Geschenk erlebt. Jedes Mal, wenn es um den Aufruhr der Seele ging, war das Wort Gottes das Entscheidende, mit dem David seine Seele geformt und gefüttert hat, bis sie glatt wurde wie ein Tortenboden. Der Glaube lebt vom Wort und das Wort Gottes füttert meine Seele, bis sie satt und zufrieden ist wie ein gestilltes Kind.

Bei David begann das schon am Anfang, bei seiner Erwählung. Das Grundbild ist der erste Familienkonflikt, als Samuel nach der großen Krise mit Saul zu Isai kommt. Es ist doch typisch, dass Isai nur die Söhne eins bis sieben vortreten lässt, als ob er nicht acht Söhne hätte. Die sieben treten vor, und der achte darf die Schafe hüten, damit er auch etwas zu tun hat. Die erste Not der Seele ist schon da: »Wer bin ich denn?« Gott greift dann genau nach dem achten Sohn und setzt ihn an die erste Stelle (1. Sam 16,1-13). Der Apostel Paulus sagt: »Sondern was töricht ist vor der Welt, das hat Gott erwählt, damit er die Weisen zuschanden mache; und was schwach ist vor der Welt, das hat Gott erwählt, damit er zuschanden mache, was stark ist; und das Geringe vor der Welt und das Verachtete hat Gott erwählt, das, was nicht ist, damit er zunichte mache, was etwas ist, damit sich kein Mensch vor Gott rühme« (1. Kor 1,27ff). Den jungen David zieht er ganz nach vorne, und diese angefochtene Seele bekommt zum ersten Mal etwas vom Glanz der Liebe und der Erwählungskraft Gottes ab.

Gottes Wort vermittelt der angefochtenen Seele seine Liebe und Erwählungskraft

Das geht geradeso weiter. David wird zum König erwählt, berufen, das Volk Gottes zu führen. Die Aufgabe ist eigentlich eine Nummer zu groß für ihn und seine Seele sagt: Das bewältige ich nicht. Samuel kommt und sagt ihm das Wort Gottes. Er macht ihm deutlich, dass es nicht seine Aufgabe ist, sondern dass Gott das mit ihm schaffen wird. Davids Seele beruhigt sich wieder (vgl. 1. Sam 16).

Der Konflikt ist über viele Jahre latent. David wird in eine Auseinandersetzung mit Saul hineingezogen, die er nicht gesucht hat. Die Seele Davids gerät immer mehr unter Druck. Die Bibel bezeugt, dass Jonathan zu David kam und ihm das Wort Gottes sagte. Wenn man die Verse liest, merkt man, wie die Seele Davids, die so sehr unter Druck stand, wieder glatt wird (1. Sam 23, 16ff).

Denken wir auch an die Katastrophe von Ziklag: »Als nun David mit seinen Männern zur Stadt kam und sah, dass sie mit Feuer verbrannt war und ihre Frauen, Söhne und Töchter gefangen waren, erhoben David und die Leute, die bei ihm waren, ihre Stimme und weinten, bis sie nicht mehr weinen konnten« (1. Sam 30,3f). Davids Seele ist in Panik, sie ist am Ende. Ein paar Verse weiter lesen wir: »David aber stärkte sich in dem Herrn, seinem Gott …« (1. Sam 30,6c). In die kaputte und zerrissene Seele kommt die Orientierung auf den Ewigen hinein und der Mann kann wieder handeln.

Erinnern wir uns an die Batseba-Geschichte, die die Seele Davids sehr schädigt. Gott erbarmt sich, indem er ihm den Nathan schickt, der dieser sündigen Seele das entscheidende und befreiende Wort sagt, das sie hören muss: »Du bist der Mann!«(2. Sam12,7). Dieser Eiter muss aufbrechen, damit ich Vergebung erfahren kann. »Da sprach David zu Nathan: Ich habe gesündigt gegen den Herrn. Nathan sprach zu David: So hat auch der Herr deine Sünde weggenommen; du wirst nicht sterben« (2. Sam 12,13). Man merkt, wie der Friede Gottes in die aufgescheuchte Seele Davids hineinkommt.

Welche Katastrophe ist das Verhältnis Davids zu seinem Sohn Absalom, den er so liebt und bei dem er trotzdem sehr viel falsch macht! David bekommt das Problem nicht in den Griff. Als Absalom die Revolution gegen seinen eigenen Vater startet (2. Sam 15,1-12), muss David fliehen und geht in dieser Not zu Gott. In dieser Gottesbegegnung löst sich das Problem nicht in nichts auf, aber die Seele Davids wird wieder ruhig.

David will den Tempel bauen, seine Seele ist engagiert und aktiv: »Ich schaffe das, ich baue ein Haus Gottes. Was für eine gute Idee, was für ein frommes Werk!« Nathan sagt zu David: »Gute Idee, aber das ist nicht deine Aufgabe«, und man merkt, wie die Seele wieder zu der Aufgabe heruntergeführt wird, die David zu erfüllen hat (2. Sam 7,1-16). Das Entscheidende ist, dass ich meine Seele mit dem Wort füttere und mit dem Neuen forme. Manch einer von uns weiß, was das für ein Stück Arbeit ist. An unserem Mitarbeiterwohnhaus stand einmal mit Kreide auf den Boden geschrieben: »Bald sind Ferien! Durchhalten.« Das fand ich richtig gut. Diese Worte standen wie ein Laufband zweimal auf dem Boden. Genau das Wiederholen, dieses Trainieren ist wichtig, damit meine Seele das begreift. Der Schwur und die Absage, meine Seele braucht das Neue.

Das Beispiel – Erfahrungen mit beidem

David sagt dann: »Ich habe etwas Wunderbares erlebt. Meine Seele ist still geworden wie ein eben gesättigtes Kind bei seiner Mutter.« Das ist ein starkes Bild! Mütter wissen am allerbesten um die wenigen wirklich friedlichen Augenblicke, wo einmal alles o.k. und die Welt rund ist. David greift das Bild hier auf: Er ist satt geworden durch die Beruhigung der neuen Worte, die die Seele aufgenommen und eingesogen hat. Sie ist geglättet und jetzt ist es gut.

Zu diesem Bild kann man eine Menge sagen. Zunächst einmal sind das wunderbare Erfahrungen, die viele von uns auf vielerlei Weise gemacht haben. Gott hat in den Sturm unserer zerrissenen Seele sein heilsames Wort so hineingesprochen, dass sie ruhig wurde wie ein glatter Bergsee. Diese Erfahrung – dass einen ein Wort erreicht und man merkt, dass die Seele wieder da ist, wo sie eigentlich hingehört, – diese Erfahrung macht man im Gottesdienst, in Hauskreisen oder beim persönlichen Bibellesen. Viele müssen auch entdecken, wie brüchig, labil und angefochten dieser wunderschöne Zustand ist. Der Psalm sagt, dass das kein Dauerzustand ist, nach dem Motto: Jetzt habe ich mich endlich in das stabile Gleichgewicht hineinmanövriert und da bleibe ich, bis der Herr mich holt. Dieser Zustand ist erkämpft und geschenkt, er ist immer auch brüchig und labil. Ich darf nicht zu enttäuscht sein, wenn die Seele wieder wegläuft und ich wieder in die Verfolgungsjagd hineinkomme. Ich muss die Seele erneut füttern, damit sie friedlich wird und ihren Weg so gehen kann, wie der Geist es sie lehrt.

Die Seele wird satt und geglättet durch die Aufnahme des heilsamen Wortes

Dabei geht es darum, was ich bei meinem Gott bin. Im Gegensatz zu dem losgelösten Geist aus Jesaja 14, der sich gegen Gott erhebt und über Gott stehen will, haben wir hier das Bild eines Kindes bei seiner Mutter als das Bild für die Beziehung zum lebendigen Gott. Das Neue Testament beschreibt das so: »Denn ihr habt nicht einen knechtischen Geist empfangen, dass ihr euch abermals fürchten müsstet; sondern ihr habt einen kindlichen Geist empfangen, durch den wir rufen: Abba; lieber Vater!« (Röm 8,15). Das ist in Psalm 131 abgebildet. Wenn wir das annehmen, machen wir die wunderbare Erfahrung, dass manchmal eine Woge des Erlebens von Kindschaft durch unser geistiges Leben hindurchzieht.

Wenn wir mit unserem Menschsein in der Weise bei Gott ankommen, dass unsere angefochtene Seele endlich ruhig wird und merkt, dass sie da hingehört, dann spüren wir eine Sehnsucht nach mehr. Der geistliche Mensch sehnt sich nach mehr, in dem Wissen, dass er dieses entscheidende Mehr nicht hier auf der Erde bekommt. Die Seele wird in der Weise ruhig, wie David es in Psalm 131 sagt: »... hoffe auf den Herrn von nun an bis in Ewigkeit!« (V. 3).

Wir merken, der Psalm 131 ist kein kleines Liedchen. Er ist das Bekenntnis eines glaubenden Mannes, der schon viel erlebt hat. David hält uns mit seiner Erfahrung den Spiegel vor. Er macht uns unsere Lage deutlich, indem er sagt: »Nein, Nein, Nein!« – eine ganz bewusste Absage an das Alte, verbunden mit der Aufforderung, den Kampf aufzunehmen. Er sagt uns, dass wir uns mit Neuem formen können. David selbst hat geschworen, das zu tun, und macht uns mit seinen Erfahrungen Hoffnungen. Vielleicht passt jetzt Gerhard Tersteegen: »Ich lass mich dir und bleib indessen, von allem abgekehrt, dir nah; ich will die Welt um mich vergessen [nein, nein, nein], dies innigst glauben: Gott ist da!«[37] Ich füttere meine Seele mit Neuem und mache dann die Erfahrung: »O Gott, o Geist, o Licht des Lebens, man harret deiner nie vergebens.«[38]

Psalm 132

Gedenke, Herr, an David und all seine Mühsal, der dem Herrn einen Eid schwor und gelobte dem Mächtigen Jakobs: Ich will nicht in mein Haus gehen noch mich aufs Lager meines Bettes legen, ich will meine Augen nicht schlafen lassen noch meine Augenlider schlummern, bis ich eine Stätte finde für den Herrn, eine Wohnung für den Mächtigen Jakobs. Siehe, wir hörten von ihr in Efrata, wir haben sie gefunden im Gefilde von Jaar. Wir wollen in seine Wohnung gehen und anbeten vor dem Schemel seiner Füße. Herr, mache dich auf zur Stätte deiner Ruhe, du und die Lade deiner Macht! Deine Priester lass sich kleiden mit Gerechtigkeit und deine Heiligen sich freuen. Weise nicht ab das Antlitz deines Gesalbten um deines Knechtes David willen! Der Herr hat David einen Eid geschworen, davon wird er sich wahrlich nicht wenden: Ich will dir auf deinen Thron setzen einen, der von deinem Leibe kommt. Werden deine Söhne meinen Bund halten und mein Gebot, das ich sie lehren werde, so sollen auch ihre Söhne auf deinem Thron sitzen ewiglich. Denn der Herr hat Zion erwählt, und es gefällt ihm, dort zu wohnen. »Dies ist die Stätte meiner Ruhe ewiglich: hier will ich wohnen, denn das gefällt mir. Ich will ihre Speise segnen und ihren Armen Brot genug geben. Ihre Priester will ich mit Heil kleiden, und ihre Heiligen sollen fröhlich sein. Dort soll dem David aufgehen ein mächtiger Spross, ich habe meinem Gesalbten eine Leuchte zugerichtet; seine Feinde will ich in Schande kleiden, aber über ihm soll blühen seine Krone.«

Psalm 132,1-18

Dieser Psalm ist ziemlich lang und nicht so bekannt. Er passt nicht so gut in den Rahmen eines Gottesdienstes. Man kann den Psalm aber auch nicht sinnvoll kürzen. Ein weiterer Eindruck ist, dass uns die Botschaft nicht so unmittelbar ins Auge springt. Es geht um Israel, den Zion, den Bund, aber wo ist das, was in unser Herz und in unser Leben hineintrifft? Außerdem wirft dieser Psalm Fragen auf. Man weiß nicht, ob er ein Zionslied, ein Danklied oder ein Königslied sein soll. Wer hat ihn geschrieben? Wir wissen nur, dass ein Teil des Psalms im Salomonischen Tempelweihegebet seinen Platz hat. Ob er bei einem Gottesdienst gebetet wurde, wissen wir nicht, und es existieren Theorien ohne Ende zu diesem Psalm 132.

Um an diesen Psalm etwas näher heranzukommen, können die folgenden Gedanken helfen: Er ist ein Wallfahrtslied, ein Pilgerlied, in dem es um den Glauben des alten Bundesvolkes geht. Natürlich hat dieser Psalm auch ein gottesdienstliches Flair. Man atmet ein Stück des Hinaufgehens zum Zion, zu dieser Burg, die eigentlich als Zion bezeichnet wurde. Erst später wurde die Tempelanlage als Zion bezeichnet, dann ganz Jerusalem und am Schluss ganz Israel. Wir haben es hier also mit einem Zionslied, mit einem Lied des Hinaufziehens nach Jerusalem zu tun.

In Psalm 132 geht es darum, dass David angesichts der Überführung der Bundeslade sein ganz persönliches Bekenntnis der Demut vor Gott abgelegt hat. 2. Samuel 7 beschreibt die Nacht und das Gebet nach der Überführung der Bundeslade, das ist die genaue Parallele zum 132. Psalm. Legen wir 2. Samuel 6 und 7 neben Psalm 131 und 132, haben wir genau das, was damals in der Geschichte abgelaufen ist.

Dieser Psalm hat zwei große Teile: »*David …, der dem Herrn einen Eid schwor*« (V. 1f) und »*Der Herr hat David einen Eid geschworen*« (V. 11). Das ist die Gliederung dieses Psalms. Zuerst legt David Gott gegenüber einen Eid ab (V. 1-10) und dann legt Gott David gegenüber einen Eid ab (V. 11–18). Legt man die beiden Teile des Psalms nebeneinander, bemerkt man, dass sie völlig parallel, teilweise mit denselben Vokabeln formuliert sind: *Die Wohnstätte wird gesucht – die Wohnstätte wird zugesagt. Die Wohnstätte wird erlebt – in der Wohnstätte wird Heil erlebt. Leben mit den Priestern, mit dem Messias und David – Leben mit den Priestern, mit dem Messias und David und am Ende die Krönung.* Teil I: Davidschwur – Teil II: Jahwe- oder Gottesschwur.

In beiden Teilen ist nicht immer deutlich erkennbar, wer wo spricht. Auf der einen Seite haben wir eine Gebetsanrede: »Gedenke, Herr, an David« (V. 1). Der Schwur ist ein Zitat von David. Es gibt dann eine Gruppe, die anfängt zu singen und zu beten, dann nochmal die Erinnerung an den Bund, den Gott mit David und seinem Haus geschlossen hat (V. 9f). Ganz unterschiedliche Gruppen können den Psalm bei einem Gottesdienst aufgeführt haben, vielleicht haben verschiedene Chöre in Jerusalem oder im Tempel miteinander diesen 132. Psalm vor dem Ewigen gesungen und gebetet.

Damit der Text bei uns ankommt, nicht nur als ein Zeugnis für Israel, müssen wir irgendwie einen Zugang finden. Ist das Alte Testament Botschaft für uns, so ist auch dieser Psalm ein Psalm für uns. Machen wir uns also auf zum Zion, gehen wir nach Jerusalem und suchen drei verschiedene Begebenheiten auf, um dort jeweils miteinander den 132. Psalm zu lesen. Zum einen gehen wir zum *Tempeleinweihungs-*

Gottesdienst. Zum Zweiten gehen wir zu einem *Tempelbesuch* in der Karwoche. Zum Dritten gehen wir zu einer *Tempelplanung* in einer Prophetennacht.

Der Tempeleinweihungs-Gottesdienst

Die Bibel beschreibt in 1. Könige 8 die Einweihung des ersten, des Salomonischen Tempels. Das war ein unglaublicher Festakt. Es lohnt sich, wieder einmal zu lesen, wie da gefeiert wurde, als diese Wohnstätte für Gott endlich fertiggestellt war. Ein wunderbares Gebet des Königs Salomo bildet die Mitte dieser Einweihungsfeier. Er bittet darum, dass Gott in diesem Tempel präsent ist. Einige Verse aus diesem Gebet tauchen hier in Psalm 132 wieder auf: »Herr, mache dich auf zur Stätte deiner Ruhe, du und die Lade deiner Macht! Deine Priester lass sich kleiden mit Gerechtigkeit und deine Heiligen sich freuen. Weise nicht ab das Antlitz deines Gesalbten [Salomo selbst] um deines Knechtes David willen« (V. 8-10).

Salomo und alle nachfolgenden Könige gründen sich auf den Bund, den Gott mit David geschlossen hat. Sie erinnern Gott förmlich an diesen Bund. »Gedenke, Herr, an David und all seine Mühsal« (V. 1). Männer wie Salomo, Rehabeam, die ganze Linie der Könige, berufen sich auf etwas, was außerhalb ihrer eigenen Person, ihres eigenen Verdienstes und ihres eigenen Vermögens liegt, nämlich auf David und den Bund, der mit ihm geschlossen wurde. Deswegen zitiert dieser Psalm das, was David getan hat. Er zitiert zweimal den Mächtigen Jakobs und er zitiert Mose, wenn er die Lade erwähnt: »Herr, mache dich auf zur Stätte deiner Ruhe, du und die Lade deiner Macht« (V. 8), so hat Mose geredet (vgl. 4. Mose 10,35). Das bedeutet, dass die Beter, Salomo und alle nach ihm, sich ganz bewusst auf das gründen, was vor ihnen und außerhalb von ihnen geschehen ist. »Gedenke nicht um unsertwillen, sondern um der anderen willen, und gedenke dessen, was da getan worden ist, denn das gilt auch für uns. Wir stehen in der Geschichte von Mose, von Jakob und besonders von David.«

Die Könige Israels gründen sich auf David und dessen Bund mit Gott

Der Rückgriff auf David fällt hier besonders auf. In diesem Eid Davids wird deutlich, wie er sich engagiert und geschworen hat, das Anliegen dieser Lade und der Tempelvorbereitung auf sein Herz zu nehmen. Wir bekommen ein bisschen davon mit, wie die Lade dann gefunden wurde. »Siehe, wir hörten von ihr in Efrata« (V. 6). Die einen beziehen das auf die Heimat Davids, die anderen auf den ersten Aufbewahrungsort der Lade bei Silo. Da war sie aber nicht, sondern: »wir haben sie gefunden im Gefilde von Jaar« (V. 6), ein poetischer Ausdruck für die Stadt *Kirjat Jearim*. Danach wurde sie tatsächlich nach Jerusalem gebracht. Jetzt war die Lade Gottes da, wo sie hingehörte, nämlich in Jerusalem, und das entsprechende Wohnhaus Gottes wurde gebaut.

Der Glaubende gründet sich auf die Heilsgeschichte

Beim Propheten Daniel lesen wir: »Denn wir liegen vor dir mit unserm Gebet und vertrauen nicht auf unsre Gerechtigkeit, sondern auf deine große Barmherzigkeit« (Dan 9,18b). Die Grundlinie aller Glaubenden ist nicht das, was bei uns ist, sondern etwas außerhalb meiner Person. Der Glaubende gründet sich nicht auf das Eigene, sondern auf die Heilsgeschichte bei Mose, bei Jakob, bei David. »Herr, wir bitten dich, halte dich um ihretwillen zu uns und stärke uns.« Es gibt ein Fundament, auf dem ich stehe, denn es ist etwas geschehen. Gott wird an dieses Fundament, an den Bund erinnert. »Gedenke, Herr, an David und all seine Mühsal« (V. 1). Wie kommt man auf so ein Gebet? Doch nur dann, wenn man aufgrund der eigenen Lage den Eindruck hat, es sei jetzt notwendig, Gott an den Bundesschluss zu erinnern.

Das Bedürfnis, sich immer wieder einmal zu vergewissern, kann man beim Volk Israel häufig feststellen. Zum Beispiel bei der Reichsteilung, ca. im Jahr 926 v.Chr., als plötzlich nichts mehr klar war und alles auseinanderbrach: »Herr, gedenke an den Bund.« Oder im Jahr 722 v.Chr., als die zehn Stämme des Nordens aus der Weltgeschichte ausradiert wurden: »Herr, gedenke an deinen Bund.« Der Psalm wurde im Jahr 587 v.Chr. gebetet, als die babylonischen Heere über Jerusalem hereinbrachen. Auch da sagten Beter: »Gedenke, Herr, an David und all seine Mühsal. Herr, stehst du noch zu deinem Bund?« Der Text wurde bei der Einweihung des zweiten Tempels gebetet, dieses armseligen Baus, den sie in der nachexili-

Herr, gedenke an deinen Bund

schen Zeit aufgebaut hatten. Sie erinnerten sich an den alten Tempel und beteten den 132. Psalm: »Herr, wir erinnern dich an den Bund.«

Eine Bundeserinnerung ist immer dann angebracht, wenn man befürchtet, Gott habe vergessen, wie er zu uns steht. Ich habe aus Termingründen selten die Gelegenheit unsere kleinste Tochter ins Bett zu bringen. Als es einmal doch möglich war, entdeckte ich ein Phänomen. Ich habe mit der Kleinen gesungen und gebetet und sie dann in ihr Bett gelegt. Während ich sie schon halb schlafend hinlegte, ging ihr rechter Arm hoch und sie zeigte an die Decke. Da ich in den Ritualen des Abends nicht so geübt bin, habe ich das Zeichen zunächst nicht verstanden. Über ihrem Bett hängt ihre Spieluhr, und sie war nicht ganz sicher, ob ihr Vater auch weiß, dass nach dem Schlussgebet einmal an der Spieluhr gezogen wird. Deswegen die Bewegung des Armes, die mir sagen sollte: »Denk' daran, einmal ziehen!« Als ich dann an der Spieluhr gezogen hatte, ging der Arm wieder runter und alles war in Ordnung.

Es gibt immer wieder Lebenslagen, die eine Bundeserinnerung sinnvoll erscheinen lassen

Gedenke, vergiss es nicht. Vielleicht ist der eine oder andere von uns auch in einer Lebenslage, wo er der Meinung ist, Gott an den Bund erinnern zu müssen. Das gibt es beispielsweise bei Krankheitsnöten, die man nicht verstehen kann. Möglicherweise auch, wenn jemand auf die Zielgerade des Lebens zugeht und alle Grundfragen und Ängste im Sterbeprozess wieder hochkommen. Man spürt vielleicht ein geistiges Vakuum, man macht keine Erfahrungen mit Gott, man hakt so einen Tag nach dem anderen ab. Möglicherweise ist man auch in Schuld geraten, es sind große Fehler passiert, die einem leidtun und für die man sich schämt. Dann steht die Frage vor uns: »Gott, gedenkst du noch an deinen Bund?« »Denn euer Vater weiß, was ihr bedürft, bevor ihr ihn bittet« (Mt 6,8). Trotzdem darf ich mit meiner Not zu ihm kommen und sagen: »Herr, gedenke doch an deinen Bund, lass diesen Bund nicht wackeln, den du mit mir in Jesus Christus geschlossen hast.«

Wir können uns auf den Schwur und die Wahl Gottes verlassen

Mit dieser Bundeserinnerung sind wir faktisch auf der einen Seite des 132. Psalms. Die zweite Seite beginnt mit der Aussage: »Der Herr hat David einen Eid geschworen« (V. 11). Der Herr hat David erwählt! Zu der einen Seite der Bundeserinnerung und der Not schafft dieser Psalm mit zwei Gotteszitaten ein Gegengewicht. Es gibt eine Wahl Gottes, einen Schwur, er sagt uns das ganze Gewicht der Bundesbestätigung zu. Darauf kannst du dich verlassen, denn Gott hat geschworen und Gott hat gewählt. Dieses Schwergewicht setzt er hier ein. Ganz gleich in welcher Lage wir uns auch immer befinden, wir können mit unserer Bundeserinnerung zu Gott kommen und ihm das sagen. Er wird uns jedes Mal die Bundesbestätigung geben und sagen: »Darauf kannst du dich verlassen, das schwöre ich dir. Ich habe dich erwählt und dazu stehe ich.«

Ein Mitarbeiter der Langensteinbacher Höhe befand sich einmal nicht an seinem normalen Platz im Büro. Die Person, die ihn suchte, fragte: »Ist er denn noch im Haus?« Die Antwort lautete: »Schau auf seinen Schreibtisch, da liegt sein Handy, und ohne dieses Handy ist er nie weit weg.« Das noch vorhandene Handy war das schlichte Indiz dafür, dass der Gesuchte im Umkreis von 50 Metern zu finden war. Wie viel mehr gilt das, wenn Gott Ihnen seine Entscheidung auf den Schreibtisch legt: Dann kann er nicht weg sein. Er sagt: »Ich habe dir das geschworen, ich habe dich erwählt. Darauf kannst du dich verlassen, in welcher Lage du dich jetzt oder in Zukunft auch befindest oder befinden wirst.«

Das ist der erste Zugang zum 132. Psalm. Es kann sein, dass Sie in einer Lage sind, in der Sie den Eindruck haben, Sie sollten Gott an seinen Bund erinnern. Wenn Sie das tun, gibt Gott Ihnen eine doppelte Bundesbestätigung. Er steht dazu: »Ich habe dir das geschworen, ich habe dir das zugesagt, ich habe gewählt und dabei bleibt es.«

Ein Tempelbesuch in der Karwoche

Gehen wir von diesem Einweihungsgottesdienst weg ins Neue Testament, dann landen wir in der Karwoche. Mitten in dieser Karwoche steht Jesus im Tempel und redet u.a. mit einer Gruppe von Theologen. Er stellt ihnen eine knifflige Frage, an der die Theologen der damaligen Zeit gescheitert sind: »Was denkt ihr von dem Christus? Wessen Sohn ist er?« Sie dachten, sie seien auf der sicheren Seite, als sie sagten:

»Davids. Da fragte er sie: Wie kann ihn dann David durch den Geist Herr nennen, wenn er sagt (Psalm 110,1): ›Der Herr sprach zu meinem Herrn: Setze dich zu meiner Rechten, bis ich deine Feinde unter deine Füße lege‹? Wenn nun David ihn Herr nennt, wie ist er dann sein Sohn? Und niemand konnte ihm ein Wort antworten …« (Mt 22,42ff). Wenn wir im Tempel stehen, dort Jesus sehen und begreifen, dass er deutlich den Titel des Davidsohns in Anspruch nimmt, dann verstehen wir: Wir können den 132. Psalm nicht ohne Jesus lesen. Dann würden wir ihn unvollständig lesen. In diesem Psalm haben wir es mit Jesus zu tun, er ist das Ziel dieses Textes.

Jesus nimmt den Titel des Davidsohns in Anspruch

Der Apostel Paulus sagt über Jesus: »… von seinem Sohn Jesus Christus, unserm Herrn, der geboren ist aus dem Geschlecht Davids nach dem Fleisch, …« (Röm 1,3). Jesus ist der, von dem der Engel Gabriel zu Maria gesagt hat: »Der wird groß sein und Sohn des Höchsten genannt werden; und Gott der Herr wird ihm den Thron seines Vaters David geben, und er wird König sein über das Haus Jakob in Ewigkeit, und sein Reich wird kein Ende haben« (Lk 1,32ff).

Im 132. Psalm haben wir es mit Jesus, dem Messias, zu tun. Wenn wir einen Zugang gewinnen wollen, dann müssen wir den Psalm unbedingt auf Jesus hin lesen. Jesus selbst nennt sich im Neuen Testament Davids Herr (Mt 22,45) und »aus Davids Geschlecht« (Lk 2,4) und »geboren in Davids Stadt« (Lk 2,11) und »Davids Sohn« (Mk 12,35). Er hat die Davids-Schlüssel (Offb 3,7), er baut die Davids-Hütte (Apg 15,16), er sitzt auf Davids Thron und er ist Davids Spross (Offb 5,5). Bei Jesus haben wir es immer mit David zu tun. Dieser Psalm sagt: »Gedenke, Herr, an *diesen* David«, an diesen *Davididen*,[39] den ganz Besonderen, an Jesus und all seine Mühsal. Wie er sich schwor: »Ich will nicht in mein Haus gehen [ich will nicht zurück zu meinem Vater gehen] noch mich aufs Lager meines Bettes legen, ich will meine Augen nicht schlafen lassen noch meine Augenlider schlummern, bis ich eine Stätte finde für den Herrn, eine Wohnung für den Mächtigen Jakobs« (V. 3ff). Hier haben wir einen Schwur des Gottessohnes gegenüber dem Vater, den Plan des Heils auszuführen bis zur Ziellinie. »Gedenke, Herr, an diesen David.«

Der Sohn Gottes schwört den Plan des Heils zu vollenden

Wir sehen diesen neutestamentlichen David, diesen Jesus, im Tempel stehen und für Ordnung sorgen. »Seine Jünger aber dachten daran, dass geschrieben steht (Psalm 69,10): ›Der Eifer um dein Haus wird mich fressen‹« (Joh 2,17). Das steht geschrieben und das ist der Mann, der in einer unglaublichen Weise für Gott, den Vater, eintritt.

Wir sind bibelfest genug, um zu erkennen, dass es sich hier nicht nur um diesen Tempel, um Israel und die irdische Ebene handelt. Stephanus war einer der klügsten Köpfe der ersten Christenheit, ein Denker par excellence. Von ihm heißt es: »Doch sie vermochten nicht zu widerstehen der Weisheit und dem Geist, in dem er redete« (Apg 6,10). So etwas hat die Leute schon immer geärgert. Sie versuchten, diesen Apologeten, diesen Denker aus dem Weg zu schaffen. Dann stand Stephanus vor dem Hohen Rat und hielt seine Rede, einen Abriss der Heilsgeschichte. Am Ende kam er auf Salomo zu sprechen: »Salomo aber baute ihm ein Haus. Aber der Allerhöchste wohnt nicht in Tempeln, die mit Händen gemacht sind« (Apg 7,47f). Spätestens hier wurden sie sehr nervös, weil sie begriffen: Dieser Mann hat eine andere Theologie, er sieht Gott nicht einfach verortet im Jerusalemer Tempel. Er hat das Bild, das Gott von seiner neutestamentlichen Gemeinde hat. Er sieht das, was Jesus gesagt hat: »Wer mich liebt, der wird mein Wort halten; und mein Vater wird ihn lieben, und wir werden zu ihm kommen und Wohnung bei ihm nehmen« (Joh 14,23).

Der Apostel Paulus sagt: »... dass Christus durch den Glauben in euren Herzen wohne und ihr in der Liebe eingewurzelt und gegründet seid« (Eph 3,17). Und: »So seid ihr nun nicht mehr Gäste und Fremdlinge, sondern Mitbürger der Heiligen und Gottes Hausgenossen, erbaut auf den Grund der Apostel und Propheten, da Jesus Christus der Eckstein ist, auf welchem der ganze Bau ineinandergefügt wächst zu einem heiligen Tempel in dem Herrn« (Eph 2,19ff). Petrus schreibt: »Und auch ihr als lebendige Steine erbaut euch zum geistlichen Hause und zur heiligen Priesterschaft, zu opfern geistliche Opfer, die Gott wohlgefällig sind durch Jesus Christus« (1. Petr 2,5). Und im ersten Korintherbrief heißt es: »Oder wisst ihr nicht, dass euer Leib ein Tempel des Heiligen Geistes ist, der in euch ist und den ihr von Gott habt, und dass ihr nicht euch selbst gehört?« (1. Kor 6,19).

Mit diesem spiegelbildlichen »Er lebt in uns und wir leben in ihm« kommt ein ganz anderer Tempel ins Blickfeld. Damit dieser entstehen kann, hat Jesus, dieser Davidide, alles eingesetzt und mit seinem stellvertretenden Sterben am Kreuz von Golgatha eine Bundeserfüllung geschaffen, wie man sie sich größer nicht vorstellen kann. Wer das sieht, erkennt, dass er dabei ist und zu diesem Kreis gehört. Ich gehöre zu dieser Bundeserfüllung und dem Eifer um sein Haus, um die neue Wohnung Gottes, des Heiligen Geistes, seine Gemeinde. Bekommen wir den 132. Psalm so vor Augen gestellt, geht plötzlich ein Jubel durch diesen Psalm. Wir haben teil an dem Wunder, das Gott durch Jesus geschaffen hat, wir gehören dazu. Wenn wir in Christus sind, ist das der entscheidende Wert unseres Lebens.

Mit seinem stellvertretenden Sterben hat Jesus die Bundeserfüllung geschaffen

Vor Grundlegung der Welt sind wir erwählt.

Mein entscheidender Wert ist, dass einer von Ewigkeit her gesagt hat: »Vater, das bekomme ich hin. Ich schwöre, ich schaffe eine völlig neue Wohnung, diesen Tempel des Heiligen Geistes aus lebendigen Gliedern.« Er hat dafür sein Leben eingesetzt. Vor Grundlegung der Welt hat der eine gesagt: »Ich habe dich erwählt.« Deshalb kann ich angesichts von Psalm 132 sagen: »Zu diesem Haus gehöre ich, in diesem Tempel habe ich meine Wohnung und mein zukünftiges Haus.« Jeder muss sich selbst fragen, ob er diesen Wert schon für sich persönlich in Anspruch genommen hat.

»Gedenke, Herr, an diesen Davididen, und an das, was er getan hat.« Der Vater sagt: »Ich habe es ihm geschworen.« Im zweiten Teil des Christushymnus aus Philipper 2 heißt es: »Darum hat ihn auch Gott erhöht und hat ihm den Namen gegeben, der über alle Namen ist, dass in dem Namen Jesu sich beugen sollen aller derer Knie, die im Himmel und auf Erden und unter der Erde sind, und alle Zungen bekennen sollen, dass Jesus Christus der Herr ist, zur Ehre Gottes, des Vaters« (Phil 2,9ff). Und die Zusage aus Psalm 110 lautet: »Setze dich zu meiner Rechten« (Ps 110,1). Das ist die Bundeserhöhung, die diesem Sohn gebührt.

Damit haben wir den zweiten Zugang zum 132. Psalm. Ich komme mit meiner kleinen, müden Seele, sehe Jesus mit seinem totalen Einsatz für mich und ein Hauch von Glück durchzieht meine Person, in dem Wissen, dass ich bei ihm zu Hause bin.

Eine Tempelplanung in einer Prophetennacht

Wir müssen noch einen Schritt weiter gehen. David ist einer der Glaubenden des Alten Bundes, daran gibt es keinen Zweifel. Von diesem Mann des Glaubens kann man etwas lernen.

Was können wir von David lernen? Es heißt: »Gedenke, Herr, an David und all seine Mühsal« (V. 1). »Gedenke ... an ... all seine *Mühsal*« wird auch mit: »Gedenke an sein *ruheloses Sehnen*«, »Gedenke an sein *Hingebeugtsein*«, »Gedenke an sein *Mitsichherumtragen*« übersetzt. »Gedenke an sein *Besorgtsein*« ist eine besonders treffende Übersetzung. Von David, einem Erwachsenen im Glauben, kann ich dieses Besorgtsein um die Sache Gottes lernen, das *Besorgtsein* um Gottes Reich, um Gottes Herrschaft. »Trachtet *zuerst* [seid besorgt] nach dem Reich Gottes und nach seiner Gerechtigkeit, so wird euch das alles zufallen« (Mt 6,33).

Von David können wir das Besorgtsein um das Reich Gottes lernen

Im Alten Testament lesen wir, dass David um das Reich Gottes wirklich besorgt war. Man könnte meinen, dass David etwas anderes zu tun gehabt hätte, als die Bundeslade nach Jerusalem zu bringen. Aber für ihn war das ein tiefes geistliches Anliegen. Wir wissen aus der Bibel, dass der erste Anlauf schiefging (1. Chr 13). Doch er hat sich nicht entmutigen lassen, er plante einen zweiten Anlauf. Kaum hatte er die Bundeslade in Jerusalem – man könnte denken, dass es damit gut gewesen wäre –, dachte David: »Das kann nicht sein, die Lade wohnt in einem Zelt und ich wohne in einem Haus aus Ebenholz.« Diesem Mann spürt man sein tiefes Herzensanliegen ab, was die Sache Gottes betrifft.

Die Berührung mit dem Heiligen bewirkt das Besorgtsein

Sehen wir David vor uns, merken wir den unglaublichen Unterschied, ob ich etwas in der Gemeinde von Jesus, im Reich Gottes aufgrund meines Anstandes und meiner Pflicht tue oder weil ich um die Sache Gottes besorgt bin. Wenn das bei uns angekommen ist, ändert sich alles. Herr, wie geht das, dass man uns nicht immer antreiben muss? David ist berührt vom Heiligen, man spürt ihm ab, dass Gott in seinem Leben ist. Die Berührung mit dem Heiligen hat das Besorgtsein bewirkt. Wenn das doch auch bei uns ankäme!

Im Tagebuch einer Haustochter der Langensteinbacher Höhe lag eine Postkarte, auf der ein altes, verhutzeltes Männchen abgebildet war. Darunter stand der Satz: »Bis man anfängt zu begreifen, ist die Amtszeit abgelaufen.« Das denke ich von uns geistlichen Menschen auch manchmal. Dann bete ich: »Herr, lass das bitte bei uns ankommen, dass dieses Besorgtsein um dich aus der Berührung mit dem Heiligen, mit dem Sohn Gottes kommt.« Wer mit seinem Leben ins Gesicht von Jesus gesehen hat, der lebt anders. Besorgtsein hat die Quelle in der Jesusbegegnung. Dann sieht Nachfolge anders aus: »Herr, ich verstehe es zwar nicht, aber angesichts deiner Person, wenn du das so willst, folge ich dir selbstverständlich nach.«

Lassen wir die Amtszeit nicht ablaufen, bevor wir anfangen, das zu begreifen. Spüren wir den Herzschlag Davids, der in der Gegenwart Gottes sagt: »Ich will dir ein Haus bauen.« Der Prophet Nathan hielt das zuerst für eine gute Idee. Doch in der Nacht kam Gott zu ihm und sagte: »Das ist keine gute Idee, mein Plan ist anders.« Nach dieser Prophetennacht der Tempelplanung ging Nathan zu David und sagte ihm, dass sein Plan, dem Herrn ein Haus bauen zu wollen, verschoben wurde: »Und der Herr verkündigt dir, dass der Herr dir ein Haus bauen will. Wenn nun deine Zeit um ist und du dich zu deinen Vätern schlafen legst, will ich dir einen Nachkommen erwecken, der von deinem Leibe kommen wird; ... Der soll meinem Namen ein Haus bauen, und ich will seinen Königsthron bestätigen ewiglich« (2. Sam 7,11ff).

Das ist eine alte geistliche Erfahrung aller Glaubenden. Wenn ich etwas vom Geheimnis der Bundeshingabe ahne, Gott mein bisschen Leben anvertraue und den Satz von Jesus wahrmache: »... wer sein Leben verliert um meinetwillen, der wird's finden« (Mt 10,39), dann schreibe ich den Satz auf meine Fahnen: »Ich, Herr, baue dir ein Haus.« Und er antwortet: »Ich baue *dir* eines. Darauf kannst du dich verlassen, denn ich schwöre es dir.«

Und was für ein Haus Gott uns baut! Nicht nur, dass er sich um die paar Jahre unserer irdischen Existenz liebevoll kümmert, was deutlich wurde, als Jesus seine Jünger fragte: »Habt ihr ein einziges Mal Not gehabt?« (vgl. Lk 22,35). Sondern er sagt sogar: »Und wenn ich hingehe, euch die Stätte zu bereiten, will ich wiederkommen und euch zu mir nehmen, damit ihr seid, wo ich bin« (Joh 14,3). »Ihr sollt Anteil haben an meiner Herrlichkeit, an meiner Herrschaft, an meinen zukünftigen Plänen für die Welt und den ganzen Kosmos.« Er baut uns ein Haus. Herr, lass uns das begreifen, bevor unsere Amtszeit abläuft. Auch das ist ein wichtiger Zugang zum 132. Psalm.

Eine Zeit mit dem 132. Psalm ist eine Zeit, in der es um die *Bundeserinnerung* und um die *Bundesbestätigung* geht. Du darfst Vertrauen fassen, ich habe es dir geschworen, ich habe dich erwählt. Es ist auch eine Zeit, in der es um die *Bundeserfüllung* und um die *Bundeserhöhung* geht, um Jesus, den Davididen, und mein Glück, bei ihm zu sein. Es ist eine Zeit *der Bundeshingabe*: »Ich (Mensch) baue dir (Gott) ein Haus«, und der *Bundesverheißung*: »Ich (Gott) baue dir (Mensch) ein Haus.« Stellen wir unsere zukünftige Zeit in den Geist von Psalm 132!

Psalm 133

Siehe, wie fein und lieblich ist's, wenn Brüder einträchtig beieinander wohnen! Es ist wie das feine Salböl auf dem Haupte Aarons, das herabfließt in seinen Bart, das herabfließt zum Saum seines Kleides, wie der Tau, der vom Hermon herabfällt auf die Berge Zions! Denn dort verheißt der Herr den Segen und Leben bis in Ewigkeit.

Psalm 133,1-3

Die drei Verse des 133. Psalms scheinen recht überschaubar und leicht zugänglich zu sein. Gerade den ersten Vers kennen sehr viele, denn er taucht immer wieder z.B. in pädagogischen Ermahnungen oder auch in dem bekannten hebräischen Chorus »*Hine ma tov uma naim, shevet achim gam yachad*« auf, den schon so mancher von uns gesungen hat. Trotz dieses leichten Zugangs gibt es doch eine kleine Irritation, begründet in den beiden nachfolgenden Beispielen. Der Bart Aarons und Tau, der vom Hermon kommt, sind Bilder, die sich uns nicht sofort erschließen.

Doch legen wir das einmal zur Seite und freuen uns, zumindest einen Vers im Griff zu haben. Der erste Vers ist in der Auslegungsspur absolut breitgetreten worden. Luther hat die Exegese in die entsprechende Richtung gelenkt, indem er in seine Übersetzung das kleine Wörtchen »einträchtig« eingefügt hat, das eigentlich nicht da steht. Wörtlich heißt es ganz einfach: »Siehe, was ist das gut und absolut angenehm, wenn Brüder zusammen wohnen« (V. 1). Die exegetische Einfügung des Wörtchens »einträchtig« unterstellt, dass man etwas dafür tun kann, einträchtig zusammen zu wohnen und nicht nur zu hausen.

Verfolgen wir die von Luther vorgegebene Auslegungsspur und fangen ganz unten, auf der Ebene der Familiengemeinschaften der damaligen Zeit, an. Ein Vater stirbt. Er hinterlässt ein Erbe und es gibt mehrere Söhne, die sich das Erbe teilen müssen. Was ist das für ein Segen, wenn sie sich dabei nicht zerstreiten, sondern vielleicht sogar das Erbe gemeinsam verwalten und dort zusammenwohnen. Das wäre eine erste Auslegungsebene. Andere Ausleger gehen ein Stück weiter; sie sehen das auf einer nachbarschaftlichen Ebene. Sie hören diesen Satz im Sinne einer guten nachbarschaftlichen Lebensgemeinschaft. Manche gehen noch weiter und kommen auf der Ebene des Volkes Israel auf den Bruder im Volk. Sie sagen, das Besondere des Volkes Israel und auch der Wallfahrtslieder ist, dass sie zusammengekommen sind und zusammengewohnt haben. Die Israeliten hatten ihre Wallfahrtsfeste und gingen hinauf nach Jerusalem, um Gottesdienste zu feiern. »... wie fein und lieblich ist's, wenn Brüder einträchtig beieinander wohnen« – und die Mitte sind der Tempel und der Gottesdienst.

Weiter gibt es Auslegungen, die sagen, Gott formuliere hier eine Bedingung. Er gebe erst dann seinen Segen, wenn wir einträchtig beieinander wohnen würden. Da und nur da »entbietet der Herr Segen und Ewiges Leben«.[40] Spätestens an dieser Stelle wird es dem einen oder anderen auf dem Pfad der Auslegung etwas mulmig.

Kommen wir auf die neutestamentliche Ebene, landen wir natürlich bei der Gemeinde von Jesus. Da trifft der Vers voll ins Schwarze: »... wie fein und lieblich ist's, wenn [wider Erwarten] Brüder [tatsächlich] einträchtig beieinander wohnen!« (V. 1). Das ist dann ein ganz großes Geschenk. Allerdings sind wir auch da ein wenig irritiert, wenn uns Spurgeon in seiner Einleitung zum 133. Psalm sagt: »Hier ist ein Wunder, das man selten sieht.«[41] Damit wird unsere anfängliche Irritation verstärkt, und wir merken, dass wir noch gründlicher über dieses Wort nachdenken müssen. Denn das wäre das erste Mal, dass Sie und ich zu Wundern fähig wären.

Wenn Brüder einträchtig beieinanderwohnen, ist das ein großes Geschenk

Einige kritische Ausleger stören sich besonders an den Versen 2 und 3, an diesem Öl, das vom Bart des Aaron heruntertropft, und an diesem Tau, der vom Hermon zum Zion herabfällt. Sie sagen, es sei doch schade, dieses so schön volkstümliche Lied wieder auf den Gottesdienst zu beziehen. Schlussfolgerung: Die Verse 2 und 3 seien irgendwann später hinzugefügt worden, und man habe versucht, ein volkstümliches Chanson in den gottesdienstlichen Bereich zu führen.

Die Verse 2 und 3 scheinen in die exegetische Spur, die wir normalerweise betreten, nicht so recht zu passen. Was bedeutet das Bild vom Hermon und dem Öl, das den Bart heruntertropft? Um dem auf den Grund zu kommen, müssen wir uns ein wenig Zeit nehmen. Zunächst lesen wir in der Überschrift: Das Lied ist von David. Mit David haben wir einen Propheten vor uns. Auch das Neue Testament sagt: Er war ein Mann, dem Gott die Augen geöffnet hat, der wusste, was Heilsgeschichte und was Glauben bedeutete. Spätestens hier merken wir, dass wir es nicht mit einem Volkslied zu tun haben. Wenn David sagte, *wie gut ist es, wenn Brüder beieinander wohnen*, dann konnte er sich erst einmal seine eigenen Brüder anschauen. Wie war das denn, als die ersten sieben Brüder durch das Raster der Erwählung des lebendigen Gottes hindurchgefallen waren? Die Brüder haben ihn schief angeschaut, als dieser kleine Jüngling vom Feld geholt und von Samuel zum König über Israel gesalbt wurde (1. Sam 16,1-13). Da war schon Schluss mit *fein und lieblich, wenn Brüder beieinander wohnen*, das haben sie ihn auch spüren lassen. Als wenig später die Philister kamen und die Militärmaschine Goliath auftauchte, wollten die Brüder den David nicht dabeihaben. David kam trotzdem ins Heerlager und stellte ein paar unangenehme Fragen. »Und als Eliab, sein ältester Bruder, ihn reden hörte mit den Männern, wurde er zornig über David und sprach: Warum bist du hergekommen? Und wem hast du die wenigen Schafe dort in der Wüste überlassen? Ich kenne deine Vermessenheit wohl und deines Herzens Bosheit. Du bist nur gekommen, um dem Kampf zuzusehen. David antwortete: Was habe ich denn getan? Ich habe doch nur gefragt!« (1. Sam 17,28 f.). Psalm 133 – *wie fein und wie lieblich ist es, wenn Brüder beieinander wohnen* – hat dieser Mann geschrieben.

Selbst wenn David seine eigenen Brüder ausgeklammert haben sollte, weil dieser Text vielleicht sehr viel später in seinem Leben entstanden ist, dann hatte er immerhin noch das praktische Beispiel seiner Söhne. Der erste Sohn Amnon vergewaltigte seine Halbschwester, deren Leben damit verpfuscht war. Daraufhin ließ Absalom seinen Bruder umbringen. Dann startete Absalom eine Revolte, sodass in Israel fast ein Bürgerkrieg ausgebrochen wäre. Kaum war Absalom tot, und als auch David im Sterben lag, da versuchte Adonija vor Salomo König zu werden (1. Kön 1). *Wie fein und wie lieblich ist es, wenn Brüder beieinander wohnen.*

Wir merken, es ist nicht so einfach diesen Psalm zu verstehen. Einige sagen, David habe das in seiner Zeit als ein Ideal erbeten. Wenn dem so wäre, dann stünde hier: »Schön *wäre es*, wenn ...«. Hier steht aber: »Siehe, *was ist das* etwas Gutes und etwas absolut Vortreffliches, wenn Brüder beieinander wohnen.« Die beiden Worte »lieblich« und »gut«, oder »fein« und »lieblich«, heißen hebräisch: *tov* und *naim*. Die Attribute »fein« und »lieblich« sind Gottesattribute, die ein Mensch nicht hat. Gott ist *tov* – gut, Gott ist *naim* – lieblich. In Psalm 135 lesen wir:

»Lobet den Herrn, denn der Herr ist freundlich; lobsinget seinem Namen, denn er ist lieblich!« (Ps 135,3). Die Brüder, wir Menschen, sind nicht lieblich, sondern Gott ist es.

Erinnern wir uns an Spurgeons Andeutung, dass wir es dabei mit einem Wunder zu tun haben, denn es handelt sich hier um Gottesattribute. Man kann also nicht so einfach sagen: »Dann sind wir mal ein bisschen nett zueinander und streiten nicht so viel.« Wir müssen den Psalm noch einmal lesen und dabei dürfen wir nicht vergessen, dass direkt davor Psalm 132 steht. In Psalm 132 geht es nur um eine Sache, nämlich: »Gott wird wohnen«. Erst wenn Gott wohnt, ist auch das Wohnen der anderen möglich. Stellen wir drei einfache Fragen zu Psalm133: *Wo leben Brüder einträchtig beieinander? Wie kann das geschehen, dass Brüder einträchtig beieinander wohnen? Wann kann das geschehen, dass Brüder einträchtig beieinander wohnen?*

Friede zwischen Menschen ist immer ein Wunder

Wo leben Brüder einträchtig beieinander?

Fangen wir bei den Erzvätern an, die die große Linie des Glaubens bilden, und schauen uns ihre Eintracht einmal an. Der erste ist Abraham. Da geht es gleich schief, denn Abraham und Lot bzw. ihre Hirten gerieten aneinander. Der letzte Kompromiss war, dass sie sich trennen mussten, damit der Streit aufhörte. Gehen wir weiter und kommen zu Isaak. Er hatte einen Halbbruder, Ismael, und auch hier war diese wünschenswerte Eintracht nicht vorhanden. Der nächste Erzvater ist Jakob. Jetzt glauben wir, wir haben es endlich geschafft, es gibt keine Konflikte mehr. Aber Jakob hatte Esau als Bruder und was haben die beiden sich gegenseitig das Erbe streitig gemacht! Kommen wir zu Josef, dann erleben wir die Spitze, denn die Brüder verkauften ihn als Sklaven. Wir erkennen schon in der Linie der Erzväter Abraham, Isaak, Jakob und Josef die Tragödie.

In der Linie der Erzväter erkennen wir die Unmöglichkeit des Friedens zwischen Menschen

Wechseln wir einmal die Seite, weg von der frommen Linie zu der der Menschheitsgeschichte. Dieses Kapitel schlagen wir schnell wieder zu. Wenn wir anfangen würden, diesen Vers an die Geschichte der Menschheit anzulegen, bis in unsere aktuellen Nachrichten hinein, würde uns schnell deutlich, dass das nicht geht. Wir leben eben nicht einträchtig beieinander.

Hier ist auch unsere persönliche Erfahrung wichtig. Vielleicht sind Sie der klassische Typ und zitieren Schiller: »Es kann der Frömmste nicht in Frieden leben, wenn es dem bösen Nachbarn nicht gefällt.«[42] Wer das zitiert, für den ist die Rollenverteilung geklärt. Er selbst ist natürlich nicht der böse Nachbar, sondern er ist der andere.

Gehen wir auf die geistliche Ebene, zur Gemeinde in Korinth im Neuen Testament, dann erfahren wir gleich im ersten Kapitel des Korintherbriefes, wie es dort zugegangen ist. Der Apostel Paulus sagte den Korinthern, dass er sie für das, was da an Spaltungen, an Schismata, an Trennungen stattgefunden hatte, nicht loben konnte (1. Kor 1,10). Neben dem Korintherbrief gibt es noch andere Zeugnisse, bei denen der Apostel Paulus sehr sarkastisch wurde: »Wenn ihr euch aber untereinander beißt und fresst, so seht zu, dass ihr nicht einer vom andern aufgefressen werdet« (Gal 5,15). Wie mag es da zugegangen sein, wenn der Apostel Paulus einen solchen Satz sagte?

Die Kirchengeschichte beweist, dass sich auch Christen bei der Erfüllung des ersten Verses von Psalm 133 nicht mit Ruhm bekleckert haben. Schauen wir in unsere aktuelle vorfindliche Gemeinde hinein – ich erspare mir Beispiele – inklusive der vielen kleinen Schmuddelblättchen, die grassieren und sich nur daran ergötzen, sich in einer heuchlerischen Art und Weise in den Fehlern der anderen zu suhlen. Daneben gibt es auch viel Gutes, wo Christen gleich gesinnt sind und man viel Sympathie erlebt. Konfliktfreie Zonen tun sehr gut, aber wie schnell kann sich das ändern. Solange man uns in unserem Lebensrahmen, in unserer Art und Weise zu denken, unserem Anspruch und unserer Meinung gelten lässt, ist alles gut. Sobald sich das aber nur an einer Stelle ändert, knallen bei uns ganz schnell die Sicherungen raus. Wie heftig sind dann unsere Reaktionen und wie massiv unsere Urteile! Die ganze Idylle ist weg und der Krieg ist da. Gut, dass wir halbwegs sozialisiert sind und bestimmte Regeln des Anstandes beherrschen. Letztendlich aber wissen wir genau, was in uns gärt und Dinge hervorbringt, die uns in einer stillen Stunde zutiefst unangenehm sind.

Das fängt schon bei unseren Kindern an. Auch hier brauchen wir Abmachungen, die uns halbwegs miteinander auskommen lassen, wissend, wie schwierig das ist. Weltpolitisch muss man sich nur die Geschichte der UNO vor Augen führen, um zu sehen, was für eine Tragödie sich hinter einem sicherlich wichtigen und doch so kraftlosen System verbirgt.

»... wie fein und lieblich ist's, wenn Brüder einträchtig beieinander wohnen!« Nein, das ist keine Volksliedidylle, kein Kitsch und auch keine naive Szene. Was wir hier sehen, das sind Kain und Abel. David, der große Prophet, beschreibt uns, was der Mensch nicht kann. Ich kann das nicht, ich bin das nicht und ich schaffe das auch nicht.

Der Mensch hat aus sich heraus keine Gottesattribute

Bei mir sind diese Gottesattribute nicht vorhanden. Bei mir ist dieses Wunder nicht da. Übertragen wir diesen ersten Vers bewusst in unser Leben, seien es die Ehe, Familienbeziehungen, Nachbarschaft, Gemeinden und Gemeindevorstände, werden wir mit dieser schmerzhaften Realität konfrontiert: Das ist nicht meine Welt. David sagt im 14. Psalm: »Der Herr schaut vom Himmel auf die Menschenkinder, dass er sehe, ob jemand klug sei und nach Gott frage. Aber sie sind alle abgewichen und allesamt verdorben; da ist keiner, der Gutes tut, auch nicht *einer*« (Ps 14,2f). Der Apostel Paulus zitiert diese Verse im Römerbrief (Röm 3,10-12). Hier haben wir eine plastische Bildebene des Alten Testamentes für die Not des Menschen ohne Gott.

Am Beispiel von Psalm 133,1 spüren wir einen tiefen Konflikt in unserer Person und wir merken: Das können, sind und schaffen wir nicht. Das ist bei uns nicht vorhanden und damit sind wir auch nicht im ewigen Leben. Wo leben die Brüder einträchtig beieinander? Ich bin das nicht und ich kann das nicht.

Wie kann das geschehen, dass Brüder einträchtig beieinanderwohnen?

Aber es muss doch irgendwie gehen! Nehmen wir noch einmal Spurgeons Wort vom Wunder. Das Wörtchen »siehe« markiert immer das

Wunder. »Siehe«, jetzt kommt etwas Außergewöhnliches. Schauen wir uns diese Markierung für das Wunder einmal besonders an. Diese göttlichen Eigenschaften sind bei mir nicht vorhanden und es stellt sich die Frage, wie diese Eigenschaften dann zu uns kommen. Wie kommt das bei mir an, was ich nicht habe, nicht bin und nicht kann? Wie komme ich denn zu dem, was Vers 1 beschreibt? An dieser Stelle werden die Verse 2 und 3 sehr wichtig, denn sie sind die Beschreibung des Weges, auf dem man zum Zustand von Vers 1 ankommt, von dem Gott sagt: Sieh doch, wie gut das ist, wenn Brüder beieinanderwohnen.

Schauen wir uns also diese beiden Verse in der prophetischen Sprache von David genau an. Auch in anderen Psalmen spricht David vom Tau und vom priesterlichen Denken. Er weiß genau, dass wir Gott und den Messias brauchen. Um zu verstehen, was David sagt, müssen wir in die Bildsprache des Alten Testamentes einsteigen. Er spricht von dem *Priester* und vom *Hermon.* Aaron ist der Hohepriester, von dessen Haupthaar Öl in seinen Bart herunterläuft. Der Bart geht bis zum Halssaum seines Obergewandes. Dann kommt als nächstes Kleidungsstück das Brustschild des Hohepriesters mit den zwölf Steinen, für jeden Stamm Israels einer. Das Öl läuft an ihm herunter und kommt bei diesem Brustschild an. Was für ein starkes Bild!

David weiß, dass wir Gott und den Messias für den Frieden brauchen

Im Alten Testament ist Öl immer etwas sehr Kostbares. Dieses Öl gibt es nur hier und nur für den Hohepriester. Es ist bei Todesstrafe verboten, dieses Öl auf eine andere Weise zu gebrauchen als bei der Ordination des Hohepriesters. Es heißt: »Und du sollst mit den Israeliten reden und sprechen: Eine heilige Salbe soll mir dies Öl bei euren Nachkommen sein. Auf keines andern Menschen Leib soll es gegossen werden; du sollst es auch sonst in der gleichen Mischung nicht herstellen, denn es ist heilig; darum soll es euch als heilig gelten. Wer solche Salbe macht oder einem Unberufenen davon gibt, der soll aus seinem Volk ausgerottet werden« (2. Mose 30,31ff). Wir haben es also mit einer ausgesprochen heiligen Angelegenheit zu tun.

Dieses Salböl, was über ihn, den Stellvertreter Gottes auf dieser Erde fließt, kommt jetzt auf dem Brustschild an und damit bei jedem einzelnen Stamm des Volkes Israel. Das Göttliche, das absolut heilige Salböl, trieft von dem Haupt des Hohepriesters herunter, bis es glücklicherweise beim Volk Israel und auch bei mir ankommt. *Ha Kohen, ha Maschiach*, der gesalbte Priester, das ist der Hohepriester.

Der Hermon ist der große Gottesberg des Nordens, von dem fließt der Tau bis auf die Berge Zions. Es gibt unglaublich viele exegetische Exkurse über Wetterdaten, Geografie, meteorologische Erfahrungsberichte. Das ist aber zweitrangig. Es soll zum Ausdruck gebracht werden, dass von diesem entfernten, schneebedeckten Hermon eine Kraft kommt, die kein Mensch machen kann. Tau ist in der Bibel immer ein göttliches Wunder, das nur Gott machen kann. Dieser Tau tropft auf die Berge Zions, auf diese Hügel. »Ich will für Israel wie ein Tau sein« (Hos 14,6). Tau schafft Leben. Vielleicht kommt die Aussage dieser beiden Bilder in unserer deutschen Nüchternheit an, die besagt, dass die Brüder das friedliche Zusammenleben nicht schaffen können, weil sie keine Gottesattribute haben und nicht fein und lieblich sind. Gott lässt seinen Heiligen Geist, sein Wasser des Lebens zu mir herunterlaufen, bis es endlich bei mir ankommt. An den Empfangsstellen der Gnade Gottes bekommt man den Segen und das Leben aus der Ewigkeit. Das Verb, das übersetzt »es kommt herab« heißt, wird hier drei Mal verwendet. Damit wird deutlich, dass das Öl am priesterlichen Saum und an den Bergen Zions tatsächlich ankommt.

Nur Gott kann Tau schaffen und Tau schafft Leben

Wir kennen den Einen, der herabgekommen ist. Das weit entfernte Göttliche muss mit seinen alles verändernden göttlichen Gaben herabkommen, anders geht es nicht. Nur auf diese Weise haben wir eine Chance bei dem im ersten Vers geschilderten Zustand anzukommen: »Siehe, wie fein und lieblich ist's, wenn Brüder einträchtig beieinander wohnen!« Jesus, unser Herr, hat uns seinen Geist, seinen Tau und sein Lebenswasser, diese entscheidenden göttlichen Gaben, gegeben, die wir aus uns nicht haben. Die Religionen schreien: »Hinauf, hinauf, hinauf!« Der Glaube sagt: »Herab, herab, herab!« Das ist ein großer Unterschied.

Jesus hat sein Leben für den gesamten Kosmos gegeben, damit der Frieden kommen kann

Wenn man einmal durch die Stadt geht, sieht man an den Menschen viele T-Shirts mit starken Sprüchen. Teilweise bekommt man da recht heftige Aussagen über Weltanschauungen zu lesen. Einmal habe ich ein schwarzes T-Shirt mit der Aufschrift entdeckt: »Religion ist heilbar!« Ich bin überzeugt, dass der Träger des T-Shirts das etwas anders versteht als ich, aber ich würde diesen Satz absolut bejahen und wie folgt formulieren: »Religion ist heilbar, kommen Sie zum Glauben!« Die Religion sagt: Das bekommst du hin, wenn du dich nur genügend anstrengst. Weltanschauungen und Ideologien peitschen die Menschen durchs Leben, in der Hoffnung, etwas Ewigkeit ins Leben zu bekommen. Am Ende stehen sie leer und betrogen da. Der Glaube sagt: Das schaffe ich nicht, aber Jesus, der Sohn Gottes kommt herab, er ist der hinabgestiegene Gott. Ja, Religion ist heilbar, kommen Sie zum Glauben! Da gibt es den Einen, der für Sie und für mich ans Kreuz gegangen ist und sein Leben dort gelassen hat, weil wir nicht fein und lieblich sind, sondern in uns ein giftiger Kessel kocht, der ganz schnell übersprudeln kann. Der Eine ist heruntergekommen und hat sein Leben für uns und für den gesamten Kosmos gelassen, damit endlich der Zustand erreicht werden kann, den wir uns alle ersehnen: »... wie fein und wie lieblich ist's, wenn Brüder einträchtig beieinander wohnen«, und wenn wir uns nicht nur dulden, aushalten oder gar Mauern bauen, um miteinander leben zu können. Es kann und muss Gott sei Dank nicht anders gehen. Das ist die Botschaft, einer hat gesagt: »herab, herab, herab« und nicht: »hinauf, hinauf, hinauf«.

Das Öl vom Hohepriester und der Tau vom Hermon sind bei uns angekommen. »Er, der in göttlicher Gestalt war, hielt es nicht für einen Raub, Gott gleich zu sein, sondern entäußerte sich selbst und nahm Knechtsgestalt an, ward den Menschen gleich und der Erscheinung nach als Mensch erkannt. Er erniedrigte sich selbst und ward gehorsam bis zum Tode, ja zum Tode am Kreuz« (Phil 2,6ff). Jesus kam ganz herunter. Viele von uns haben dieses Wunder erfahren, dass er in unser Elend und unsere Not hineingekommen ist. Wir bekennen mit dem Apostel Paulus: »Da wir nun gerecht geworden sind durch den Glauben, haben wir Frieden mit Gott durch unsern Herrn Jesus Christus [...] denn die Liebe Gottes ist ausgegossen in unsre Herzen durch den Heiligen Geist, der uns gegeben ist« (Röm 5,1.5). Damit haben wir eine total andere Basis und hören nicht auf zu singen: »Mir ist Erbarmung widerfahren, Erbarmung, deren ich nicht wert.«[43]

Die spannende Frage für jeden Einzelnen ist natürlich, ob er schon an der Empfangsstelle war, wo man etwas von diesem Öl mitbekommt, das von dem Hohepriester heruntertropft, von dem Tau, der vom Hermon kommt. Durch den Heiligen Geist können wir zu Jesus sagen: »Herr Jesus Christus, das möchte ich auch für mein Leben haben. Ich möchte aufhören mit dem quälenden Hinauf, denn ich schaffe das sowieso nicht. Ich möchte von dem Herab leben, das du für mich getan hast. Ich möchte von dieser Gnade leben, die mich gerecht macht, die Liebe in mein Leben ausgießt und mich in eine andere Möglichkeit hineinversetzt, dir zu dienen.« Ich habe es nicht und ich kann es nicht. Jesus ist es, der das hinbekommt, von ihm, dem herabgekommenen Gott, fließen Heiliger Geist und Leben zu uns.

Wann kann das geschehen?

Die dritte Frage lautet: Wann kann ich denn so leben, wie es im Psalm 133 geschildert wird? Fangen wir ganz am Schluss an. Natürlich kann ich so leben, wenn ich endgültig bei Gott bin. In den letzten Kapiteln der Bibel lesen wir viel über das Stichwort: »wohnen«. *Er wird wohnen* und *wir werden wohnen*, wenn er die Realität, die er am Kreuz geschaffen hat, endgültig Wirklichkeit werden lässt. Dann können wir es schaffen, so zu leben. Auch für die Heilszeit des auserwählten Volkes Israel gilt: Wenn der Messias, Jesus Christus, sichtbar zurückgekommen sein wird und sie den sehen werden, den sie durchbohrt haben (Joh 19,37), werden sie auf dieser neuen Basis so miteinander wohnen können.

Wenn der Messias sichtbar zurückgekommen ist, wird der Friede endgültig Wirklichkeit

Ich bekam einmal einen Brief, in dem stand: »Ich freue mich auf die Familienzusammenführung, die der Vater programmiert hat.« Das ist völlig richtig, aber wir sind vorher auch schon mit unseren Geschwistern verbunden, weil Jesus mit seinem Heiligen Geist in uns wohnt. Die Kraft des Heiligen Geistes und das Wasser des Lebens fließen nicht nur einmal zum Zeitpunkt der Bekehrung in unsere Person hinein, sondern wir sind fortwährend an diese Quelle angeschlossen, die außerhalb unserer Person liegt. Das bedeutet, dass wir jetzt schon durch eine Art Angeld, wie bei einem Vorgeschmack, das anbruchartig erleben und dazu beitragen, dass der erste Vers von Psalm 133 in allen Bereichen unseres Lebens Realität wird. Der Probelauf, das Warmlaufen für die Ewigkeit, fängt hier schon an.

Deswegen sagt Jesus durch die Bergpredigt, der Ethik des Neuen Bundes, zu uns: »Ihr habt jetzt eine Ethik der Ermöglichung, ihr könnt jetzt etwas, was ihr bisher nie konntet, weil ihr nicht fein und lieblich seid. Aber wenn der Heilige Geist in euch wohnt und das Wasser des Lebens bei euch angekommen ist, dann seid ihr ermächtigt und befähigt, in diesem Geist anders zu leben.« Der Apostel Paulus fordert uns deshalb auf: »... und seid darauf bedacht, zu wahren die Einigkeit im Geist durch das Band des Friedens« (Eph 4,3). Lauft dieser Einigkeit mit aller Kraft hinterher und schafft diesen Probelauf des neuen Lebens mit dem Geist, der in euch wohnt. Dann geht es los und man darf sein Herz investieren, man darf vergeben, Lasten tragen, sich um andere kümmern, weil man weiß, dieses Öl vom Hohepriester tropft in mein Leben hinein, dieser Tau vom Hermon kommt an und macht das möglich.

Wohnt der Geist in uns, dürfen wir in der Ermöglichungsethik leben

Schauen wir in die Urgemeinde hinein, dann sehen wir, dass sich genau das hier widerspiegelt und die Realität vom 133. Psalm anbruchartig erkennbar wird. Die Urgemeinde in Jerusalem entwickelte sich, wuchs und blühte, und sofort kamen die ersten Konflikte. Die Versorgung der Witwen funktionierte nicht und sie gründeten daraufhin das Diakonische Werk Jerusalem. Sie erlebten auch theologische und geistliche Konflikte, hielten einen Kongress, das sogenannte Apostelkonzil (Apg 15), ab und führten im Namen Gottes eine ganz mutige Entscheidung herbei, an die sie sich auch hielten. Die Gemeinden außerhalb Jerusalems sahen, wie arm Jerusalem geworden war, und sie legten Geld zusammen, obwohl sie selbst teilweise arm waren. »Wie gut ist es und wie schön, wenn Brüder beieinander wohnen.« Nicht nur als Schadensbegrenzung, sondern ganz aktiv stellten sie ihr Leben auf diese Basis. Sie stellten ihre Zusammenkünfte ganz bewusst unter Gottes Wort und Geist, hatten bevollmächtigte Leiter und ein praktisches Leben im Heiligen Geist. Wenn wir an einen Mann wie Barnabas denken, an das Gericht über Hananias und Saphira (Apg 5,1-11) oder an den Einsatz in der Mission, dann entdecken wir überall, wie stark die ersten Christen das tatsächlich praktizierten, was durch den Heiligen Geist und durch das Wasser des Lebens in ihnen war. Das war der Probelauf für die Ewigkeit.

Jesus hat gesagt: »damit sie alle eins seien« (Joh 17,21), weil der Heilige Geist in unser Leben hineinfließt. Das ist unsere Quelle. Dann kann neu und verstärkt geschehen, was damals über die Urgemeinde gesagt wurde: »doch das Volk hielt viel von ihnen« (Apg 5,13). Da muss doch etwas passiert sein.

Wir haben gefragt: Wo gibt es dieses einträchtige Zusammenleben? – Ich habe das nicht. Ich kann das nicht. Ich bin das nicht. Wie kann das geschehen? – Das kann geschehen, weil wir in Jesus einen heruntergekommenen Gott haben. Wann geschieht das? – Jetzt, Sie und ich dürfen genau darin leben.

Psalm 134

Wohlan, lobet den Herrn, alle Knechte des Herrn, die ihr steht des Nachts im Hause des Herrn! Hebet eure Hände auf im Heiligtum und lobet den Herrn! Der Herr segne dich aus Zion, der Himmel und Erde gemacht hat!

Psalm 134,1-3

»Der 134. Psalm »ist ein geeignetes Finale«[44], steht über einer Auslegung zu diesem Psalm. Für die Wallfahrtspsalmen trifft das zu, denn dieser Psalm beinhaltet einen Lobpreis und ein Segenswort, es ist die Rede vom Tempel, er vermittelt ein gottesdienstliches Flair und ein Chorwechselgesang scheint angedeutet. Wie in Psalm 132 und 133 ist vom Zion die Rede, also scheint er ein schöner Schlusspsalm für diese 15 Wallfahrtspsalmen zu sein, die wir hier miteinander betrachtet haben.

Schauen wir uns den Psalm genau an und fragen, wie das damals aussah, wenn die Aufforderung hieß: »Wohlan, lobet den Herrn, alle Knechte des Herrn, die ihr steht des Nachts im Hause des Herrn! Hebet eure Hände auf im Heiligtum und lobet den Herrn!« (V. 1f). Die Antwort lautete: »Der Herr segne dich aus Zion, der Himmel und Erde gemacht hat!« (V. 3).

Die Vorstellungen davon, was hinter diesem 134. Psalm stehen könnte, sind ganz unterschiedlich. Die einen denken an einen Festgottesdienst am Abend im Tempel. Am Ende des Gottesdienstes wird dann ein Schlusssatz an das Tempelpersonal gerichtet. Vielleicht handelt es sich auch um eine Schlussliturgie Israels bei einem Festgottesdienst zum Laubhüttenfest. Die im Tempel Dienenden werden aufgefordert: »Lobt weiter den Herrn«, und diese antworten der Gemeinde: »Der Herr segne dich aus Zion, der Himmel und Erde gemacht hat!« Sie nehmen diesen aronitischen, diesen priesterlichen Segen auf und segnen die wegziehende Gemeinde.

Andere verbinden den Psalm eher mit dem Ende eines großen Wallfahrtsfestes. Der Pilgerstrom zieht wieder aus Jerusalem hinaus und am Abend kommt dann diese Festtagsliturgie. Das lässt sich aber nicht verifizieren. Wieder andere machen darauf aufmerksam, dass Luther übersetzt: »Lobt den Herrn *des Nachts*«, aber in der hebräischen Sprache heißt es noch viel deutlicher: »Lobt ihn und lobpreist ihn *in den Nächten.«* Also handelt es sich nicht nur um eine Festnacht, nicht nur irgendeinen Abschlussgottesdienst, sondern die Nächte sind grundsätzlich gemeint. Deswegen vermuten einige, dass es sich hier um eine Agenda für den priesterlichen Dienst, um eine Art Diensthandbuch der Leviten in der damaligen Zeit handelt. Bei Dienstbeginn bekamen sie die entsprechende Aufforderung aus dem 134. Psalm: »Jetzt lobt den Herrn in den Nächten« und sie antworteten: »Ja, der Herr segne dich aus Zion.«

Manche erinnern auch an Glaubende, wie z.B. Hanna, die nach Lukas 2 Tag und Nacht im Tempel war (Lk 2,36f). Wir wissen nicht genau, ob das symbolisch oder real zu verstehen ist, aber von diesem Hintergedanken aus hat der Psalm 134 in der Tradition der christlichen Kirchen eine ganz besondere Stellung eingenommen. Die sog. Vigilien, die Nachtwachen der christlichen Kirche, haben Psalm 134 als eine Grundlage für ihren Dienst an Gott mitten in der Nacht angesehen. »Lobet den Herrn, alle Knechte, die ihr steht im Heiligtum in den Nächten!« Diesen Nachtwachen folgten im Tageszeitengebet die Horen, sodass auch der Tag im Zeichen des Gebetes stand.

Von daher stand in der kirchlichen Tradition immer das hauptamtliche Personal im Fokus, wenn es um den 134. Psalm ging. Luther sagte zu diesem Psalm: »Den Psalm lasst euch Pfarrern, Predigern, Bischöfen und wer im geistlichen Amt sitzt, gesungen sein!«[45], nach dem Motto: »Haltet euch daran, lobsingt dem Herrn, auch in den Nächten.« So hat auch Spurgeon diesen Psalm verstanden: »Der Psalm lehrt uns für alle zu beten, die ständig im Dienst des Herrn stehen.«[46]

Wenn wir den Psalm für uns Glaubende im Neuen Bund verstehen wollen, dann müssen wir ihn noch einmal neu anschauen, um das Besondere dieses Textes zu entdecken. Gott benutzt in der Bibel ganz oft eine bestimmte äußere Form, damit wir zum Inhalt vorstoßen. Hier entdecken wir in dem segnenden Handeln eine interessante äußere Form. Das segnende Handeln kommt mehr zur Sprache, als wir in der deutschen Übersetzung zunächst entdecken. Weiterhin werden die Nächte erwähnt und wir sehen den Wechselgesang mit dem Anruf und der Antwort. Deswegen wollen wir dieses Wort für uns lesen und nachdenken über *den Kreislauf des Segens*, über *die Nächte des Glaubens* und über *den Anruf des Geistes.*

Der Kreislauf des Segens

Schade, dass es der deutschen Sprache nicht so wie der hebräischen und griechischen gelingt, das Wort »segnen« sowohl in der Bewegung von Gott zum Menschen als auch in der vom Menschen zu Gott zu sehen. Der Psalm 134 nennt den Segen drei Mal, wo wir in der deutschen Übersetzung das Segnen nur einmal haben. Im Deutschen taucht der Segen nämlich nur in Vers 3 auf, wo es um die Richtung von Gott zum Menschen geht. Der Text fängt aber im Original anders an: »Siehe, *segnet den Herrn* [statt: lobet], ihr Knechte des Herrn, die ihr steht im Haus des Herrn in den Nächten. Hebt eure Hände auf im Heiligtum und *segnet den Herrn!*« Der Mensch segnet also Gott und Gott segnet den Menschen. Dieser Kreislauf ist in der deutschen Sprache im Wort »segnen« so nicht enthalten.

Der Mensch segnet Gott und Gott segnet den Menschen

Segnen, das meint in unserer Sprache, jemanden in den Machtbereich Gottes stellen. Segnen, das heißt, einem Menschen wohltun, jemanden groß machen, unter das Signum Gottes stellen, mit Kraft begaben. Der Segen geht aber immer von Gott aus. Gottes Segen wird im Gottesdienst, im Lied und im Leben der Nachfolge von uns zurückgespiegelt, mit lobpreisendem Dank an diesen Gott. Wir segnen ihn, wir machen ihn groß. Psalm 134 sagt uns: Bringt beständig, unabhängig von der Uhrzeit, euren Dank und euren Lobpreis diesem Gott, dann steht ihr selber im Segen des lebendigen Gottes. Das ist der Kreislauf des Segnens, der hier abgebildet ist. Segen und Wohltun kommen von Gott in mein Leben, lobpreisendes Zurückbringen erfolgt durch mich an meinen Gott. Die spannende Frage für uns ist: Wie komme ich in diesen Kreislauf hinein?

Menschen erkennen die Segnungen Gottes nicht, durch die sie leben

Wenn ich in die Bibel schaue, entdecke ich zwei Ebenen, auf denen ich in diesen doppelten Segenskreislauf hineinkomme. Zuallererst darf ich die inneren Zusammenhänge meines Lebens erkennen. Eine große Zahl von Menschen tut das ja gar nicht. Die Menschen leben beständig von den Segnungen Gottes, aber sie sehen diese Segnungen nicht als solche an. Deswegen muss ich, um in diesen Kreislauf des Segens hineinzukommen, als Allererstes begreifen, dass mir da Segnungen Gottes begegnen.

Wenn ich verstehe, dass Gott mir in seinen Segnungen entgegenkommt, dann breche ich aus meiner kleinen, atheistischen Welt aus und trete hinein in die Weite der Gottesbeziehung. Wer gibt uns denn das Leben und den Herzschlag? Wer gibt uns denn unser Gefühl und unsere Persönlichkeit? Wer gibt uns denn die Weisheit, den Verstand, den Willen, die Geduld, die Führung, die Bewahrung, die Hilfe? Das ist eine Segenskette ohne Ende, hinter der der ewige Gott steht, »der Himmel und Erde gemacht hat« (V. 3). Das muss man zunächst einmal sehen, wenn man in den Kreislauf des Segens hineinkommen will.

Wir müssen erkennen, dass hinter allem der ewige Gott steht

Die Geschichte von der großen Mäusefamilie erzählt: In einer Wand ihrer Wohnung vernahmen die Mäuse immer wunderschöne Klänge. Innerhalb der Mäusefamilie gab es eine religiöse Bewegung, die der Überzeugung war, dass die Musik von einem höheren Wesen komme. Die atheistische Fraktion dagegen sagte, dass das alles vernünftig erklärbar sei. Um dem Geheimnis der Klänge auf die Spur zu kommen, regten sie eine Mäuseexpedition an. Als sie sich endlich durch die Wand hindurchgegraben hatten, entdeckten sie noch eine Holzwand. Diese durchnagten sie und landeten, wer hätte das gedacht, mitten in einem Klavier. Die Mäuseexpedition kletterte durch das Klavier hindurch und die von der religiösen Fraktion waren ganz enttäuscht. Die nichtreligiösen fühlten sich bestätigt: »Haben wir es doch gleich gesagt, das Ding ist eine rein mechanische Angelegenheit. Schaut hin, kleine Hämmerchen schlagen auf Saiten, von wegen ›höheres Wesen‹!« Die Religiösen zogen sich enttäuscht zurück, damit war für sie der Glaube passé.

Und was ist der Clou an der Geschichte? Die Mäuse hatten vergessen, dass das Klavier nur durch einen Klavierspieler so schöne Töne hervorbringen konnte. Man muss erst einmal verstehen, woher das, was mich und mein Leben ausmacht, kommt. Das ist der Einstieg in den Segenskreislauf. Gott öffnet mir die Augen, damit ich den »Klavierspieler« meines Lebens erkenne.

Der Apostel Paulus schrieb: »Denn was man von Gott erkennen kann, ist unter ihnen offenbar; denn Gott hat es ihnen offenbart. Denn obwohl sie von Gott wussten, haben sie ihn nicht als Gott gepriesen noch ihm gedankt, sondern sind dem Nichtigen verfallen in ihren Gedanken, und ihr unverständiges Herz ist verfinstert« (Röm 1,19.21). Und in seiner großen Predigt auf dem Areopag, dem weltanschaulichen Zentrum der damaligen Zeit, formulierte er: »... damit sie Gott suchen sollen, ob sie ihn wohl fühlen und finden könnten; und fürwahr, er ist nicht ferne von einem jeden unter uns. Denn in ihm leben, weben und sind wir, ...« (Apg 17,27f). So kann man Gott erkennen, aber das hat mit Christsein noch nichts zu tun. Das ist ein Begreifen der natürlichen Offenbarung in der Schöpfung meines Lebens, indem ich im Nachdenken über meine Existenz auf diesen anderen stoße, auf diesen »Klavierspieler« meiner Existenz, von dem her ich lebe, jeden Tag und jeden Atemzug neu. Jesus sagt: »Denn er lässt seine Sonne aufgehen über Böse und Gute und lässt regnen über Gerechte und Ungerechte« (Mt 5,45). Das bedeutet, dass wir alle unter den Segnungen Gottes stehen. Als Erstes müssen wir den erkennen, der Himmel und Erde gemacht hat, durch den wir leben und sind. Gott öffnet mir die Augen und so komme ich in diesen Segenskreis.

Damit hört es aber noch nicht auf. Als Mensch sehe und begreife ich die Zerrissenheit und die Not. Ich spüre meine Gottesferne. Durch das Geschenk der Offenbarung in seinem Wort erkenne ich, dass es noch mehr geben muss als »nur« das Erkennen des Schöpfers. Ich darf nun tatsächlich zu ihm kommen und begreifen, dass Gott uns in seinem Sohn Jesus Christus die Tür geöffnet hat. Von ihm heißt es in diesem Psalm: »Der Herr segne dich *aus Zion.*« Zion ist das Wort für die Heilsgeschichte Gottes. Das bedeutet also: Gott kommt uns mit seinem Heil entgegen, das er uns in Jesus Christus geschenkt hat. Gerade im dritten Vers spielen beide Aspekte eine Rolle, zum einen der Schöpfer, von dem ich lebe, und zum anderen mein Erlöser, von dem ich neues, ewiges Leben bekomme.

Gott kommt uns mit seinem Heil in Jesus entgegen

Der Eintritt in den Segenskreis von Zion her geschieht durch diese Doppel-*beracha. Beracha* bedeutet in der hebräischen Sprache »die Segnung«. Der Anfang dieser doppelten Segnung kam durch den Priester Melchisedek. Wir entdecken dieses Phänomen zum ersten Mal im 1. Buch Mose. Abraham musste sich nach seiner Schlacht um den Neffen Lot zwischen dem dämonischen König von Sodom und dem göttlich gesandten Priesterkönig Melchisedek entscheiden. Er entschied sich für Melchisedek. Dieser kam zu ihm und segnete ihn: »Gesegnet seist du, Abram« und »gelobt [gesegnet] sei Gott der Höchste« (1. Mose 14,19f). Melchisedek initiierte das Funktionieren dieses Kreislaufs.

Der Hebräerbrief sagt von Jesus: »Denn es wird bezeugt (Psalm 110,4): ›Du bist ein Priester in Ewigkeit nach der Ordnung Melchisedeks‹ (Hebr 7,17). Paulus schreibt: »Gelobt sei Gott, der Vater unseres Herrn Jesus Christus, der uns gesegnet hat mit allem geistlichen Segen im Himmel durch Christus« (Eph 1,3). Nur durch eine einzige Person komme ich in diesen Segenskreislauf hinein, nämlich durch den Weltenschöpfer und Weltenerhalter, Weltenerlöser und Weltenvollender: Jesus Christus. Ich komme in diesen Kreislauf hinein, indem ich sein Opfer für mich in Anspruch nehme. Es ist etwas Wunderbares, wenn man das verstanden und erlebt hat.

Indem ich das Opfer von Jesus in Anspruch nehme, komme ich in den Segenskreislauf hinein

Seitdem wir zu diesem Jesus von Nazareth gehören, bestimmt eine umfassende Segensspur unser Leben. Was sind wir für gesegnete Leute! Wir danken unserem Gott und segnen ihn lobpreisend wieder.

Die Nächte des Glaubens

Hier ist auch von Nächten die Rede. Allen Auslegern ist das aufgefallen, was schon in den Überschriften zu diesem Psalm deutlich wird: »Nächtliches Loblied im Tempel«, »Vigiliengruß«, »Nachtgebet«, »Nächtliches Lob«, »Lobet den Herrn auch in den Nächten«. Der erste Teil des Wunders ist: Gott wird gelobt, ich bin im Segenskreis drin. Der zweite Teil ist: Gott wird in den Nächten gelobt. Der Psalm bringt das in seinem Aufbau wunderbar zum Ausdruck. Er ist wie eine Treppe konstruiert und auf der obersten Stufe steht das Wichtigste dieses Psalms. »Gesegnet sei der Herr von euch, die ihr steht im Haus in den Nächten« (vgl. V. 1f). Hier haben wir eine eindeutige Aufwärtsbewegung und das Besondere ist, dass dies in den Nächten geschehen soll.

Schauen wir uns die Dimensionen an, die diese Nächte im 134. Psalm haben können. Zuallererst ist damit gemeint, dass das Gotteslob nicht nur am Tag geschieht, sondern rund um die Uhr. Dazu haben wir auch andere wunderbare Texte: »Am Tage sendet der Herr seine Güte, und des Nachts singe ich ihm und bete zu dem Gott meines Lebens«

(Ps 42,9). »Das ist ein köstlich Ding, dem Herrn danken und lobsingen deinem Namen, du Höchster, des Morgens deine Gnade und des Nachts deine Wahrheit verkündigen« (Ps 92,2f). Tag und Nacht, hier wird ein 24-Stunden-Dienst angedeutet. So hat es Matthias Jorissen verstanden, als er vor gut 200 Jahren diesen Psalm für die christliche Gemeinde vertont hat. »Lobt Gott, den Herrn der Herrlichkeit, ihr, seine Knechte, steht geweiht zu seinem Dienste Tag und Nacht; lobsinget seiner Ehr und Macht!«[47]

Gott wird in den Nächten gelobt – eine besondere Dimension

Zunächst heißt also »in den Nächten«: *auch* in den Nächten, rund um die Uhr bekommt Gott seinen Lobpreis von uns. Zum anderen heißt es aber auch »in den Nächten«, weil die Nächte immer ein besonderer Zeitpunkt der Offenbarung Gottes sind. Das bezeugen viele Textstellen der Bibel. In Psalm 119 haben wir zwei Passagen, die uns andeuten, dass der Glaubende weiß, dass die Nächte für ihn etwas Besonderes sind. Z.B. heißt es: »Herr, ich denke des Nachts an deinen Namen« (Ps 119,55), oder: »Zur Mitternacht stehe ich auf, dir zu danken für die Ordnungen deiner Gerechtigkeit« (Ps 119,62). Gottes Offenbarung und Gottes Nähe haben ganz oft etwas mit der tatsächlichen Nacht zu tun.

Ein amerikanischer Autor erzählt davon, dass er viele Jahre unter Schlafstörungen litt. Er überlegte lange, ob er sich etwas verschreiben lassen sollte. Als ihn jemand fragte, warum er so zögerlich sei, das sei doch eine ganz normale Sache, sagte er etwa so: »Die andere Seite ist, ich habe meistens um zwei Uhr nachts meine intensivsten Gottesbegegnungen, und wenn ich die dann verschlafe?!«

Der Arzt in unserem Haus begrüßt die Gäste häufig mit der Frage: »Haben Sie gut geschlafen oder haben Sie gut gewacht?« Das ist eine realistische Alternative, weil Gott mir in den Nächten begegnen kann. Das ist an diesem 134. Psalm das Zweite, ganz Wichtige.

Wir stemmen das Dennoch des Glaubens gegen die Not

Wir kennen natürlich eine dritte Dimension der Nacht mit ihrer Dunkelheit. Nacht kann auch Finsternis und Not, Leiden und Bedrängnis bedeuten. Diese Nächte können in unserem Leben sehr unterschiedliche Gesichter haben. Bei dem einen ist die Seele angegriffen, der andere erlebt Bedrohungen, leidet unter Einsamkeit. Wieder andere trauern, der nächste kämpft mit der Sünde, einer ist trotzig in der Gottferne gelandet. Doch wir kennen auch alle die Lobgesänge in der Nacht, von denen hier im 135. Psalm gesprochen wird. Das sind keine billigen Halleluja-Sätze, das ist kein oberflächliches Loben, kein softes »Alles wird gut«, das sind auch nicht die fertigen Antworten. Diejenigen, die nachts wach sind, haben selten eine Antwort. Es ist *das Dennoch des Glaubens*, das der Nacht entgegengestemmt wird.

Im Laufe unseres Lebens erleben wir immer wieder, dass wir in der Nacht, in die Gott uns hineingeführt hat, wissen: Er ist da. Auch dann, wenn ich ihn nicht spüre, nichts von seiner durchschlagenden, rettenden Kraft erfahre, nichts von seinem hellen Licht und der großen Emotion des Glaubens erlebe. Alles ist düster, aber ich stemme *das Dennoch des Glaubens* dagegen und komme zu den Lobgesängen in der Nacht.

Erinnern wir uns an ein paar exemplarische Nächte, die die Bibel beschreibt. Der Patriarch Jakob kam aus der Ferne zu seiner Familie in der Heimat zurück. Er wusste, morgen wird er seinem Bruder Esau begegnen. Seit der letzten Begegnung lag ein Kapitel Geschichte zwischen den Brüdern, das musste erst einmal geklärt werden. In der Nacht am Jabbok gab es eine schwere Auseinandersetzung in diesem Mann. Der lebendige Gott kam ihm spürbar nahe, ging mit ihm sein altes Leben noch einmal durch, klärend und reinigend. Diese Nacht am Jabbok war absolut nicht schön, aber sie brachte Jakob dem lebendigen Gott so unglaublich nahe, dass er sagte: »Ich lasse dich nicht, du segnest mich denn« (1. Mose 32,27). »Du handelst jetzt in meinem Leben mit dieser wunderbaren, neu erfahrenen Gottesnähe, mitten in der Nacht.«

Es gehört zu den Besonderheiten unseres Gottes, dass er sein Volk Israel nicht mittags um zwölf Uhr aus der ägyptischen Sklaverei geholt hat, sondern mitten in der Nacht. In der Tradition des Judentums heißt sie deshalb: die Nacht des Wachens des lebendigen Gottes. Gott musste in dieser Nacht die Augen aufhalten, als sein Millionenvolk aus Ägypten auszog. Er hat auch unsere dunklen Wegstrecken, die in der Nacht stattfinden, absolut in der Hand, er schläft nicht. »Siehe, der Hüter Israels schläft und schlummert nicht« (Ps 121,4). Auch mitten in Ihrer Nacht ist er hellwach. Als die Israeliten wenig später am Roten Meer standen und verzweifelt waren, führte der Herr sie mitten in der Nacht durch das Rote Meer hindurch. Sie sahen mitten in der Nacht die Feuersäule Gottes durch dieses Tal des Todes hindurch und kamen beim Lebendigen an, sie waren gerettet. Mitten in der Nacht ist er da.

Die Jünger waren ohne Jesus im Boot. Das Schlimme war nicht, dass Jesus nicht dabei war oder dass es etwas stürmisch war. Schlimm war vor allem, dass es Nacht war. Mitten in der Nacht begegnete ihnen Gott in Jesus auf dem See Genezareth und zeigte ihnen: »Ich bin da, ich sehe eure Lage.«

Mitten in der Nacht begegnet Jesus seinen Jüngern und sagt: Ich bin da

Die entscheidende Nacht der Weltgeschichte fand statt im Garten Gethsemane, die Nacht, in der Jesus noch einmal in einer Art und Weise verzweifelt war, wie wir uns das gar nicht vorstellen können. In dieser Nacht hat er nach dem verzweifelten Kampf für die gesamte Schöpfung gesagt: »Vater, willst du, so nimm diesen Kelch von mir; doch nicht mein, sondern dein Wille geschehe!« (Lk 22,42). Was für eine Nacht!

Der Apostel Paulus und sein Mitarbeiter Barnabas saßen nachts in Philippi im Gefängnis. Sie waren in den Block eingespannt und sie lobten um Mitternacht Gott, obwohl ihnen nicht nach Loben zumute war. Da wussten sie noch nicht, dass später ein Erdbeben stattfinden und dass der Gefängniswärter sich noch zum Glauben an Jesus bekennen würde. Sie wussten auch nicht, dass sie einige Stunden später mit großen Ehren aus Philippi hinausgeleitet werden würden. Obwohl sie das alles nicht wussten, stimmten sie mitten in der Nacht, die Gott ihnen zugemutet hat, den Lobgesang an. Das war *das Dennoch des Glaubens*, weil sie wussten: Wir leben jetzt nicht im Schauen, sondern noch im Glauben und noch nicht im Sehen.

Wir leben in einem Zeitalter der Nacht

»Segnet den Herrn, alle ihr Knechte, die ihr steht im Hause Gottes in den Nächten. Die ihr mit erhobenen Händen im Heiligtum steht, segnet den Herrn, denn ihr seid die Gesegneten des Herrn.« Paulus lehrt uns: »Die Nacht ist vorgerückt, der Tag aber nahe herbeigekommen. So lasst uns ablegen die Werke der Finsternis und anlegen die Waffen des Lichts« (Röm 13,12). Damit meinte er die Weltzeit, in der wir stehen. Der 134. Psalm spricht nicht nur vom Lobpreis rund um die Uhr. Es sind auch nicht nur die Nächte der Offenbarung gemeint, auch nicht nur das Dennoch des Glaubens, das wir unseren Nächten im Lobgesang entgegenstemmen. Der Psalm spricht auch von der Erfahrung, dass wir als Jesusleute in diesem Zeitalter in der Nacht leben, weil ein anderer hier das Sagen hat. Dieser Psalm ist ein wunderbares Vorbild für alle wachenden Jesusleute, für die Vigilien. In der deutschen Sprache gab es früher das Verb »vigilieren«, wachsam sein, nicht schlafen. Lobsinget dem Herrn in den Nächten, denn siehe, der Tag ist nahe herbeigekommen. Das Wort von Jesus gilt: »Selig sind die Knechte, die der Herr, wenn er kommt, wachend findet« (Lk 12,37).

Über den Anruf des Geistes

Zum einen sind wir in Jesus Christus in einen wunderbaren Segenskreis mit hineingenommen. Zum Zweiten haben wir das Wissen: Das gilt auch im Dennoch des Glaubens, mitten in den Nächten. Zum Dritten entdecken wir: Dieser Text wird uns in einer eigenartigen Weise dargeboten. Aussagen über den Segenskreis und über die Nächte hätte man sprachlich auch ganz sachlich vermitteln können. Die Botschaft wird in einem Wechselgesang vermittelt, mit der Aufforderung: »*Wohlan, lobet den Herrn*«, und der Antwort: »*Der Herr segne dich aus Zion.*« Gott lässt das gerade in dieser Sprachform bei uns ankommen. Wir müssen uns noch einmal ganz bewusst fragen: *Wer* ruft da eigentlich *wen* und *warum*?

Wir werden vom Heiligen Geist angerufen, der bei Ihnen und bei mir ankommen will. Dazu nutzt er Gottes Wort, die Predigt, den Gottesdienst, die Stille Zeit, auch die Lage und Situation. Der Geist Gottes ruft uns, die wir in den Segenskreis Gottes integriert sind, an. Mit diesem Wort gibt er uns in einer unserer Nächte eine traumhaft barmherzige, eine notwendige und hilfreiche Erinnerung. Er ruft uns an! Wenn wir nun fragen, warum er das macht, dann ist die Antwort einfach: weil Gott durch seinen Heiligen Geist für uns sorgt. Er ist unser Paraklet, unser Fürsprecher, Heiler und Tröster. Er hat die Aufgabe, uns daran zu erinnern. Er ruft uns an, weil er weiß, wie es uns geht und in welcher Lage wir sind. Weil ein sachliches Briefformular, auf dem wir über die Zustände in Kenntnis gesetzt werden, meistens nicht reicht, ruft er uns an.

Wir sind aufgefordert zu antworten. Für die Jesusleute liegt die Gefahr gerade darin, dass wir den Segenskreis vergessen und mitten in den Nächten zu dramatischen Fehlinterpretationen gelangen könnten. Wir werden in unserem Segenskreis gestört, entweder von uns selbst oder von anderen. Deshalb brauchen wir diesen heilvollen Anruf des Heiligen Geistes. Luther sagte: »Das ist die *epiphonenas superiorum*«, der außergewöhnliche Anruf. Das ist keine normale Ansprache, wenn Gott uns so anspricht: »Wohlan, segnet den Herrn, ihr Knechte, die ihr im Haus Gottes steht, in den Nächten. Die ihr im Tempel seid, mit erhobenen Händen zu Gott, segnet ihn.«

Der Geist ruft uns an – wir müssen antworten

Wir sind unserem Gott dankbar, dass er uns anruft und immer wieder bei uns ankommt, uns schüttelt und fragt, ob wir noch wach sind, mitten in den Nächten. Sind wir noch im Segenskreis drin? Wir wissen alle, dass wir uns manches Mal ganz mächtig in den Nächten verlaufen, z.B. wenn wir sagen: »Das darf nicht sein, mir darf Gott doch keine Nacht zumuten.« Oder: »Ich gehöre doch zur Abteilung der Jesusleute, wie sollte er mir eine Nacht zumuten?« Dann rutschen wir in eine Schieflage unseres Glaubens, als müsste unser Leben hier immer nur im Sonnenschein ablaufen. Plötzlich kommen wir dann mit unserem Hader, unserer Unzufriedenheit und unserem Misstrauen bei Gott an. »Müsste er nicht?«, »Sollte er nicht?«, »Könnte er nicht?«, »Wäre es nicht dran, dass Gott dieses und jenes macht?«, »Was habe ich denn da für einen Gott erwischt, der so mit mir umgeht?« Merken wir, wie maßlos wir danebenliegen, in den Nächten?

Der Apostel Paulus stellt dem entgegen: »Denn ich bin gewiss, dass weder Tod noch Leben, weder Engel noch Mächte noch Gewalten, weder Gegenwärtiges noch Zukünftiges, weder Hohes noch Tiefes noch eine andere Kreatur uns scheiden kann von der Liebe Gottes, die in Christus Jesus ist, unserm Herrn« (Röm 8,38f). Auch nicht in den Nächten. Wir leiden unter der Gottesferne, empfinden Gott als ungerecht und plötzlich merken wir, wir liegen schief, mitten in den Nächten. Deswegen brauchen wir den Anruf des Geistes: »Segnet lobpreisend diesen Gott, bleibt wach, hört diesen außergewöhnlichen Anruf!«

Wir brauchen den Anruf des Geistes um aus der Gottesferne zu kommen

Es kann auch sein, dass wir im Hinblick auf den Segenskreislauf schiefliegen. Haben wir vielleicht den Segenskreis vergessen? Dann fangen wir an zu nörgeln und an dem und an jenem zu meckern, und haben einen unglaublichen Anspruch. Wir landen in der Maßlosigkeit und in der Sucht. Haben wir vergessen, dass wir segnend und lobpreisend unserem Gott gegenüber stehen sollten, weil seine Barmherzigkeit noch kein Ende hat und seine Treue jeden Morgen neu und groß ist? Wir leben von ihm Tag für Tag, in unserer Gegend in einem über die Maßen reichen Leben. Es müsste doch auch über die Maßen Gott unser Lobpreis entgegenschallen.

Merken wir, wie wichtig der Anruf des Geistes ist? Man muss diese Stimme hören, die mit diesem außergewöhnlichen Aufruf auffordernd bei uns ankommt. Es geschieht auch, dass wir uns an die Welt anpassen und ganz vergessen, dass wir mitten in der Nacht sind. Dann laufen die Jesusleute plötzlich ohne ihre Rüstung herum, haben ihre Wachzeiten völlig ignoriert und sich an alles andere angepasst. In dieser Situation erfolgt der außergewöhnliche Anruf des Geistes: »Seid wach in den Nächten, steht lobpreisend vor dem Herrn, das ist eure Aufgabe.« Dieser Nachtwachengruß ist für die Gemeinde von Jesus sehr wichtig. Er ist ein außergewöhnlicher Anruf, den Gott auch heute an uns richtet, damit wir uns in den Nächten wieder bewusst in den Segenskreis eingliedern. Es kommt darauf an, dass wir antworten.

Bei einem runden Geburtstag meines Vaters hatten wir ein großes Familientreffen. Ein obligatorischer Familienspaziergang gehört zu solchen Festen dazu, eine chaotische Angelegenheit! Zwei der Neffen hatten kleine Sprechfunkgeräte, um diesen Familienzug zu koordinieren. Der eine war bei mir und der andere war sehr weit hinten. Ich bemerkte, wie der Junge, der bei mir war, immer nervöser wurde und rief: »Hallo, hallo, du musst aber jetzt auch mal antworten, wenn ich was sage!« Er brüllte ständig in sein Funkgerät hinein und bekam keine Resonanz.

Gott fordert uns mit dem 134. Psalm auf, auf seinen Segen (V. 3) zu antworten (vgl. V. 1–2). Ich antworte und er bekommt Resonanz von mir. Ich weiß nicht, wie Ihre Antwort aussieht. Möglicherweise sagen Sie: »Herr, verzeih mir meine Fehlinterpretation meiner Nächte, verzeih mir, dass ich mich aus dem Segenskreislauf hinauskatapultiert habe und zu einem Meckerer erster Klasse geworden bin. Verzeih mir, dass ich unbewaffnet im Feindesland unterwegs war.« Das wäre so eine

Antwort. »Herr, jetzt werde ich meinen Nächten das Dennoch des Glaubens entgegenstemmen und dich damit ehren.« Vielleicht sagen Sie als Lobpreis auch: »Ich habe einen so großen und reichen Schatz an Segnungen Gottes in Christus Jesus, ich möchte ihn gerne lobpreisen und darüber ehren, auch im Teilen.« Wie Ihre Antwort aussieht, weiß ich nicht, aber bitte, antworten Sie. »Herr, ich habe verstanden, danke für deine außergewöhnliche Anrufung, die ein Zeichen deiner Barmherzigkeit, deiner Fürsorge und deiner Liebe für mich ist.« Der 134. Psalm – ein geeignetes Finale? Nein, für ein Finale ist er überhaupt nicht geeignet. Er ist ein Start für eine Zukunft mit Jesus, in der ich vor ihm stehe und sage: »Ich habe deinen außergewöhnlichen Anruf gehört, ich stelle mich empfangend und gebend in den Segenskreis hinein, auch in den Nächten.«

Anmerkungen

1 Helmut Lamparter, Das Buch der Psalmen, Bd. 2, Stuttgart 1978, S. 281

2 Franz Delitzsch, Die Psalmen, Gießen/Basel 2005, S. 737

3 Kurt Aland, Luther deutsch, Bd. 5, Die Schriftauslegung, Göttingen 1963, S. 172

4 Hans Brandenburg, Die Psalmen. Teil 2, Gießen/Basel 1968, S. 222f

5 Die Elberfelder Bibel übersetzt: »Scharfe Pfeile eines Starken samt glühenden Ginsterkohlen«, und erklärt Ginsterkohlen: »Eine lange glühende Holzkohlenart, die zum Schmieden von Pfeilspitzen verwendet wurde.«

6 Eliëser war der Verwalter von Abrahams Haushalt (1. Mose 15,2). Sein Name bedeutet: »Gott ist Hilfe«

7 Fritz Grünzweig, Einführung in die biblischen Bücher, Neuhausen/Stuttgart 1992, S. 281

8 Dietrich Bonhoeffer, Die Psalmen – Das Gebetbuch der Bibel, Bad Salzuflen 1989, S. 10

9 Karl Bernhard Garve (1763–1841), »Stark ist meines Jesu Hand«, 1. Strophe

10 Johann Matthäus Meyfart (1590–1642), »Jerusalem, du hochgebaute Stadt«, 1. Strophe

11 Friedrich Konrad Hiller (1651–1726), »O Jerusalem, du schöne«, 1. Strophe

12 Jochen Klepper (1903–1942), »Mein Gott, ich will von hinnen gehen«, 1. Strophe

13 Friedrich Adolf Lampe (1683–1729), »Mein Leben ist ein Pilgrimstand«, 1. Strophe

14 Vgl. die Elberfelder Übersetzung

15 Charles Haddon Spurgeon, Aus der Schatzkammer Davids, Oncken 1966, Auslegung von Psalm 134

16 Otto Riethmüller (1889–1938), »Nun gib uns Pilgern aus der Quelle«, 3. Strophe

17 *Hybris* ist Griechisch für »Selbstüberhebung«, »Vermessenheit«

18 Vgl. 2. Mose 3,14 (das hebr. Wort »Schem« bedeutet »Name«)

19 Christian Heinrich Zeller (1779–1860), »Treuer Heiland, wir sind hier«, 4. Strophe

20 Johann Timotheus Hermes (1738–1821), »Ich hab von ferne, Herr, Deinen Thron erblickt«, 5. Strophe

21 Vgl. Martin Buber, Das Buch der Preisungen. Die Psalmen. Verdeutscht von Martin Buber, Gütersloh, 2008

22 Philipp Spitta (1801–1859), »Bei dir, Jesu, will ich bleiben«, 4. Strophe

23 Martin Luther (1483–1546), »Wär Gott nicht mit uns diese Zeit«, 3. Strophe

24 Paul Gerhardt (1607–1676), »Ist Gott für mich, so trete«, 1. Strophe

25 Paul Gerhardt (1607–1676), »Sollt ich meinem Gott nicht singen«, 7. Strophe

26 Erich Zenger, Psalmen. Auslegungen, Bd. 1, Freiburg 2003, S. 157

27 Als *Basso ostinato* bezeichnet man in der Musik ein sich ständig wiederholendes Bassmotiv

28 Peter Strauch (geb. 1943), »Du sollst nicht müde werden«, Refrain

29 »Alles ist an Gottes Segen« (Nürnberg 1676), 5. Strophe

30 Ebd., 2. Strophe

31 Georg Neumark (1621–1681), »Wer nur den lieben Gott lässt walten«, 7. Strophe

32 Hans Brandenburg, Der Psalter. Das Gebetbuch des Volkes Gottes; Psalm 73-150, Gießen 1968, Auslegung zu Psalm 128

33 Paul Gerhardt (1607–1676), »Die güldne Sonne«, Strophe 6

34 Jochen Klepper, Ziel der Zeit. Die gesammelten Gedichte, Bielefeld 2001, S. 87 f.

35 Martin Luther (1483–1546), »Aus tiefer Not schrei ich zu dir«, 1. und 2. Strophe

36 Ebd., 4. Strophe

37 Gerhard Tersteegen, Geistliches Blumengärtlein, Stuttgart 1956, S. 502-504, 8. Strophe

38 Ebd.

39 Dividide bezeichnet den Nachkommen Davids

40 Helmut Lamparter, Die Botschaft des Alten Testaments, Das Buch der Psalmen II, Stuttgart 1978, S. 321

41 Charles Haddon Spurgeon, Aus der Schatzkammer Davids, Kassel 1966, S. 443

42 Georg Büchmann, Geflügelte Worte, Frankfurt/Main 1981, S. 135

43 Philipp Friedrich Hiller (1651–1726), »Mir ist Erbarmung widerfahren«, 1. Strophe

44 Franz Delitzsch, Die Psalmen, Gießen, 2005, S. 770

45 Hans Brandenburg, Die Psalmen II, S. 252

46 Charles Haddon Spurgeon, Aus der Schatzkammer Davids, Kassel, 1966, S. 450

47 Matthias Jorissen (1739–1823), »Lobt Gott, den Herrn der Herrlichkeit«, 1. Strophe